国家社会科学基金重点项目（15AJY016）
浙江大学财税大数据与政策研究中心资助

财政收入集权的激励效应再评估

基于新兴财政收入集权理论的视角

方红生　等　著

Reevaluating the Incentive Effects of
Fiscal Revenue Centralization

Based on New Theory of
Fiscal Revenue Centralization Perspective

ZHEJIANG UNIVERSITY PRESS
浙江大学出版社

前言

　　众所周知，1994年分税制改革的本质是财政收入集权。关于这次改革，学术界的一个共识是，它极大地增强了中央政府的宏观调控能力和收入再分配能力，有利于中国经济与政治稳定。然而，这次改革却遭到以陈抗为代表的学者的强烈批评。批评者认为分税制掏空了地方财政，迫使地方政府只有伸出"攫取之手"和发展房地产才有钱，最终导致了农民的贫穷和难以抑制的高房价。换言之，分税制才是导致这些民生问题的根源。对此我们不禁要问，如果中国中央财政收入集权的激励效应真的无论何时何地都只是表现为"攫取之手"而不是"援助之手"的话，那么20多年过去了，分税制改革为何到现在还不推倒重来？显然，财政收入集权的激励效应肯定有其"援助之手"的一面，而不是纯粹只表现为"攫取之手"。令人意想不到的是，"攫取之手"的观点竟被广泛地引用和认同，在国内外广受追捧。那么这一观点真的正确吗？中国中央财政收入集权真的过高吗？为何会出现这种非常不可思议的现象？中国中央财政收入集权的激励效应到底是什么？这些疑惑是本书要回答的核心问题。

　　为了回答上述问题，本书在探讨中国中央财政收入集权是否过高的基础上，将转移支付纳入新财政收入集权理论，提出了新兴财政收入集权理论。基于这个理论及其实证框架，本书对财政收入集权对非预算内收入与预算内收入之比、中国税收超GDP增长、企业税负、地方政府支出结构、县域经济增长的激励效应进行了全面而科学的再评估，有效回应了对分税制改革的持久质疑。本书主要包括四方面研究：第一，以科学合理的指标测算了中国中央财政收入集权，揭示了中国中央财政收入集权的五大典型事实，对中国中央财政收入集权过高的说法提出了严重质疑，并基于创新性的名义和真实财政收入集权的非对称性指标证伪了该观点，主张中央要提高其财政收入集权，特别是全口径财政收入集权。第二，揭示了出现这种不可思议的现象的原因，改进了新近发展起来的新财政收入集权理论，提出了以财政收入集权和转移支付为双内核的新兴财政收入集权理论，对非预算内收入与预算内收入之比的变动做出了合理的解释，证伪了至今仍被广泛接受的"攫取之手"的观点，并进一步分析了产业结构在财政收入集权激励效应中的作用。第三，基于新兴财政收入集权理论及其实证框架，破解了分税制改革后被广泛关注的中国税收持续超GDP增长之谜。第四，基于新兴财政收入集权理论及其实证框架，进一步深入评估了财政收入集权对企业税负、地方政府支出结构和县域经济增长的影响。

本书首次对分税制改革的持久质疑进行了正面回应，证伪了中国中央财政收入集权过高说，全面评估了财政收入集权的激励效应。研究认为，中国分税制改革虽然仍有可改进之处，但总体上是成功的。中国是一个经济发展极不平衡的大国，适用于较为均衡发展的国家的高度分权治理模式并不一定适用于中国。对此，我们务必要保持高度警惕。

目录

1

导 论

1.1 问题提出

党的十九大报告明确提出了中国发展新的历史方位，中国特色社会主义进入了新时代。随着中国经济社会的发展进入新时代，以财税体制被赋予全新的定位并负担起全新的使命为标志，中国财税体制改革也进入了新时代（高培勇，2018）。在党的十九大报告中，习近平总书记从全局和战略的高度，面对中国特色社会主义新时代社会主要矛盾的转化，为了实现"两个一百年"奋斗目标，对新一轮财税改革明确提出了进一步的要求，即："加快建立现代财政制度，建立权责清晰、财力协调、区域均衡的中央和地方财政关系。建立全面规范透明、标准科学、约束有力的预算制度，全面实施绩效管理。深化税收制度改革，健全地方税体系。"党的十九届四中全会通过的《中共中央关于坚持和完善中国特色社会主义制度、推进国家治理体系和治理能力现代化若干重大问题的决定》再次明确提出了"按照权责一致原则，规范垂直管理体制和地方分级管理体制。优化政府间事权和财权划分，建立权责清晰、财力协调、区域均衡的中央和地方财政关系，形成稳定的各级政府事权、支出责任和财力相适应的制度"。

中央和地方财政关系改革方向明确，相对于以往处于更加优先的位置。但是相较于预算改革、税制改革，中央和地方财政关系改革的进程最为缓慢和艰难（高培勇、汪德华，2016；高培勇，2017）。为了贯彻落实"权责清晰"的要求，优化政府间事权和财权划分，2016年8月国务院印发了《关于推进中央与地方财政事权和支出责任划分改革的指导意见》（国发〔2016〕49号），2018年2月国务院又印发了《基本公共服务领域中央与地方共同财政事权和支出责任划分改革方案》（国发〔2018〕6号）。目前，中央和地方之间事权和支出责任划分改革正在逐步落实。然而，国务院关于如何完善和推进中央和地方之间财政收入划分改革，以贯彻落实"财力协调、区域均衡"的要求还没有任何原则性的指导意见。毫无疑问，这是亟须研究的重大前瞻性问题，若不妥善解决，必将延缓建立现代财政制度的进程，不利于构建从中央到地方的权责清晰、运行顺畅、充满活力的工作体系。

问题是，当前中国央地财政收入分配结构到底存在怎样的问题？新时代中国央地财政收入分配结构到底应如何调整？我国学者对此进行了持续而艰辛的探索。众所周知，1994年分税制改革的本质是财政收入集权。关于这次改革，学术界的一个共识是，它极大地增强了中央政府的宏观调控能力和收入再分配能力，有利于中国经济与政治稳定（王绍光，2002；李永友、沈玉平，2009、2010；张军，2012；Huang & Chen，2012）。然而，这次改革却遭到以陈抗为代表的学者的强烈批评。批评者认为分税制掏空了地方财政，迫使地方政府只有伸出"攫取之手"和发展房地产才有钱，最终导致了农民的贫穷和难以抑制的高房价。换言之，分税制才是导致这些民生问题的根源。对此我们不禁要问，如果财政收入集权的激励效应真的无论何时何地都只是表现为"攫取之手"而不是"援助之手"的话，那么20多年过去了，分税制改革为何到现在还不推倒重来？显然，财政收入集权的激励效应肯定有其"援助之手"的一面，而不纯粹只表现为"攫取之手"。令人意想不到的是，批评者的这一观点竟被广泛引用和认同，在国内外广受追捧。由此本书提出如下五个相关的重要问题。

第一个重要问题是：分税制真的掏空了地方财政吗？或者说，中国中央财政收入集权真的过高吗？第二个重要问题是：为何会出现这种非常不可思议的现象？第三个重要问题是：中国中央财政收入集权真的导致地方政府伸出"攫取之手"吗？第四个重要问题是：20世纪80年代中期以来，中国税收占GDP比重的时间变动表现为一条U形曲线。更有趣的是，这一比重由降转升的转折点恰好是在中国分税制改革后的第二年，这是否意味着，中国中央财政收入集权有助于解释分税制改革后被广泛关注的中国税收超GDP增长之谜？第五个重要问题是：中国中央财政收入集权将对企业税负、地方政府支出结构及县域经济增长产生怎样的影响？

为了回答第一个重要问题，本书首次从公共财政收入和全口径财政收入两个层面测算了中国名义财政收入集权和真实财政收入集权，并使用国际货币基金组织（IMF）的政府财政统计年鉴（Government Financial Statistic，GFS）数据库中所有可获得数据的发达和发展中国家作为样本进行了比较，发现了五大典型事实，从而对中国中央财政收入集权过高一说提出严重质疑。其次，本书创新性地提出了四个可判断一国中央财政收入集权是否合适的中央财政收支集权非对称性指标来判断中国中央财政收入集权是否过高，结果表明：（1）中国中央财政收入集中度偏低；（2）与中央预算内名义和真实收入集权的非对称性程度相比，中央全口径名义和真实收入集权的非对称性程度更严重，表明中央全口径名义和真实收入集权存在过低的倾向。由此，本书不仅证伪了中国中央财政收入集权过高说，而且还发现了中国中央财政收入集权，特别是中国全口径财政收入集权存在过低的倾向。通过进一步的国际比较发现，中国中央收支集权非对称性的严重程度排在全球第三位，而中国中央承担本级全口径财政支出责任的能力全球最低。最后结合国务院适当增加中央事权的指导意见，本书认为中央有必要提高其财政收入集权，特别是全口径财政收入集权。

为了回答第二个重要问题，本书从题目、文献、指标度量、数据和理论等方面分析了导致这种非常不可思议现象的四个很重要的原因：第一，陈抗等（2002）的研究题目新颖，结论似乎较符合直觉，且不乏国际文献的支持（Brennan & Buchanan，1980；Oates，1972、1985；Weingast，2000；Careaga & Weingast，2002）。第二，想当然地认为陈抗等（2002）度量财政收入集权或分权的指标是正确的。事实是，陈抗等（2002）所构建的地方净收入比例指标（即净财政收入与本级财政收入之比）存在两个明显的缺陷。一是净补贴大于1的省份，让我们很难将其归结为被财政收入集权的省份。考虑到被补贴的省份毕竟是大多数，因此，他们构造的指标就难以反映分税制改革的财政收入集权的本质，因而就不是财政收入集权的合适的代理变量。二是该研究误以为省本级财政收入就是一个省份的总财政收入，因此其构造的指标实质上既无法匹配其理论模型，也无法反映财政收入集权的本质。第三，数据问题及早期重要文献的误导与研究重心的偏离。其实，Lin 和 Liu（2000）早就意识到 Zhang 和 Zou（1998）基于省本级财政收入而不是一个省份的总财政收入来度量财政收入分权有问题，但一个省份的总财政收入数据很难获得。或许，正是学者在现有公开的统计资料里面不易找到可用于度量省级层面财政收入集权或分权程度的基础数据，才使其难以对陈抗等（2002）的观点进行再检验，于是只好凭着个人的直觉来接受该观点。与此同时，当这一研究路径受阻的时候，他们也就不得不采用由 Zhang 和 Zou（1998）提出的那些更容易获取基础数据的财政收入分权，特别是支出分权指标来做经验研究（张晏、龚六堂，2005；傅勇、张晏，2007）。第四，在过去很多年里，中国学者更多的是学习与检验西方的财政分权理论，而对于中国的财政收入集权的激励效应缺乏足够的理论思考。因此，在没有数据的情况下，相信陈抗等（2002）的观点就不足为奇了。然而令人欣慰的是，在过去 10 年里，中国学者在数据和理论方面取得了重大的进展。首先在理论方面，以陶然和张军为代表的学者提出了新财政收入集权理论（陶然等，2009；Su et al.，2012；张军，2012；Zhang，2012）。与旧财政收入集权理论认为财政收入集权弱化了地方政府竞争（Brennan & Buchanan，1980；Oates，1972、1985）不同，新财政收入集权理论认为，给定资本要素流动、制造业和服务业的产业关联（industrial linkage）及其地方政府对土地市场的垄断三个重要条件，中国的财政收入集权将激励地方政府为追求财政收入最大化而展开中国式的"蒂伯特竞争"，进而导致工业化和资本积累的加速和预算内收入的增长。这意味着中国的财政收入集权很可能是激励了地方政府伸出了"援助之手"而不是"攫取之手"。其次是数据方面。有学者通过相关资料测算了省级层面的税收集权程度（陈志勇、陈莉莉，2011；汤玉刚，2011；方红生、张军，2013）。考虑到税收集权才是财政收入集权的真正本质，因此，拥有省级层面的税收集权程度的面板数据就为我们检验陈抗等（2002）的观点和新近发展起来的新财政收入集权理论提供了一次绝佳的机会。

为了回答第三个重要问题，本书在既有研究的基础上做了以下几方面的工作：第一，通过引入预算外收入发展了新财政收入集权理论。第二，基于上述修正的新财政收入集权理论，本书提出了一个以财政收入集权和转移支付为双内核的旨在解释非预算内收入与预算内收入之比的新兴财政收入集权理论。在这个理论中，如果说中央政府的财政收入集权导致了地方政府巨大的财政压力的话，那么中央政府给予地方政府的转移支付无疑会缓解财政收入集权给地方政府所造成的压力。这意味着，财政收入集权对非预算内收入与预算内收入之比的负效应会随中央政府转移支付的增加而减弱。此外，本书还就税收净流出和净流入地区拓展了以上两个假说。本书预期，相比于税收净流入地区，财政收入集权对非预算内收入与预算内收入之比的负效应在税收净流出地区要小，且不会随其"援助之手"效应而显著减弱，而相比于税收净流出地区，中央政府的转移支付对非预算内收入与预算内收入之比的负效应在税收净流入地区更显著，且会随财政收入集权而显著减弱。第三，本书使用了分税制后1999—2009年间的省级面板数据和处理内生性的动态面板模型方法验证理论假说。基于这些实证结果，本书重新评估了财政收入集权的激励效应。结果表明，财政集权将激励税收净流出地区的地方政府伸出税收"援助之手"，而在税收净流入地区，虽然中央政府的转移支付对财政集权的这一效应有所抑制，但总体上还不足以改变其"援助之手"的性质。本书的这一发现支持了新兴财政收入集权理论而证伪了陈抗等至今仍被广泛接受的一个"攫取之手"之观点。此外，本书还进一步探讨在不同产业和不同产业结构地区财政收入集权对地方政府激励效应的异质性和"两只手"的交互性，并构建了2003—2009年和2000—2009年中国分省面板数据集，运用系统GMM估计方法证实了所提的异质性假说。

为了回答第四个重要问题，本书将转移支付引入新财政收入集权理论，提出了一个以财政收入集权和转移支付为双内核的旨在解释"中国税收持续超GDP增长"之谜的新兴财政收入集权理论。通过构造分省的中央政府真实收入集权和真实转移支付的平衡面板数据，并利用系统GMM估计方法和Acemoglu等（2003）给出的用于识别渠道相对重要性的方法，本书证实了新兴财政收入集权理论所蕴含的四个假说。具体而言，本书有三个重要发现：第一，尽管真实收入集权和真实转移支付有时会相互抑制，但是其对于中国税收持续超GDP增长现象的确具有正向推动作用，而且其解释力至少为52%。第二，尽管在提高税收净流出地区的税收占GDP比重方面，主要渠道是税收征管效率而非高税行业的发展，但是真实收入集权和真实转移支付的确调动起了地方政府大力发展高税行业的积极性。第三，与税收净流出地区不同，在提高税收净流入地区的税收占GDP比重方面，真实收入集权和真实转移支付是将高税行业的发展而非税收征管效率的提高作为其主要渠道的。

为了回答第五个重要问题，本书继续改进新财政收入集权理论，提出了一个以财政收入集权与转移支付为双内核的可解释中国地方政府行为及其后果（包括企业税负、地方政府支出结构、县域经济增长）的新兴财政收入集权理论，并使用上市公司面板数据、省级面板数据和系统GMM回归方法对新兴财政收入集权理论所蕴含的若干假说进行实证检验，进一步深入评估了财政收入集权对企业税负、地方政府支出结构和县域经济增长的影响。

本书首次对分税制改革的持久质疑进行了正面回应，证伪了中国中央财政收入集权过高说，全面评估了财政收入集权的激励效应。研究认为，中国分税制改革虽然仍有可改进之处，但总体上是成功的。中国是一个发展极不平衡的大国，适用于较为均衡发展的国家的高度分权的治理模式并不一定适用于中国。对此，我们务必保持高度警惕。

1.2 创新之处

本书的创新主要体现在以下几个方面。

1.2.1 理论创新

（1）参考李永友、沈玉平（2009）和李萍等（2010）的研究，本书将财政收入初次分配后的财政收入集权称为名义财政收入集权，并进一步考虑税收返还和地方上解等财政收入再分配过程，提出了真实的财政收入集权的测算方法。鉴于中国财政收入可以从公共财政和全口径两个层面来衡量的事实，参考 Wallis 和 Oates（1998）及 Coen-Pirani 和 Wooley（2018）的文章，本书创新性地提出了四个可判断中国中央财政收入集权是否过高的中央财政收支集权非对称性指标。该指标用中央财政收入名义（真实）集权和中央财政支出名义（真实）集权之比衡量。若该指标小于1，则中央政府与其承担的财政事权及其支出责任相比，其获得的中央财政收入集权偏低；若该指标大于1，则中央政府与其承担的财政事权及其支出责任相比，其获得的中央财政收入集权偏高；若该指标等于1，则中央政府与其承担的财政事权及其支出责任相比，其获得的中央财政收入集权合适。

（2）本书改进了新财政收入集权理论，提出了一个以财政收入集权与转移支付为双内核的旨在解释中国地方政府行为及其后果（包括中国税收超GDP增长、非预算内收入与预算内收入之比、企业税负、地方政府支出结构、县域经济增长）的新兴财政收入集权理论，是对新财政收入集权理论的丰富和发展。

1.2.2 实证创新

（1）本书从公共财政收入和全口径财政收入两个层面、中央名义集权和真实集权两个维度出发，以中国和世界其他国家的中央政府和地方政府财政收支数据为基础，对各国的中央财政收入集权及非对称性进行国际比较，进而证伪了中国中央财政收入集权过高说。

（2）本书以省级、县级数据和上市公司数据等多层级的面板数据为研究基础，运用双向固定效应、系统GMM（SYS-GMM）、机制识别方法等多种经验分析方法，严谨地论证了新兴财政收入集权理论所蕴含的一系列研究假说。

1.2.3 政策创新

（1）本书证伪了中国中央财政收入集权过高说，发现中国中央财政收入集权，特别是中国全口径财政收入集权存在过低的倾向。进一步的国际比较发现，中国中央收支集权非对称性的严重程度排在全球第三位，而中国中央承担本级全口径财政支出责任的能力全球最低。结合国务院适当增加中央事权的指导意见，本书认为中央有必要提高其财政收入集权，特别是全口径财政收入集权。同时，本书认为，只要中央公共财政收支集权的非对称性指标小于1，中央政府就可考虑提高其公共财政收入集权，使其中央公共财政收支集权的非对称性指标等于1，即使其公共财政收入集权提高到等于中央公共财政支出集权。不过，考虑到中央政府时不时要应对不可预期的巨大公共风险的冲击，本书认为，中国中央政府使其公共财政收入集权适度超过中央公共财政支出集权也是合适的，不一定要严格等于中央公共财政支出集权。

（2）中央政府应注意财政收入集权和转移支付的合理搭配。第一，为了让财政收入集权可以更好地激励地方政府伸出"援助之手"行为，中央政府很有必要将对净流入地区的转移支付的程度控制在67%以内，而为将中央政府的转移支付在净流入地区的激励效应由"攫取之手"变为"援助之手"，中央政府应将净流入地区的财政收入集权的程度控制在30%以内。第二，为使财政收入集权在两个产业上均表现为"援助之手"，中央政府应将转移支付控制在55%~72%，而为防止转移支付激励地方政府在第二产业上的"援助之手"扭曲为"攫取之手"，财政收入集权本身也应控制在76%以内。

（3）虽然政府之间的激烈竞争有助于约束政府的行为（Oates，2008），并因此提高中央政府转移支付资金的配置效率和技术效率，但是缺乏很好的转移支付制度势必会降低援助效率（Boyne，1996；Weingast，2000；袁飞等，2008；范子英、张军，2010a；付文林、沈坤荣，2012；李永友、沈玉平，2009、2010）。的确，我们的实证研究结果显示，尽管中央政府的转移支付在净流入地区有着显著而直接的"援助之手"效应，但是在净流出地区则不显著。这意味着构造一个良好的转移支付制度也是确保政府伸出"援助之手"的重要保障。

1.3　结构安排

本书以1994年分税制改革在2002年起受到批评作为出发点，对财政收入集权的激励效应进行了全面的科学的再评估。本书的结构安排如下：

第1章，导论。本章首先提出了本书要回答的核心问题和主要研究内容。接着，揭示了本书的理论创新、实证创新和政策创新之处，最后给出了本书的结构安排。

第2章，文献评述。本章立足于本书的主要研究内容，从7个方面系统梳理了已有的相关文献，包括：财政分权（集权）度的测算，财政收入集权和财政分权的影响，转移支付的影响，财政收入集权、转移支付与企业税负，财政收入集权、转移支付与地方政府支出结构等。

第3章，中国中央财政收入集权过高吗？本章从公共财政和全口径财政两个层面对中央财政收入集权进行测算，并在此基础上对其进行国际比较。再创新性地提出了四个可判断一国中央财政收入集权是否过高的中央财政收支集权非对称性程度指标，并进一步进行了国际比较，从而证伪了中国中央财政收入集权过高说。此外本章还研究了中央财政收入集权持续下降可能带来的严重后果，并进一步从全口径财政收入的角度对新时代背景下新一轮央地财政收入分配改革提出建议。

第4章，财政收入集权、转移支付与非预算内收入和预算内收入之比。通过改进新近发展起来的新财政收入集权理论，本章提出了一个以财政收入集权和转移支付为双内核的旨在解释非预算内收入与预算内收入之比的新兴财政收入集权理论，并设计了四个研究假说。通过构造1999—2009年间财政收入集权的省级平衡面板数据，并使用系统GMM方法重新评估了财政收入集权的激励效应。

第5章，财政收入集权、转移支付与非预算内收入和预算内收入之比：产业结构的作用。本章基于新兴财政收入集权理论，提出五个研究假说，阐释在不同产业和不同产业结构地区财政收入集权对地方政府激励效应的异质性和"两只手"的交互性，并构建了2003—2009年和2000—2009年中国分省面板数据集，运用系统GMM估计方法证实了所提假说，进一步深化了对于新兴财政收入集权理论的理解。

第6章，财政收入集权、转移支付与中国税收超GDP增长。1994年分税制改革后，中央政府采取了财政收入集权与转移支付来实现宏观经济的稳定与经济的持续增长。通过改进新近发展起来的新财政收入集权理论，本章提出了一个以财政收入集权和转移支付为双内核的旨在解释"中国税收持续超GDP增长"现象的新兴财政收入集权理论，并设计了四个研究假说。通过构造分省的中央政府真实财政收入集权和转移支付的平衡面板数据，并利用系统GMM估计方法和Acemoglu 等（2003）给出的用于识别渠道相对重要性的方法，本章证实了所提的假说。

第7章，财政收入集权、转移支付与企业税负。本章以财政收入集权和转移支付为双内核的旨在解释对企业税负影响的新兴财政收入集权理论，分析财政收入集权和转移支付对企业税收负担影响的机理，选取2003—2007年上市公司的面板数据作为样本，对提出的假说进行实证检验。

第8章，财政收入集权、转移支付与地方政府支出结构。本章以财政收入集权和转移支付为双内核的旨在解释对地方政府支出结构偏向影响的新兴财政收入集权理论，分析财政收入集权和转移支付对地方政府支出结构偏向影响的机理，运用1997—2006年的省级面板数据并区分高税收和低税负地区，通过系统GMM回归方法，对提出的假说进行实证检验。

第9章，财政收入集权、转移支付和县域经济增长。本章在县级层面考察财政收入集权、转移支付对经济增长的影响。以财政收入集权和转移支付为双内核的旨在解释县域经济增长的新兴财政收入集权理论，分析财政收入集权和转移支付对县域经济增长影响的机理，论证了分税制改革后上级政府同时运用财政收入集权和转移支付调控县域经济增长。采用1999—2007年中国县级面板数据，运用基于处理内生性的SYS-GMM估计方法对提出的假说进行实证检验。

第10章，研究结论与政策建议。作为本书的结束部分，本章将对前面的研究结论进行系统性总结，并提出政策性建议。

2.1 财政分权（集权）度的测算

1994年以前的财政包干体制导致了财政收入的过度分权，全国财政收入占GDP比重和中央财政收入占全国财政收入的比重持续下降，中央财政收入集权过低，中央政府的财力甚至无法承担本级事务，地方保护主义猖獗。为了解决过度分权导致的两个比重的持续下降以及由此产生的一系列民生问题，中央政府于1994年实施了分税制改革（陈抗，2002；周飞舟，2006、2010；张军，2007、2012），其目的是调整中央与地方之间的财政关系，使中央财政在中央地方关系中保持强劲的支配能力，进而使国家财政收入能够随着工业化和企业繁荣而不断增长（周飞舟，2006、2010）。关于这次改革，学术界的一个共识是，它极大地增强了中央政府的宏观调控能力和收入再分配能力，有利于中国区域间公共服务均等化和中国经济与政治稳定（王绍光，2002；张军，2007；李永友、沈玉平，2009、2010；李萍等，2010；Huang & Chen，2012；Zhang，2012；方红生、张军，2013、2014），其本质是财政收入的再集权（方红生、张军，2013、2014）。

然而，自2002年以来，分税制就屡遭质疑，有关分税制的激励效应的讨论也一直持续至今，成为学术界的热点问题之一（陈抗等，2002；陈桂棣、春桃，

2004；宫汝凯，2012；周彬、杜两省，2010）。梳理现有文献，我们发现，要研究分税制的激励效应，首先要找到一个可以反映央地（中央和地方）财政收入分配的度量指标。财政联邦体制下，现有文献通过度量财政分权度来反映央地之间的财政收入分配。财政分权是指中央政府向地方政府下放部分管理决策权的过程（Feltenstein & Iwata，2005），一定程度的财政分权总是对应某一级地方政府在财政权力上实际拥有的自主程度（Lessmann，2009），地方财政分权度反映了地方政府在财政收入分配过程中获得的自主性（Oates，1972；Zhang & Zou，1998；Feltenstein & Iwata，2005）。另外，还有少量文献通过度量财政收入集权度来反映中央政府在收入分配过程中实际获得的财力。

2.1.1 财政分权（集权）度的测算方法

从文献脉络来看，早期的财政联邦主义理论一般通过测算州和联邦政府收入分权度或支出分权度来衡量地方财政分权程度（Oates，1972、1985；Rodden，2003；Ebel & Yilmaz，2002；Bonet，2006），即计算一国的地方财政收入（支出）的比重，比重越大则地方财政分权程度越高。这一测算方法获得IMF发布的GFS数据库的支持，为大量跨国研究的文献所采用。这一方法具有简单和易于大样本操作的优点。国内早期文献均借鉴了这一方法。Zhang和Zou（1998）最早使用了地方财政收入（支出）占全国或中央财政收入（支出）比重的方法来测算中国的财政分权程度，研究了中国财政分权对经济增长的影响，结果表明财政分权抑制了经济增长。这一测算方法被此后发表的大量经验研究所沿用（乔宝云，2002；Chen，2004；Jin et al.，2005；乔宝云等，2005；沈坤荣、付文林，2005；傅勇、张晏，2007；贾俊雪、郭庆旺，2008；周业安、章泉，2008；秦强，2010；傅勇，2010；郭庆旺、贾俊雪，2010；王文剑、覃成林，2008），如乔宝云等（2005）研究了地方财政支出分权对经济增长的影响，结果发现分税制下的财政分权推动了中国东部地区经济增长，但却抑制了中西部地区的经济增长。张晏、龚六堂（2005）还考虑了各个地方政府从全国财政资源中分配所得的份额，其大小与地方经济规模呈正比。为了消除地方经济发展的影响，以人均财政支出为基数来测算财政分权程度，他们的实证研究结果表明，分税制前财政分权对经济增长没有显著影响，但是分税制后的财政分权对经济增长有明显的促进作用。周业安、章泉（2008）用相同指标对财政分权和经济增长之间关系所进行的实证研究得到了一致的结论。此外，他们还指出，从增长角度看，地方分权并没有过度。恰恰相反，进一步的财政收入分权更有利于经济发展，中央应进一步下放地方收入自主权，同时配套完善的监督政策。上述研究基础主要采用省（包括直辖市和自治区）级层面的财政支出分权指标，此类测算方法中各个省份测算指标的分母均相同，即全国层面财政总支出或者中央财政支出。实际上，衡量财政收入集权或者分权的关键性基础数据是一个省的总财政收入，但是这个数据在现有的公开资料里难以获得。正是这个原因，现有的大量上述经验研究不得不采用由 Zhang 和 Zou（1998）提出的那些更容易获取基础数据的财政支出分权指标来做经验研究，导致后续的大部分研究的重心放在了财政支出分权方面（Lin & Liu，2000）。然而，这一方法存在较大缺陷，与国外文献利用财政支出比重作为财政分权的代理变量相比，因无法获得中国各省的中央政府财政支出数据，所以无法计算地方本级和中央在各省财政支出的比重，这一测算方法必然高估地方实际的分权程度，造成实证研究结果的偏误（林毅夫、刘志强，2000；Ebel & Yilmaz，2002；Rodden，2004）。

针对上述问题，经济合作与发展组织（OECD）于2003年提供了采用财政收入分权的测算方法来反映各国央地财政收入分配过程中地方财政分权水平的分析框架，按税权划分税收收入，提出了税收控制指数的测算指标。Stegarescu（2005）在此基础上构建了一组地方税收收入自治度指标，更清晰地反映了OECD国家央地税收收入分配的情况，得到了较为广泛的应用（Kyriacou & Roca-Sagales，2011；Asatryan，2014）。如 Asatryan（2014）采用税收收入自治度的测算方法衡量财政收入分权，据此研究了财政收入分权对23个OECD国家经济增长的影响，结果发现OECD国家的财政分权对经济增长具有促进效应。但是我国的地方政府并没有税收立法权，这一测算方法并不适用于我国国情（樊勇，2006）。为了解决这一问题，国内学者进行了大量的理论探索和经验研究。林毅夫、刘志强（2000）

采用了边际财政收入分成率的测算方法衡量财政收入分权，进而研究了财政分权对经济增长的影响，结果表明，财政分权促进了经济增长。然而，这一测算方法是特地为财政包干体制所设计的，忽略了财政收入的存量分配问题，不能反映分税制后的地方财政分权的差异（陈硕、高琳，2012）。因此，大量文献（沈坤荣、付文林，2005；张晏、龚六堂，2005；贾俊雪、郭庆旺，2008；郭庆旺、贾俊雪，2010；王文剑，2010；方文全，2012）借鉴了早期 Oates（1985）的测算方法，基于预算内财政收入层面测算地方财政收入占全国财政总收入比重，即地方政府在财政收入分配过程中实际获得的收入份额，以此来衡量地方政府的财政收入分权程度。如张晏、龚六堂（2005）构造了四类预算内财政收支分权指标，从不同角度度量了中国财政分权程度并进一步研究分权对经济增长的影响。值得注意的是，虽然已有文献最常用的方法是基于 Oates（1972、1985）的拓展，但是基于 IMF 的 GFS 数据库的测算可能会对低层级政府的真实分权水平的评估产生偏差，这是因为 GFS 的地方财政支出数据还包括了来自中央的转移支付支出。因此，Ebel 和 Yilmaz（2002）及 Akai 和 Sakata（2002）提出了测算地方财政自主度的方法以衡量地方财政分权程度，即地方政府依靠自有收入为其所承担的支出融资的能力。他们认为地方财政支出比重并不能较好地度量地方政府的实际财政分权，必须考虑财政收入。如果地方自有财政收入能全部满足其财政支出需求，那么地方就享有较高的分权程度。国内部分学者也借鉴了这一方法进行实证研究（陈硕，2010；陈硕、高琳，2012；龚锋、卢洪友，2009；左翔等，2011）。借鉴 Ebel 和 Yilmaz（2002）及 Akai 和 Sakata（2002）的研究方法，陈硕、高琳（2012）应用地方财政自主度的方法进行实证重估，结果表明分税制改革对经济增长的影响并不明显，认为分税制改革实际上造成了地方政府自有财政收入的相对减少，地方财权分权程度偏低导致提供优化经济效率的激励强度不明显，建议应考虑降低中央对地方的转移支付，从而给予地方更多的财权。左翔等（2011）应用地方财政自主度的测算方法度量地方财政分权程度，结果表明分税制改革的财政再集权导致地方政府财政权责不对等，支出责任较重而自有收入比重却较低，认为中央应适当降低财权，以便缓解地方财政收支缺口，矫正地方支出偏向。还有少数学者（樊勇，2006；朱青，2010；方文全，2012）在国际比较的背景下评估中国的财政分权程度，他们认为，没有国际比较，而绝对评判我国财政分权程度的高低，缺乏严格的评判标准，未免过于武断。朱青（2010）对地方财政收入分权和财政支出分权及地方收支缺口进行了国际比较。结果表明，我国属于税制单一制国家，地方财政对中央补助的依赖度与联邦制国家相比偏高，可以通过更合理的转移支付制度来改善地方的财政压力和地区间财力差距。方文全（2012）测算了地方收入分权和地方支出分权及地方财政支出结构，并将中国和OECD国家进行了对比，发现中国各地区财政分权程度远超OECD国家，而与此相关联的支出结构的分权差异更为明显，认为分税制下的政府财政关系依然处于高度分权状态，且中央对地方政府的约束过于软化。上述国内文献的经验证据均表明，分税制的财政再集权使地方的财政分权偏低，中央财政收入过于集中。

近年来，有学者指出，分税制的本质是财政收入集权，测算财政收入集权是更合适的度量中国央地财政分权程度或者集权程度的方法（陈抗，2002；汤玉刚，2011；李永友、沈玉平，2010；李萍等，2010；方红生、张军，2013、2014）。上述学者的研究无疑对这个方向的研究做出了重要贡献。陈抗（2002）测算了预算内财政收入集权并用其检验了中国中央财政收入集权的激励效应，研究结果表明，分税制激励地方政府伸出"攫取之手"，不利于地方的经济发展，中央政府应适度下放财权。分税制后，中国财政资源的分配体系包括初次分配和再分配的多次分配过程。因此，无论是从财政收入还是财政支出层面测算财政分权（集权），都应该考虑财政收入分配的全过程，不考虑财政收入再分配过程的传统方法势必造成对中国财政分权程度或者集权程度的误判（李永友、沈玉平，2010；李萍等，2010；方红生、张军，2013、2014）。方红生、张军（2013）考虑了收入再分配过程，测算了两个维度的税收收入集权，即名义和真实的税收收入集权，研究结果表明，中央的税收收入集权对高税行业的发展表现出正面的推动作用。方红生、张军（2014）发现陈抗等（2002）所使用的财政收入集权的测算方法有严重问题，他们对此进行了修正，考虑了财政收入的一次再分配过程，进而重新测算了中国省级层面的中央税收收入集权，然后以此作为代理变量对中国预算内财政收入集权的激励效应做了评估，结果表明分税制下的财政收入集权并没有导致地方政府伸出"攫取之手"，而是激励地方政府伸出"援助之手"，认为分税制的再集权努力是成功的。值得一提的是，李永友、沈玉平（2010）和李萍等（2010）的文章是为数不多的在预算内财政收入统计口径下考虑了财政收入的再分配过程的两篇文献。财政收入再分配的过程不仅包括中央政府向地方政府的拨款，也包括中央政府通过财政收入划分体制从地方政府筹集的可供实际转移支付的财政资金的过程。李永友、沈玉平（2010）据此构建了两个维度的财政收入集权指标。他们的研究表明，分税制加强了中央的财政收入集权，加强了中央对地方的调控能力。但是，他们的研究并没有给出一个地区预算内财政总收入的详细测算过程。

2.1.2 财政分权（集权）度的测算指标

现有文献主要采用收入分权、收入集权、财政自主度和税收自治度等指标测算财政分权（集权）（陈抗，2002；张晏、龚六堂，2005；陈硕、高琳，2012；樊勇，2006；Stegarescu，2005；李永友、沈玉，2010；李萍等，2010；范子英、张军，2010c；方红生、张军，2013、2014）。由于我国地方政府没有税收立法权，因此税收自治度指标并不适用。财政分权（集权）度的测算指标可以归结为以下几类：

第一类为测算中央政府或地方政府在央地财政收入的初次分配过程中占有的收入份额的指标。其中具有代表性的估算指标定义如下：地方财政收入分权＝省本级预算内财政收入/中央本级或全国预算内财政收入（张晏、龚六堂，2005）。这类指标存在两个问题。一是度量省级收入分权程度时存在不同省份的指标分母相同的问题，指标反映的收入份额与地方经济规模正相关。为了消除经济发展水平的影响，很多文献以人均为基数来衡量分权水平，但是人均指标仍存在分母相同的问题。值得一提的是，以总额或者人均指标进行估算超出了地方政府财政控制的范围，因为地方只关心辖区内财政资源的分配而非辖区外的。另外，只有当省级层面的指标中的分母是全国收入时，才需要使人均标准化（秦强，2010；乔宝云等，2005）。二是将此指标作为衡量央地财政资金分配的最终标准，造成估算误差。

第二类为测算央地财政收入再分配过程中央政府或与地方政府实际占有的收入份额的指标，这类指标主要包括以下几个：

中央真实财政收入集权＝（中央税收－税收返还＋地方上解）/全国总税收（方红生、张军，2013、2014）。税收收入再分配既包括中央政府对地方政府的妥协，又包含了地方政府对中央政府的妥协，前者表现为自上而下的返税，后者表现为自下而上的地方上解，这一指标很好地反映了税收收入的第一阶段再分配过程，但是仅限于税收层面。

中央真实转移支付＝（中央补助－税收返还）/地方总支出（方红生、张军，2013）和财政收入再分配＝中央补助收入/全国（预算内）财政总收入（李永友、沈玉平，2010），前者体现了再分配过程中中央政府实际为地方支出援助的程度，后者则体现了再分配过程中中央财政资金的流出比重。

财政收入净流量 ＝（中央预算内本级收入－中央补助＋地方上解）/全国预算内财政总收入（李永友、沈玉平，2010），反映了经过财政资金初次分配和再分配之后中央政府实际占有的收入份额。

第三类指标测算财政收入分配过程中地方政府承担财政支出的能力。公式为：地方财政自给率＝地方本级预算内收入或净预算内收入/地方本级支出（左翔等，2011；陈硕、高琳，2012），反映了财政资金初次分配或再分配之后地方预算内自有收入承担的全部预算内财政支出比重。该指标基准值为1，表示自有收入正好满足自身财政需求，说明地方政府仍享有较高分权度；如果大于1，说明地方政府在满足自身支出的同时还有剩余财力支援中央财政。这里存在的一个较大的问题是，没有考虑预算外财政收支，而省级预算外收入往往大于预算外支出，其实际结果很可能低估地方真实财政自主度或分权度（陈硕、高琳，2012）。由于数据不完整，现有文献几乎都没有考虑预算外收支的情况。

2.1.3　测算数据处理方法

国际货币基金组织（IMF）的政府财政统计年鉴是目前世界上运用最广泛的

政府财政收入统计数据库。该数据库涵盖了149个国家，将政府财政收入按照相同口径进行了统计。IMF于1977年编撰了第一本《政府财政统计年鉴》，此后又分别于1985和1993年进行了修订，并发布了2014年最新报告，为度量各国政府收入分配情况提供了统一的标准，获得了各国学界和政府的广泛认可。因此，目前国内外大多数文献都是基于GFS的统计口径进行相关研究。根据IMF的定义，政府全口径财政收入包括各项税收收入、转移支付收入、社会保险基金收入和其他非税收入。此外，IMF认为国有土地出让行为是一种非生产性资产的交易，结果只是政府土地资产的减少和货币资金的增加，并不带来政府净资产的变化，不增加政府的权益，因而不计作财政收入（郭庆旺，2012），而政府财政支出则包括经常性支出和资本转移支付之和。

中国的全口径财政收入包括公共财政收入、国有资本经营收入、政府性基金收入和社保基金收入（高培勇、杨志勇，2014；高培勇、汪德华，2016）。现有大多数文献主要参考GFS的统计口径，仅采用公共财政收入的统计口径（张晏、龚六堂，2005；陈硕、高琳，2012），得到的大部分结论认为中央财政收入集权偏高的结论存在偏误。同时，随着中国1998年国有土地有偿使用制度的确立，作为对分税制后地方财政收支缺口的补偿，地方政府的土地出让收入几乎被全部划给地方，土地出让金收入逐渐成为地方财政收入的主要来源之一，尤其是进入21世纪以来，随着住房商品化，城市规模的迅速扩张，加上中央政策的激励，地方政府的土地财政收入快速增长，已成为地方财政收入的支柱，土地财政也由此诞生。由于我国实行土地国有制，土地财政主要依赖土地出让金收入，而OECD国家实行土地私有制，土地财政主要依靠土地财产税收入，其中财产税收入并入预算管理。值得指出的是，OECD国家并不存在预算外收入和制度外收入（主要是国有土地出让收入）。实际上，近年来有少数国内文献已注意到这一问题，试图将预算内收入统计口径扩展到包含预算外收入的统计口径（方文全，2012；高培勇、杨志勇，2014）。此外，关于国有资本经营收入、政府性基金收入和社保基金收入，现有数据是没有直接给出的，需要进行估算（高培勇、杨志勇，2014）。或许是出于数据处理的困难，全口径财政收入下关于中央财政收入集权的文献还是偏少。

2.2 对分税制的评价

2.2.1 对分税制的批评

分税制改革自2002年以来就屡遭质疑。批评者们认为，分税制改革本意上是要从原来各省单独谈判、缺乏统一规则的承包制转向更为透明、具有规则的财政体制，但实际上它只是以较明确的方式划分了收入，规范了预算内财政资金的管理，却未从法律上改变或明确政府间支出责任的划分，对预算外资金收入的运作模式并没有进行有效规范（杨之刚，2004；周飞舟，2006）。左翔等（2011）认为，分税制核心是中央和地方政府财政收入分享比例的调整，同时实施大规模的转移支付对地方政府实施调控，但其他制度安排并没有被触及。因此，分税制改革所确定的政府间财政体制是一个财政收入高度向上集中、财政责任高度下放的体制。这一上收税权、下放责任的财政体制安排势必导致地方政府财权与事权的不匹配和地方政府巨大的财政压力，最终导致地方政府伸出"攫取之手"（陈抗，2002），以及基础公共服务供给不足、地区差距加大、社会不安定和难以抑制的高房价等一系列民生问题（陈桂棣、春桃，2004；卢洪友等，2011；周彬、杜两省，2010；吴群、李永乐，2010；宫汝凯，2012；陶然、刘明兴，2007；Zhuravskaya，2000；Jin et al.，2005；袁飞等，2008；左翔等，2011；贾俊雪等，2011；范子英、张军，2010c；周飞舟，2010；付文林、沈坤荣，2012；孙秀林、周飞舟，2013；Weingast，2000；Ebel & Yilmaz，2002）。为解决这些问题，批评者们认为，中央应适当下放财权，降低其财政收入集权。

具体而言，左翔等（2011）研究了分税制后地方财政自主权对地方财政支出结构的影响，结果发现财政收入集权造成地方政府财政自主权的下降和对上级政府更强的财政依赖，再加上当前转移支付制度的不完善，结果是那些易于量化的政策目标得到了更强的激励，即地方政府的财政支出严重偏向基础设施建设，而基础公共服务却难以得到改善。贾俊雪等（2011）指出，分税制后地方政府财力与事权不匹配的格局及我国特别是省级以下财政管理体制的不完善是导致县乡基层政府财政困难的根本原因（黄佩华、迪帕克，2003；乔宝云等，2005；罗丹、陈洁，2009）；分税制后，地方政府普遍承担较重的支出事务，但拥有的财力份额有限，财政收支分权在县级财政解困中的作用具有明显的不对称性，即财政收入分权水平提高有助于更好地实现县级财政解困，增强县级财政自给能力；财政支出分权水平提高则会显著加剧县级财政的困难程度。陶然、刘明兴（2007）的研究还指出，财政自主权降低让地方政府为了竞争转移支付而投资形象工程，从而使财政支出更加偏向城市，进而拉大城乡差距。他们给出的政策建议是：中央政府应避免财力过度向上集中和事权过分下移，建立一个财政上更加分权和行政管理上更有基层参与性的政府管理体制。

卢洪友等（2011）基于2005—2007年中国地市级的经验数据，实证检验了分税制对地方政府土地出让行为的影响，结果表明，分税制对地方政府的土地出让行为具有显著的正向激励作用，地方政府的土地财政行为实则为一种无奈之举。其理论解释是，分税制导致的财政收入集权模式造成了地方政府面临巨大的财政压力，进而不得不依赖土地财政来为经济发展而融资（财政压力说）。他们认为要缓解地方政府的财政困境，从根本上看，应当赋予基层政府更多与事权相匹配的财权，即中央政府应当适当下放财权。宫汝凯（2012）基于日渐飞涨的房价与逐年扩大的财政分权程度相联系的经验事实，采用2000—2008年省级面板数据研究了分税制对房价上涨的影响。结果表明，分税制下逐年增大的地方财政压力，迫使地方政府追逐预算外收入尤其是土地出让收入，地方政府对土地财政的疯狂追逐最终导致了难以抑制的高房价，并且这种正效应会随着分权程度的扩大而增强。他们建议，应当通过财税体制变革来改变目前财力过分向中央集中，地方政府的财力与事权不匹配的格局。

吴群、李永乐（2010）揭示，土地财政的根源是1994年分税制改革后的地方政府财权与事权不匹配，中国式分权和地方竞争体制共同激励地方政府实施土地财政策略。分税制后地方财政压力进一步加大，为了改善自身财政状况，地方政府追求财源的行为发生变化，预算内收入重心转向地方独享税和预算外收入，尤其是土地出让收入。周彬、杜两省（2010）发现，地方政府的土地财政行为推动了城镇房价持续上涨，分税制造成了地方政府对土地财政的过度依赖。他们进一步通过数学模型分析和实证研究发现，分税制导致的土地财政必然推动房价持续上涨，降低居民个人效用，引起社会公众的不满。要从根本上改善这种情况，应通过制度变革来改变目前财力过分向中央集中、地方政府的财力与事权不匹配的格局，以从根本上消除地方政府热衷于土地财政的内在激励机制。

袁飞等（2008）实证研究了中央转移支付对地方财政供养人口的影响，结果表明，分税制导致了财政供养人口不断增多，公共服务数量不足、质量低下的问题日益突出。他们指出，地方政府会在提供公共品和扩大财政供养人口以获取地区内政治支持网络之间进行权衡，而财政自主性较低的地方政府更可能选择后者。分税制的制度安排造成地方政府的财权与事权不匹配，这势必导致自有财政收入的比重对其财政预算约束的贡献减小，对禀赋较多的发达地区而言，由于上级政府抽取了比维持政府运转更多的利润，预算约束下降，本级政府从每单位当地经济增长中的获益减少了，本级政府发展经济的边际激励将降低，用于公共服务的支出势必减少；对禀赋较少的落后地区来说，由于上级政府的转移支付占据本级政府支出的比重较大，本级政府的收益与当地的经济发展并无很大关联，地方政府更倾向于将财政资金用于地方官员的政治网络的建立，导致教育、医疗和基础设施等公共服务的投资严重不足，也缺乏足够的激励来建立完善的市场经济（Zhuravskaya，2000；Jin et al.，2005；Weingast，2000；Ebel & Yilmaz，2002；袁飞等，2008）。他们提出的政策建议是，中央转移支付无法从根本上解决基层政府对经济发展的需求，有必要考虑建立一个财政上更加分权和行政管理上更有基层参与性的政府管理体制。

范子英、张军（2010c）对分税制后的1995—2006年的省级面板数据进行分析，结果表明，分税制后的转移支付比重的增加抑制了经济增长，1999年以来倾斜性的转移支付使这种无效率现象日益恶化，转移支付的激励扭曲可能会降低经济增长的潜力。他们认为，应改善这种激励结构，考虑适当放权。

2.2.2 对分税制的支持

梳理现有文献，我们发现，也不乏支持分税制的观点。

首先，时任国务院总理朱镕基同志在2011年清华大学百年校庆时对质疑分税制的人士提出了严厉的批评，并对2010年中国财政数据对中国中央财政收入集权的程度做了一个简单的测算。他的测算结果表明，在考虑了税收返还和转移支付后，中国中央财政收入集权的程度不到20%，甚至比改革前的1992年和1993年还要低，怎能说中国中央财政收入集权过高呢？分税制并没有导致地方政府少拿钱。

其次，新财政收入集权理论指出，中国的财政收入集权将激励地方政府为追求财政收入最大化而展开中国式"蒂伯特竞争"，进而导致财政收入最大化和资本积累的加速及预算内收入的增长。因此，分税制的财政收入集权将激励地方政府伸出"援助之手"而非"攫取之手"（陶然等，2009；Su et al.，2012；张军，2012；方红生、张军，2013、2014）。特别值得一提的是，方红生、张军（2013、2014）发现陈抗等（2002）所使用的财政收入集权指标有严重问题。在修正后，他们实证重估了分税制后的财政收入集权的激励效应。结果表明，财政收入集权将激励税收净流出地区的地方政府伸出"援助之手"；而在税收净流入地区，虽然中央政府的转移支付对财政收入集权的这一效应有所抑制，但总体上还不足以改变其"援助之手"的性质。他们指出，中国1994年的财政再集权努力是成功的，没有必要认为只有收入权力和支出责任同时下放（或财权和事权相匹配）才是好的治理模式（Weingast，2000；Careaga & Weingast，2002），否则必然危及中国的政治与经济稳定（Boadway & Tremblay，2011；王绍光，2002）。

最后，范子英（2015）利用部长更换的政策冲击来捕捉财政压力的变化，对财政压力假说（即土地财政是地方政府为缓解巨大财政压力而导致的一个必然结果）进行实证检验。结果表明，虽然部长能够显著降低其出生地的财政压力，但部长来源地的财政压力的下降并没有带来土地出让面积和土地出让收入的减少。因此，土地财政的真实根源并非财政压力而是政治晋升体制，其中政治晋升体制将激励地方政府为增长而进行投资竞争，而具有高分成和自有裁量权性质的土地财政收入则是地方政府竞相追求的最为理想的融资来源（李学文等，2012）。这意味着即使中央政府降低在初次财政分配中的份额，依然无法解决土地财政问题。

2.3 财政收入集权和财政分权的影响

2.3.1 基于新旧财政收入集权理论的分析

陈抗等（2002）认为伴随着20世纪90年代中期分税制改革的实行，预算内的财政收入向中央政府集中，地方政府的"援助之手"明显开始向"攫取之手"的趋势转变，导致投资活动减少、经济发展速度变得缓慢。这与旧财政收入集权理论的分析一致，旧财政收入集权理论认为，中央政府提高财政收入集权将导致地方政府没有积极性培育税源和发展经济。陈抗等（2002）构造了""援助之手"–"攫取之手""指数，研究财政收入集权与"攫取之手"之间的关系。实证结果表明，地方分成比例越低即中央分成比例越高，"攫取之手"的行为就越显著。1994年分税制改革之后，地方政府从伸出"援助之手"转变为"攫取之手"，在一定程度上抑制了经济发展。

与旧财政收入集权理论相对应的是以陶然和张军为代表的学者提出的新财政收入集权理论（陶然等，2009；张军，2012；Su et al.，2012）。新财政收入集权理论提出，在给定资本要素流动、制造业和服务业的产业关联及地方政府对土地市场的垄断这三个重要前提的情况下，财政收入集权将会激励地方政府以地方财政收入最大化而开展"蒂伯特竞争"，大力发展制造业，促进预算内收入的增长。制造业的发展不仅会直接带来增值税和企业所得税的增长，还间接对商业、房地产等服务业的发展有产业关联效应，间接增加地方服务业部门的营业税收入，增加服务用地需求而有更高的商住用地土地出让金收入。陶然等（2009）指出，分税制改革在显著向上集中了财政收入的同时，并未调整不同级别政府间支出责任的划分，导致地方政府无法继续从改制的国企、乡企获取稳定财源而开始争夺制造业投资。面对制造业部门较高的流动性，处于强大竞争压力下的地方政府提供了包括廉价出让土地、企业税收优惠等一系列措施的优惠政策包。虽然对制造业投资者以协议方式低价出让土地减少了地方政府的当期财政收入，但会带来较稳定的未来收入流。且地方政府在工业用地和商住用地出让上的做法存在显著差异。工业土地通过协议出让方式低价出让，商住用地则通过诸如"招拍挂"等竞争性较高的方式高价出让。陶然等（2009）揭示出以分税制为标志的税收集权使地方政府的角色从地方企业的所有者转变为非本地政府所有企业的征税者，但是这种角色的改变也意味着地方政府依然有很强的激励去促进本地经济增长，只是这种激励是通过加强地区间投资竞争来培养新的以私营、外资企业为主的制造业税基和相应的服务业税基。此外，地方政府受到税收集权的激励而努力最大化财政收入，会努力提高作为地方第一大税种的营业税的税收征管效率，服务业则是营业税最主要的课税对象。

周飞舟（2006）认为税收集权使地方政府更加依赖于营业税的增长，促使地方政府对投资基本建设、拉动经济增长的热情高涨。同时，由于税收集权使预算内收入更加规范化，地方政府寻求预算外收入的动机更加强烈，如加强土地开发、提高土地转让收入等。王克强等（2012）基于阈值效应和动态效应模型，发现税收集权加剧地方政府财政压力会使其更加倾向于发展土地财政，通过土地出让和大力发展房地产业来拓宽财政收入来源。汤玉刚、苑程浩（2010）则从地方政府间竞争的角度研究解释了税收集权对税收超GDP增长的影响，认为税收集权使政府间纵向竞争的程度强于横向竞争，因而提高了税收征管效率，进而拉动税收增长。谢贞发（2016）认为税收集权虽然降低了地方政府的分成比例和征管空间，但是地方政府仍旧能从地方经济的增长中获得财政收入，因而在税收集权的情况下，地方政府发展地方经济的积极性并未受到抑制。

2.3.2　财政分权对经济增长的影响

张晏、龚六堂（2005）根据对财政收支、转移支付、预算外资金的不同安排，构造了4类财政分权指标，从不同角度分析了中国分税制改革前后的财政分权与经济增长之间的关系。通过对28个省区市1986—1992年和1994—2002年的对比研究发现，分税制改革显著改变了财政分权对经济增长的影响，改革前财政分权与经济增长之间显著负相关，而1994年后财政分权对经济增长影响的系数显著为正。周业安、章泉（2008）认为分税制改革后的财政分权形式不仅对经济增长有影响，还是经济波动的重要动因。他们利用了1986—2004年的中国省级面板数据，发现财政分权在不同时间段内对经济的影响有所差异，1994年以前财政分权对经济增长并无明显的促进作用，1994年以后其对经济增长有显著的促进作用。也即，财政包干体制使地方政府通过谈判从中央政府获得更多的自由处置权，分税制改革之前的分权可能过度了，导致无法促进经济增长，而分税制改革之后的财政收入集权体制对地方政府形成了制度化的硬性约束，这种制度的稳定性能够有效消除税收分成契约谈判的不确定性，从而更有利于经济增长。

张曙霄、戴永安（2012）构造了2001—2008年中国266个城市的面板数据，采用面板分位数回归模型方法，并考虑了个体和参数异质性，得出虽然财政分权促进了城市经济增长，但是政府间的财政分权空间策略性竞争却抑制了绝大多数城市的经济增长。朱长存、胡家勇（2017）采用徐永胜、乔宝云（2012）构建的衡量财政分权度的综合方法，对分税制改革后的财政分权度进行了全面的测度，发现1995—2014年我国的财政分权对经济增长的影响有显著的时期差异，但从总体上来说，改革带来的分权度变动抑制了经济增长。Zhang & Zou（1998）最早基于中国内地28个省份1978—1992年间的面板数据研究中央与地方财政资源的分配与经济增长之间的关系，发现财政分权不利于地方经济增长，指出转型国家在经济发展的早期应该由中央集中有效的财力，以加大基础设施建设，这样更有可能利于经济增长。但他们的数据并没有扩展到分税制改革之后，无法表明分税制改革后的财政分权对经济增长的影响。殷德生（2004）使用1994—2001年的样本数据，实证研究了分税制改革以来，中国式财政分权没有能够有效促进地方经济增长，还加大了地区间的经济差异。

Oates（1994）指出财政分权与经济增长之间是否存在因果关系是非常模糊的，第三方"中介"可能也会影响对财政分权与经济增长关系的检验。王韬、沈伟（2009）为了克服实证研究中财政分权对经济增长的这种"矛盾"的效应，建立了一组逐步加入两类可控变量的多元回归线性模型，对比研究了中印财政分权对经济增长的影响，发现中国的财政支出分权促进了经济增长，而财政收入分权则阻碍了经济增长。谢贞发、张玮(2015)为了检验财政分权制度对经济增长的影响是否受到具体的研究特征的影响,选取了现有主要实证文献进行了荟萃分析,表明财政分权对经济增长影响的不同实证结果受到不同研究特征的影响,尤其是正向显著效应的实证结果受到"区域、劳资增长率、其他改制、预算内资金"等研究特征的显著影响,而负向显著效应的实证结果仅受到"实际经济增长率"的影响。

2.4 转移支付的影响

中国的转移支付主要包括一般性(财力性)转移支付、专项转移支付和税收返还三种。一般性转移支付指中央政府给予地方政府的无条件补助支出,划拨地方政府统筹使用;专项转移支付是指中央政府给予地方的补助资金,需按规定用途使用,是中央政府为实施专门的宏观政策、社会发展战略目标,委托地方政府处理事务或中央与地方政府共同承担事务而发放的;税收返还旨在维护地方政府既得利益格局,保障地方政府创收动力的基数返还制度(吴强、李楠,2016)。这三类的比重在分税制改革前后变化较为明显(范子英、张军,2010a)。转移支付作为分税制改革以来与税收集权相对应的重要财政调控手段,其主要的作用有以下两点:一是作为中央调控地方的重要政策手段,在税收集权降低了地方政府的税收收益权时,为了使地方政府发展经济的积极性不受到抑制而弥补其财政收入;二是为了均衡各地区间财力差距,转移支付向欠发达地区倾斜来实现各个地区间公共服务和社会福利的均等化;三是央地财政关系的重要补充和手段。

2.4.1 转移支付与区域间财力不平衡

在转移支付缓解地区间财力差距方面,许多跨国研究都认同转移支付作为润滑剂,在一定程度上降低了地区间收入不平等的差距(Melitz & Zumer,1999;Hepp & Hagen,2013)。但中国关于这方面的研究没有得出一致的结论。刘溶沧、焦国华(2002)提出分税制改革后的转移支付制度对控制地区间公共财政能力差距没有发挥有效的作用。尹恒、朱虹(2009)认为研究中国财政收入的均等性不仅要考虑地区财政收入能力，也要考虑地区提供公共服务的成本，他们利用县级财政和社会经济的数据，实证分析得出上级转移支付有助于缩小地区间在相同收入努力程度下提供相似公共服务水平时所面临的财力缺口的差距。王瑞民、陶然（2017）对财政收入来源进行分解，分析不同类别的转移支付边际意义上的财力均等化效应。实证结果得出一般性转移支付和专项转移支付都促进了财政供养人口财力均等化，但是专项转移支付总体上扩大了地区公共服务不均等，而一般性转移支付在2005年以后才逐渐显示出对公共服务均等化的促进效应。周飞舟（2006）认为转移支付虽然弥补了地方政府的财政收支缺口，但对均衡地方财政差距效果并不显著，中部地区长期处于转移支付水平不足的状态，同时东西部地区对于转移支付的利用效率不一，导致转移支付均衡地区财政差距的目标难以实现。袁飞等（2008）认为在我国财政收入权不断上移，而支出责任层层下放的情况下，转移支付是地方政府重要的财政收入来源之一。中央政府为了均等化社会福利，往往会给予欠发达地区更多的转移支付，也正是因为如此，预期可获得转移支付较少的发达地区会将转移支付投入公共服务中发展地方经济，而预期可获得较多转移支付的欠发达地区反而更加倾向于将其投入财政人员供养和政治网络建设中去，因此转移支付并不能很好地实现社会福利均等化目标。贾晓俊、岳希明（2012）通过一般公式推导和经验分析得出了类似的结论，他们将获得转移支付的省份作为研究对象，发现财力越强的省份获得的转移支付越多，即转移支付并没有起到均衡不同地区间财力的均等化效应。

另一部分学者则对转移支付的均等化效应给予了肯定。刘亮（2006）和曹俊文、罗良清（2006）用变异系数测度方法研究表明转移支付确实具有均衡地区间财力的作用。此外，还有一部分学者区分了转移支付的类别，通过研究一般性转移支付和专项支付来对这一效应进行探讨，或者利用不同政府层面的数据来对这一效应的差异性进行研究。贾晓俊、岳希明（2015）通过基尼系数分解方法发现一般性转移支付的均等化效应强于专项转移支付。王瑞民、陶然（2017）运用县级层面数据，基于Lerman和Yitzhaki（1985）的方法区分一般转移支付和专项转移支付研究转移支付的均等化效应，研究表明，一般性转移支付的均等化效应在省级层面更加显著，而专项转移支付虽然在省级层面具有均等化效应，但在县级层面扩大了各县间的财力差距。因而对转移支付的均等化效应，学界观点不一，有待今后通过更科学的研究方法和数据加以探究。除了均等化效应外，范子英、张军（2010b）还针对转移支付对国内市场整合的作用进行了研究，他们运用1995—2005年省级面板数据验证了转移支付对内陆地区和沿海地区市场整合程度的作用，发现转移支付虽然在经济增长上没有起到显著激励效果，但是对于促进国内市场整合，减少市场分割、重复建设具有促进作用。

综上所述，在现有关于转移支付制度效应的研究文献中，由于使用的研究方法、数据和指标构建方法不一致，因此研究结论也不尽相同，一部分认为转移支付不能均衡地区间财政差距（周飞舟，2006；袁飞等，2008；贾晓俊、岳希明，2012），另一部分则对转移支付的均等化效应给予了肯定（刘亮，2006；曹俊文、罗良清，2006）。除此以外，转移支付整合国内市场的作用受到了部分研究的佐证（范子英、张军，2010b）。而比较统一的一点在于，在那些认为转移支付能均衡地区间财力的研究中，普遍认为一般性转移支付的均等化效应强于专项转移支付（贾晓俊、岳希明，2015；王瑞民、陶然，2017）。

2.4.2　转移支付与地方政府公共支出

在转移支付对基本公共服务支出以及政府支出结构的影响方面，引发较多讨论的是"粘蝇纸效应"（flypaper effect）。Gramlich（1969）发现个人收入和转移支付对政府支出的影响有显著差异，个人收入增加1美元，政府支出增加0.02~0.05美元，而转移支付增加1美元使政府支出增加0.3美元。Inman（2008）认为转移支付的增加并不能带来减税，公共部门也会因此而扩张，引发粘蝇纸效应。粘蝇纸效应理论是对比税收和转移支付在提供公共物品时影响不同的理论，表明地方政府对于上级政府的转移支付并没有十分珍惜，而对税收收入增长带来的预算支出却精打细算，即别人的钱花出去不心疼（Oates,1994）。付文林、沈坤荣（2012）区分了粘蝇纸效应和"可替换效应"（fungibility）来研究地方政府接受转移支付后，是紧盯着中央政府的政策目标来改善民生性基本公共服务供给，抑或是在财政收入增加后，调整原先的地方公共品供给项目，更多地增加自身偏好的支出项目，如经济建设性支出、政府消费性支出等。实证结果表明，获得财政补助资金越多的省份确实会导致地方财政支出越多这一粘蝇纸效应，且转移支付的增加会造成地方公共支出供给结构上的可替换效应。李永友、沈玉平（2009）通过构建一个地方财政决策对转移支付的反应函数，运用1995—2006年省级面板数据考察转移支付对地方政府收支决策的影响，其结果表明转移支付会促进地方政府支出水平的上升。在支出结构上，由于我国转移支付制度规范度较低，已有的研究大部分认为转移支付会造成地方政府重视基本建设而相对忽视科教文卫等公共服务的支出（张军等，2007；尹恒、朱虹，2011；付文林、沈坤荣，2012）。由于粘蝇纸效应和可替换效应的存在，大量的研究已经表明转移支付会对地方政府的支出水平和支出结构产生影响。进一步地，在研究其对政府支出行为影响的基础上，有不少文献针对转移支付对公共服务的供给效率进行了实证分析。傅勇等（2010）认为转移支付促进了地方非经济性公共物品的有效供给，很好地实现了其政策目标，但也有学者与之持相反意见，袁飞等（2008）认为地方政府很有倾向将转移支付投入财政人员的供养及政治网络建设当中，而非加强当地公共服务的供给。李永友、张子楠（2017）基于2000—2012年的省级面板数据的实证研究表明，转移支付制度并不能对地方政府的社会性公共品供给行为产生有效激励，超过门槛值的支出补助会降低地方政府的公共品供给水平。

2.4.3　转移支付与地方政府税收努力

在转移支付对地方政府税收努力的影响方面，现有文献未能得出一致的结论。部分认为转移支付降低了税收努力，部分认为转移支付提高了税收努力。乔宝云等（2006）在财政分权的框架下建立了政府间转移支付与地方财政努力的理论模型，选取1994—2002年的省级面板数据，发现税收返还和总量转移支付均抑制了地方财政努力。李永友（2015）研究转移支付对地方政府税收竞争行为的影响。结果表明，转移支付整体会强化地方政府间的税收竞争。虽然一般性转移支付对地方政府的税收竞争程度有所缓解，但鉴于其比重较低，所以并不能扭转局面。付文林、赵永辉（2016）的研究得出结论：转移支付对征税努力的抑制效应在财力净流入地区显著，而在财力净流出地区则不明显，因为外援资金能有效弥补财力净流入地区的征税成本，这会降低地方税收努力的积极性。胡祖铨等（2013）将中央对地方转移支付分类为总量性质转移支付、均等性质转移支付、配套性质转移支付三种情况，构建"转移支付—征税努力模型"，运用1999—2010年我国30个省区市的转移支付结构数据进行实证检验。考虑总量性质转移支付（也即税收返还）从性质上来讲是和地方征税行为基本无关的额外财政收入，那么，额外财政收入增加将导致地方政府征税努力的降低。实证结果显示，总量性质转移支付对地方征税努力存在显著负向抑制效应，且强于均等性质转移支付对地方征税努力的抑制效应。配套性质转移支付虽然对地方征税努力有正向促进作用，但激励效果远小于总量性质转移支付和均等性质转移支付的抑制作用。魏福成、胡洪曙（2015）分析了不同类型的转移支付对地方政府支出行为和征税努力的影响，得出结论：一般转移支付对地方政府征税努力有正向提高效应；专项转移支付需要按资金用途分类对待，用于生产性公共品的专项转移支付对地方政府征税努力有负向抑制影响，而用于非生产性公共品的专项转移支付对征税努力则没有影响。

2.5　财政收入集权、转移支付与企业税负

新财政收入集权理论充分探讨了财政收入集权激励地方政府伸出"援助之手"的行为。很多文献以分税制改革为背景，从财政分权的角度研究其对区域经济发展、公共品供给等的影响，但是从财政收入集权角度分析其对企业税收负担影响的相关研究较少。刘骏、刘峰（2014）认为，1994年的分税制改革减少了地方政府的财政收入，而中央和地方政府财政支出结构没有发生改变，为了弥补财政收入与支出之间的巨大缺口，地方政府可以采用"税收竞争"和"税收攫取"来增加税收收入。对于国有企业，由于其自身产权性质、高管的行政级别等因素，对地方政府的游说能力较强，在税收竞争中相比于非国有企业能获得更多的

税收优惠，并且受到地方政府攫取的程度更低，因而税负更低。对于中央国企，由于其直属于中央政府，相比于地方国企，其受到地方政府的影响较小，税负应该更低。张敏等（2015）在对企业税负与财政分权程度关系的研究中，构建的收入分权的变量是地方全部的财政收入，是名义上的财政收入，没有考虑财政收入中细分为地方上解和税收返还。

吉黎等（2015）指出，当地方政府获得转移支付后，由于自身的惰性和地区间税收竞争的需要，地方政府会减少征税努力，由此导致企业避税行为的增加。该文使用推算利润和报告利润的差异刻画企业避税程度，将1998—2007年中国规模以上工业企业数据和县级财政数据进行匹配，分析地方政府获得的转移支付对当地企业避税程度的影响。实证结果显示，不同类型的转移支付对企业避税的影响不同，税收返还降低了企业避税程度，专项转移支付和一般性转移支付则加强了企业的避税程度。另外，不同地区的企业避税程度受到转移支付的刺激不同，具体表现为中部地区较强，东部地区较弱。

2.6 财政收入集权、转移支付与地方政府支出结构

由于中国式分权制度的存在，地方政府有足够的自主权来改变财政支出结构进而实现其各项政策目标，如加强公共服务供给或加强基本建设吸引投资等，所以目前关于地方政府支出结构的研究，主要从两个角度出发：一是研究支出结构的宏观效应，如对经济增长、就业等的影响，二是对我国地方政府支出结构的现状及形成机理进行探索。

在政府支出结构的宏观效应上，主流的观点认为进入生产函数的生产性支出或经济建设支出有利于拉动经济增长（Arrow & Kurz，1970；Devarajan et al.，1996；赵志耘、吕冰洋，2005；郭庆旺、贾俊雪，2006），如郭庆旺等（2003）通过构造理论模型并进行经验分析，其研究表明，虽然财政总支出规模的增大会对经济发展产生消极影响，但是以物质投资、人力投资和科研投入为代表的生产性支出则能够促进资本的形成进而促进经济增长。此外，除了关注经济增长效应，

也有研究对政府支出结构的其他宏观效应进行了探究，如郭新强、胡永刚（2012）通过构建动态新凯恩斯主义模型研究政府支出结构对就业的效应，其研究表明投资性支出对就业有正向影响，而服务性支出则不利于拉动就业。

在地方政府支出结构的现状分析上，大量的文献对于我国支出结构的现状分析较为统一，即我国存在重视基本建设而相对忽视科教文卫等公共服务的支出结构偏向（尹恒、朱虹，2011；付文林、沈坤荣，2012），但对于其形成机理，不同学者的研究角度有所不同。部分学者从财政分权的角度出发，研究该支出结构偏向的形成机制。李婉（2007）认为中国地方政府的支出结构受政府激励条件的影响，在中国地方GDP成为地方官员政绩考核依据之一的现状下，我国财政分权制度会增大地方政府经济建设支出结构偏向。傅勇、张晏（2007）基于Mauro（1998）的研究，运用1994—2004年的省级面板数据，以省级预算中基本建设支出及科教文卫支出占比为被解释变量，研究表明，财政分权和政府竞争是造成我国地方政府支出结构偏向于基本建设而非公共服务和人力资本的重要因素。而考虑到中国特殊的财政分权与政治集权并存的现状，地方政府官员受到的激励也会对地方政府的行为产生影响，所以不少学者从地方政府官员晋升激励的角度出发考察了支出结构偏向的形成机制，其中比较具有代表性的是周黎安（2007）的研究，他从晋升锦标赛的角度说明在以GDP增长率为地方政府官员政绩考核标准的晋升机制下，地方政府会倾向于将资本投向于与经济增长指标密切相关的基本建设，而科教文卫等见效期限长的支出则受到忽视。而在税收集权加强后，支出策略成为地方政府的一种重要竞争手段，因此，张恒龙、陈宪（2006）和李永友、沈坤荣（2008）从财政竞争的角度为地方政府经济建设支出结构偏向的形成做出了解释，即为了吸引外来资本流入，地方政府会倾向于将支出投向基本建设。结合税收竞争手段，税收优惠导致税收收入的减少会进一步加剧这一支出结构，挤占公共服务投入。李永友、沈坤荣（2008）也得出了相似的结论，在地区间的竞争过程中，为了吸引外商投资、促进本地经济增长，地方政府的支出会显著偏向收益见效较快的基本建设，而科教文卫和人力资本等领域的支出相对受到了忽视。

总的来说，地方政府支出结构的选择会对宏观经济的发展造成影响，主流的观点认为进入生产函数的生产性支出和基本建设支出有利于拉动经济增长（郭庆旺等，2003；赵志耘、吕冰洋，2005；郭庆旺、贾俊雪，2006）。而关于我国地方政府重基本建设支出结构的形成机制，学界从财政分权、晋升锦标赛及地方政府财政竞争等多个角度进行了研究（李婉，2007；傅勇、张晏，2007；周黎安，2007；张恒龙、陈宪，2006；李永友、沈坤荣，2008），但尚未有文献从财政收入集权的角度对此进行探讨。

从本质上说，中国的财政体制具有财政收入集权和财政支出分权的双重特征，尤其分税制改革之后税收集权程度大幅增强，地方政府的税收收益权随之减弱，这势必会对地方政府的支出结构造成影响。因此，从财政收入集权的角度研究其对地方政府支出结构的影响是一个重要的研究方向。

3

中国中央财政收入集权过高吗？

3.1 引 言

分税制自2002年起就屡遭质疑，批评者们认为，分税制掏空了地方财政，迫使地方政府只能伸出"攫取之手"（陈抗等，2002；陈桂棣、春桃，2004）和发展房地产才有钱（宫汝凯，2012），这最终导致了农民的贫穷和难以抑制的高房价。换言之，分税制才是导致这些民生问题的根源。这种观点在国内外广受追捧。问题是分税制真的掏空了地方财政并且导致了中国中央财政收入集权过高吗？

为了回答这一问题，我们认为：第一，有必要对中央财政收入名义集权程度和真实集权程度进行测算。参考李永友、沈玉平（2009）和李萍等（2010）的研究成果，我们将初次财政收入分配后的财政收入集权称为名义财政收入集权。我们认为，与真实财政收入集权相比，名义财政收入集权没有考虑财政收入再分配的过程，这势必高估中央财政收入集权程度，从而得出中央财政收入集权过高的结论。虽然李永友、沈玉平（2009）和李萍等（2010）的相关论文是为数不多的测算了公共财政真实财政收入集权的文献，但其都存在局限性，前者的缺陷是在测算第一次财政收入再分配后的收入集权程度时，没有考虑税收返还，而后者的缺陷是虽然考虑了税收返还，但没考虑地方上解。

第二，鉴于中国财政收入可以从公共财政和全口径两个层面来衡量[1]，因此探讨中国中央财政收入集权是否过高的问题，就不仅要看狭义的公共财政收入集权，而且还应看全口径财政收入集权[2]。为此，我们还详细测算了1998—2016年名义和真实全口径财政收入集权。据我们所知，李萍等（2010）和高培勇、杨志勇（2014）也测算了全口径财政收入集权，他们的工作对我们有重要的参考价值，但有三点局限：第一，前者只将政府性基金收入作为非公共财政收入，不是严格意义上的全口径财政收入，后者虽是较为严格意义上的全口径财政收入，但是没有扣除重复计算项目。第二，测算的时间很短。前者只测算了2008年名义集权程度，后者只测算了2010—2012年的集权程度。第三，两者都只测算了名义集权度，而没有测算真实集权程度。

第三，在测算中国中央全口径财政收入集权的基础上，我们进一步对其进行了国际比较。然而，与现有的国际比较文献（赵志耘、郭庆旺，2005；李萍等，2010；方文全，2012）相比，我们做了以下两点改进：第一，我们选取IMF的GFS数据库中所有可获得数据的国家作为样本进行国际比较，以避免样本选择性偏误。第二，我们使用了较为严格意义上的全口径财政收入集权而非狭义的公共财政收入集权或不严格的全口径财政收入集权进行国际比较。

基于上述测算结果，我们发现了以下五大典型事实，从而对中国中央财政收入集权过高说提出严重质疑：第一，以公共财政名义集权指标衡量收入集权的传统方法大大高估了中国中央财政收入集权。第二，虽然分税制改革后的公共财政（全口径）名义集权程度大大高于1990—1993年间的财政包干时期的名义集权，但是公共财政（全口径）真实集权则明显低于前期。第三，名义和真实的财政收入集权，在2007年后都表现出显著的下降趋势。第四，从国际可比的角度看，无论用哪一

---

① 自2011年起，预算外收入纳入一般预算收入，统一称为公共财政收入，即将原来的预算内收入改称为公共财政收入，为了保持一致，本章统一将预算内收入改称为公共财政收入。
② 值得一提的是，即使拓展到全口径财政收入层面，探讨中国中央财政收入集权是否过高的问题，实际上也是探讨分税制是否掏空了地方财政的问题。这是因为，尽管分税制只是调整了预算内财政收入的分配（分税制的直接效应），但是中央在考虑非预算内财政收入（如地方政府的土地出让收入）分配的问题时，也不得不考虑其推行分税制时所遇到的强大阻力（如税收返还就是央地之间谈判妥协的一个结果）。可观察的一个结果是中央在非预算内财政收入上的集权明显低于预算内财政收入的集权，这是分税制的间接效应。我们认为，这个间接效应在探讨分税制是否掏空了地方财政的问题时有必要考虑。

个维度的集权指标来测算，中国都是中央财政收入集权最低的国家。第五，从作为改革风向标的名义集权来看，全球有高达93.2%的国家的名义集权均超过了60%。

然而要证伪中国中央财政收入集权过高说，还需要考察中央的财政垂直不对称的程度。现有文献（李萍等，2010；Sharma，2012；Eyraud & Lusinyan，2013；Jia et al.，2021）指出，在财政联邦制体制下，垂直财政不平衡指的是中央政府财政收入份额高于地方政府财政收入份额，同时中央政府财政支出份额却低于地方政府财政支出份额。现有文献普遍使用VFI（Vertical Fiscal Imbalance）的概念来表示垂直财政不平衡，并采用地方自有财政支出中由自有收入融资的份额的方法来度量垂直财政不平衡的程度。通常情况下，财政支出责任的下放不一定伴随着财政收入权力的下放，一定程度的VFI是必然且合理的（Eyraud & Lusinyan，2013），因此，要度量垂直财政失衡的程度，VFI并不是一个合适的指标。我们认为，为了度量财政失衡的程度，应该比较名义（真实）财政收入集权和名义（真实）财政支出集权，使用名义（真实）财政收支集权的非对称性［以下简称名义（真实）非对称指标］来度量垂直财政失衡的程度。值得一提的是，名义（真实）财政支出集权度并不等于1减去财政支出分权度，否则，中央财政收入集权的最优解势必大于对应的中央财政支出集权，名义（真实）非对称指标大于1是一种必然存在且合理的状态。然而，事实并非如此，Wallis 和 Oates（1998）、Coen-Pirani 和 Wooley（2018）提出了一个新的中央财政支出集权的测算方法，他们指出，名义（真实）财政支出集权表示名义上（实际上）中央政府承担的支出份额，其中，名义财政支出集权 =（中央财政支出＋税收返还＋中央转移支付－地方上解）/全国财政总支出，真实财政支出集权＝（中央财政支出＋中央转移支付）/全国财政总支出。因此，若名义（真实）财政收支非对称性等于1，则说明与中央承担的支出份额相比，名义（真实）中央财政收入集权恰好，这也表示这一状态下不存在垂直财政失衡；若名义（真实）财政收支非对称性不等于1，则说明与中央承担的支出份额相比，名义（真实）中央财政收入集权恰好偏高或偏低，则存在垂直财政失衡。具体而言，如果名义（真实）非对称指标小于1，则说明中央财政收入集权偏低；如果名义（真实）非对称指标大于1，则说明中央财政收入集权偏高。我们构建的两类识别垂直财政失衡程度的非对称性指标是对现有文献的有益补充。我们的实证结果表明：第一，无论哪个指标，都显示出中央财政收入集权偏低；第二，与中央公共财政名义和真实收支集权的非对称性程度相比，中央全口径名义和真实收支集权的非对称性程度更严重，这表明中央全口径名义和真实收入集权均存在过低的倾向。

进一步的国际比较发现，中国中央收支集权的非对称性的严重程度排在全球第三位，而中国中央承担本级全口径财政支出责任的能力全球最低。最后，结合国务院适当增加中央事权的指导意见，我们认为，中央政府有必要提高中央财政收入集权，尤其是全口径财政收入集权。本章结构安排如下：3.2节测算了1990—2016年度中国公共财政收入集权；3.3节测算了1998—2016年中国全口径财政收入集权；3.4节测算了72个代表性国家全口径财政收入名义集权并将中国与其进行了国际比较；3.5节考察了中国中央收支集权的非对称性程度并进行了国际比较；最后是结论与政策含义。

3.2 中国公共财政收入集权测算

3.2.1 测算方法

分税制改革实质上是以财政收入分配为核心内容的改革（李永友、沈玉平，2010；李萍，2010；方红生、张军，2013、2014）。为了度量中央政府在每次财政收入分配中收入集中的程度，我们区分了名义财政收入集权和真实财政收入集权。参考李永友、沈玉平（2010）和李萍等（2010）的研究，名义公共财政收入集权衡量的是公共财政收入初次分配中中央政府占有全国公共财政收入的份额，即中央本级公共财政收入/全国公共财政收入。值得注意的是，一方面，分税制改革极大缩小了地方政府税基从而导致地方政府税收收入大幅下降，因此，1994年伊始，分税制改革就遭到了各级地方政府前所未有的反对。为了推进分税制，中央政府采取了保障地方政府在改革后分享的财政收入不少于1993年收入基数的让步政策，即税收返还政策（Huang & Chen，2012）。不考虑税收返还，中央财政收入集权必然被高估（方红生、张军，2013、2014）。

另一方面，地方政府通过向中央政府上缴一定的公共财政收入向中央政府妥协，即地方上解。不考虑地方上解收入，中国中央财政收入集权将被低估（方红生、张军，2013、2014）。参考方红生、张军（2013、2014）的研究，真实公共财政收入集权衡量的是公共财政收入第一次再分配后中央政府占有全国公共财政收入的份额，即（中央本级公共财政收入－税收返还＋公共财政地方上解）/全国公共财政收入，这表示中央自下而上所能集中的真实财力。

3.2.2　测算结果与分析

根据上述公式，我们测算了1990—2016年全国层面中国公共财政收入集权程度，结果见表3-1。为了更加直观地比较，我们做了图3-1和图3-2，分别反映了名义和真实公共财政收入集权的均值和时间变动模式。

表 3-1　中国中央公共财政集权程度（1990—2016）

年份	名义财政收入集权/%	真实财政收入集权/%
1990	33.79	50.21
1991	29.79	45.36
1992	28.12	44.16
1993	22.02	35.82
1994	55.70	29.67
1995	52.17	32.01
1996	49.42	30.59
1997	48.86	32.59
1998	49.91	34.62
1999	51.33	37.27
2000	52.98	41.19
2001	52.49	42.03
2002	54.96	42.42
2003	54.64	41.72
2004	54.94	43.57
2005	52.29	41.45
2006	52.58	43.40

续表

年份	名义财政收入集权/%	真实财政收入集权/%
2007	54.07	47.72
2008	53.29	47.85
2009	52.42	45.29
2010	51.13	45.12
2011	49.41	45.7
2012	47.91	43.54
2013	46.59	42.68
2014	45.95	42.33
2015	45.49	42.19
2016	45.34	41.95

注：a.名义收入集权＝中央本级公共财政收入／全国公共财政收入；真实收入集权＝（中央本级公共财政收入－税收返还＋公共财政地方上解）／全国公共财政收入。b.资料来源：《中国财政年鉴》（1991—2016）、"2016全国财政决算报告"。

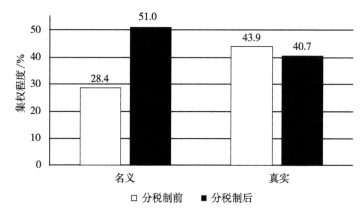

图3-1　分税制前后中国公共财政收入名义和真实集权程度均值的比较（1990—2016）

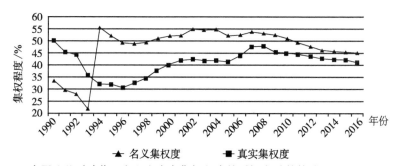

图3-2　中国公共财政收入名义和真实集权程度的时间变动趋势（1990—2016）

基于图3-1和图3-2，我们不难得出以下四个主要结论：

第一，与分税制改革前的1990—1993年相比，分税制改革后，名义公共财政收入集权上升了22.6百分点，但真实公共财政收入集权却下降了3.2百分点。这表明仅从名义指标来看，分税制是收入集权的改革；而从真实指标来看，分税制其实是收入分权的改革。

第二，名义和真实收入集权在分税制改革前的1993年都降到最低点，这迫使中央不得不推行分税制改革。尽管名义集权在1994年后始终远高于1993年的水平，但真实集权程度在1994年其实是下降的，然后逐年增加，直到1999年才超过1993年的集权程度，花了6年的时间，这是中央没有想到的[①]。换言之，只有从1999年开始，分税制才可以被称为真正意义上的财政收入集权化的改革。具体而言，与1993年相比，1999—2016年间，分税制将中央真实集权提高了4.7百分点。但即使这样，分税制也没有将中央的真实集权（43.0%）提高到1990—1993年的平均水平（43.9%）。从这个角度而言，分税制依然是一种收入分权的改革。

第三，虽然分税制改革后名义公共财政收入集权程度是51.0%，但真实公共财政收入集权程度却只有40.7%，这表明传统算法大大高估了中国中央财政收入集权，高估的程度为10.3百分点。

第四，名义和真实收入集权在2007年以后都表现出明显的下降趋势。具体而言，名义公共财政收入集权从54%下降到45%，真实公共财政收入集权从48%下降到42%。名义和真实集权均呈现大幅下降趋势，需要中央保持高度警惕。

3.3 中国全口径财政收入集权测算

3.3.1 测算方法

根据上文的讨论，名义全口径财政收入集权衡量的是全国财政总收入初次分配中中央政府占有的全国财政总收入的份额，即中央本级总收入/全国财政总收

---

① 考虑地方财力不宽裕，也很困难，还有很重的发展任务，经过反复考虑，我们决定第一年不改变中和地方原来财政收入的格局，第二年中央稍增一点，第三年再增一点，增加，比例慢慢提高。

入。真实全口径财政收入集权衡量的是全国财政总收入第一次再分配后中央政府占有的全国财政总收入的程度，即（中央本级总收入－税收返还＋地方上解总额）/全国财政总收入。其中，参考现有代表性文献（郭庆旺，2012；高培勇、杨志勇，2014），并结合我国最新预算管理体系、收支分类标准及IMF（2014）标准，全口径财政收入（即全国财政总收入）＝公共财政收入＋预算外财政收入[1]＋社保基金净收入＋国有资本经营收入＋政府性基金收入。中央本级总收入＝中央本级公共财政收入＋中央本级预算外财政收入＋中央本级国有资本经营收入＋中央本级政府性基金收入。中央补助总额＝公共财政中央补助＋中央政府性基金转移支付，地方上解总额＝地方上解＋政府性基金地方上解。

进一步地，根据IMF的国际可比统计口径，对中国全口径财政收入进行核算时，需要注意以下两点：第一，调整国有企业亏损补贴。根据IMF统计标准，国有企业亏损补贴应计入公共财政支出，而中国的企业亏损补贴直接冲减公共财政收入，我们将予以调整。第二，调整国有土地出让总收入。根据GFS的2001年和2014年数据，国有土地出让行为是一种非生产性资产的交易，结果只是政府土地资产的减少和货币资金的增加，并不带来政府净资产的变化，不增加政府的权益，因而不计作财政收入。但是，中国的国有土地出让带来了财政净收入，即政府金融资产的净增加，因此，有必要考虑国有土地出让净收入，即国有土地出让总收入－国有土地出让成本性支出[2]。考虑到测算结果的稳健性，我们分别测算了不含国有土地出让收入和包含国有土地出让净收入的收入集权。

下面逐一对上述各项进行核算：

第一，社保基金净收入的核算。社保基金净收入是指从社保基金总收入中扣除来自公共财政补贴后的净额。由于社会保险没有实现全国统筹，社保基金净收入均为地方财政收入（高培勇、杨志勇，2014）。具体核算时须注意以下几点：（1）我国从2010年开始实行社保基金预算管理，根据《2010年政府收支分类科目》，社保基金收入包括基本养老保险、失业保险、城镇基本医疗保险、工

---

[1] 2011年以后，预算外收入纳入公共预算收入，因此2011年以后无此项。

[2] 数据来源：《中国国土资源年鉴》（2008—2009）、财政部网站公布的"全国国有土地出让收支的基本情况"（2009—2015）。

伤保险、生育保险和其他保险基金收入等6项。（2）2011年社保基金收入科目新增居民社会养老保险、居民基本医疗保险和新型农村合作医疗保险基金收入三项，其中前两项已计入社会保障部公布的社保基金总收入，而第三项须单独核算。值得一提的是，新型农村合作医疗保险基金①于2003年7月开始试点，直到2008年才基本实现全覆盖（王天宇、彭晓博，2015），此后，国家统计局才公布了新型农村合作医疗保险收入的数据；到2016年，新型农村合作医疗保险归入城乡居民基本医疗保险中。（3）财政部1998年才开始公布社保基金的补贴收入详情。基于以上三点，我们分两阶段对社保基金净收入进行核算：（1）1998—2007年和2016年，社保基金净收入＝社保基金总收入－公共财政对社保基金的补贴；（2）2008—2015年，社保基金净收入＝社保基金总收入－公共财政对社保基金的补贴＋新型农村合作医疗保险基金净收入。

　　第二，国有资本经营收入的核算。2007年9月，国务院发布了《关于试行国有资本经营预算的意见》，正式建立国有资本经营预算制度，中央政府于当年开始编制本级国有资本经营预算，地方政府则于2012年开始编制。另外，财政部2010年建立了中央国有资本经营预算调入公共财政预算的机制，2012年建立了地方国有资本经营预算调入公共财政预算的机制，上述机制的建立，使国有资本经营收入和公共财政收入出现了重复计算，需剔除重复计算部分。接下来，我们分三个阶段对国有资本经营收入进行核算：（1）2007—2009年，国有资本经营收入＝中央本级国有资本经营收入；（2）2010—2011年，国有资本经营收入＝中央本级国有资本经营收入－中央国有资本经营收入调入公共财政资金；（3）2012—2016年，国有资本经营收入＝中央本级国有资本经营收入＋地方本级国有资本经营收入－中央国有资本经营收入调入公共财政资金－地方国有资本经营收入调入公共财政资金。

　　第三，政府性基金收入的核算。全国政府性基金收入包括中央本级政府性基

---

① 2003—2007年，由于没有新型农村合作医疗保险（以下简称新农合）基金收入的数据，所以我们核算时没有考虑，但不影响测算结果，理由有以下两点：第一，2003—2007年，新农合处于试点期。第二，据测算，2008—2015年间，该项收入在社保基金净收入和全国财政总收入中占比仅分别为1.5%和0.2%，对集权测算结果的影响可以忽略。此外，2016年新农合基金收支数据缺失，2016年财政对新农合的补贴与2015的补贴仅相差0.02%，因此，设定2016年新农合基金收入（支出）等于2015年新农合收入（支出）。

金收入和地方本级政府性基金收入。国家财政部自1997年开始实行基金预算管理，此后，涉及政府性基金收入的相关收入科目进行了如下调整。

（1）国有土地出让收入的调整。调整过程详见表3-2。

表3-2 国有土地出让收入的调整

年份	国有土地出让收入的调整
1998—1999年	国有土地使用权有偿出让收入纳入地方公共财政收入科目
1999年以后	开征新增建设用地土地有偿使用费（以下简称新增费），从实际缴入地方国库的土地出让收入中计提该项费用，央地按3:7分成，分别纳入本级政府性基金收入
2000年以后	原公共财政科目下的国有土地使用权有偿出让收入纳入地方政府性基金科目，国有土地使用权有偿出让收入和地方新增费收入共同构成国有土地有偿出让收入，计入地方本级政府性基金收入
2007年以后	国有土地出让收入总额计入全国政府性基金收入[①]

注：2007年以前，土地出让收入是指先纳入预算外专户管理，再扣除征地补偿和拆迁费用及土地开发支出等成本性支出后的国有土地出让收入余额[②]，该余额等于国有土地使用权有偿出让收入和新增费收入之和。2007年以后，土地出让收入总额等于国有土地使用权出让金收入、国有土地收益基金收入、农业土地开发资金收入和新增费收入之和（高培勇、杨志勇，2014；汤林闳，2016）。

（2）地方社保基金收入的调整。1998—1999年和2001—2006年间，一部分地方社保基金收入计入地方本级政府性基金收入。

（3）中央公共财政收入调入政府性基金收入的调整。该项收入属于中央政府性基金和公共财政收入重复计算部分。

依据上述调整事项，我们做了以下处理：

（1）根据上文核算标准，需要考虑国有土地出让净收入，我们将2007年后的国有土地出让总收入调整为国有土地出让净收入，即从全国政府性基金收入中

---

① 国有土地出让收入总额是指全部纳入地方国库的土地出让收入数，即实际入库收入。国土资源部公布的国有土地出让收入数为当年全国各地签订的土地出让合同总价款数，而财政部公布的则是当年全国各地实际缴入地方国库的土地出让收入数，两者口径不同。按照现行规定，土地出让价款可以分次分期缴纳，即当年的土地出让合同总价款并不一定等于实际入库的土地出让收入，详见《关于财政部、国土资源部公布的土地出让收入数据存在差异的说明》。合同总价款包括供应出让总价款、租金收入和其他出让价款，详见历年《中国国土资源年鉴》。

② 详见财政部《全国土地出让收支基本情况》，http：//www.mof.gov.cn/zhengwuxinxi/caizhengshuju/201004/t20100413_28685 2.html，国有土地出让总支出包括成本性支出和农村基础建设支出、城镇基础建设支出等其他支出。

扣除国有土地出让成本性支出,因此,2007—2016年地方本级政府性基金收入调整额=国有土地出让成本性支出。其中,2007年,我们假定2007年国有土地出让成本性支出占全国总支出的比重等于2008—2012年该项比重的均值,再乘以2007年国有土地出让总支出,进而得到2007年国有土地出让成本性支出的估算值;2008年,国有土地出让成本性支出等于国有土地出让合同价款减去国有土地出让净收入[①];2009—2015年,财政部公布了国有土地出让成本性支出;2016年,财政部没有公布国有土地出让成本性支出,我们假定2016年国有土地出让成本性支出占总支出的比重等于2013—2015年该项比重的均值,然后乘以2016年国有土地出让总支出,进而得到2016年国有土地出让成本性支出的估算数。

(2)扣除1998—1999年和2001—2006年间计入地方本级政府性基金收入中的社保基金收入。

(3)从中央本级政府性基金收入中剔除中央公共财政收入调入政府性基金收入部分。依据现有公开资料[②],2010—2012年该部分占全国财政总收入的比重平均约为0.04%,对集权测算结果的影响很小。此外,考虑2013—2014年该部分数据又缺失,故我们实际核算时忽略此项。

第四,中央政府性基金转移支付的核算。现有财政部公开资料[③]只公布了1998—2001年、2003年和2006—2016年中央政府性基金转移支付数据,对于2002年、2004年和2005年的数据,我们使用其他年份政府性基金转移支付和中央政府性基金本级收入的比例(见图3-3)进行推算。对于缺失比例的个别数据,我们利用插值法估算这一比例。然后,将这个比例乘以对应年份的中央政府性基金本级收入,就可得到2002年、2004年和2005年中央政府性基金转移支付的数

---

① 值得注意的是,财政部没有公布2007—2008年间国有土地出让成本性支出,但是幸运的是,国土资源部公布了国有土地出让纯收益,我们可以利用这一数据来计算国有土地出让成本性支出。2007年,由于国土资源部公布的土地出让总收入与财政部公布的国有土地出让总收入相差甚远,因此我们估算2007年国有土地出让成本性支出;2008年,国土资源部公布的土地出让总收入与财政部公布的国有土地出让总收入几乎相等,我们利用国土资源部的数据计算国有土地出让成本性支出。

② 详见财政部《中国财政基本情况(2012—2013)》,http://www.mof.gov.cn/zhuantihuigu/czjbqk1/;《中国财政基本情况(2011)》,http://www.mof.gov.cn/zhuantihuigu/czjbqk2011/。

③ 财政部财政决算报告和《中国财政基本情况》、地方财政统计资料、2006地方财政政府收支分类转换数据等。

据。值得一提的是，根据1998—2001年、2003年和2006—2016年的数据，中央政府性基金转移支付在全国全口径财政收入和支出中的占比均仅约0.15%~0.6%，因此，即使忽略此项，对全口径收入集权的测算结果也影响不大。

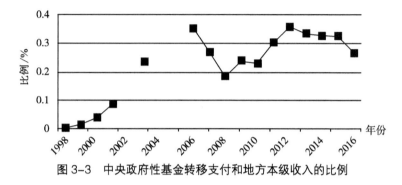

图3-3　中央政府性基金转移支付和地方本级收入的比例

第五，政府性基金地方上解核算。根据财政部政府性基金决算报告，2012—2016年政府性基金地方上解在全国财政总收入中占比分别约为0.03%、0.006%和0.01%，因此，政府性基金地方上解对全口径收入集权测算结果影响不大。另外，实际核算时忽略此项。

3.3.2　测算结果与分析

根据上述公式，我们测算了1998—2016年中国三个维度的全口径财政收入集权，结果见表3-3。为了更加直观地比较，我们以图3-4和图3-5分别反映三个维度的全口径财政收入集权的均值和时间变动模式。

表3-3　中国全口径财政收入集权程度

年份	名义收入集权	名义收入集权2	真实收入集权	真实收入集权2
1998	37.92	38.05	28.94	29.04
1999	39.54	39.67	31.42	31.51
2000	39.46	39.66	31.97	32.13
2001	39.30	39.57	32.42	32.64
2002	40.57	41.01	32.33	32.68
2003	39.10	39.78	30.71	31.23
2004	39.77	40.68	31.09	31.81
2005	37.77	38.78	30.58	31.40
2006	37.77	39.12	32.00	33.15

续表

年份	名义收入集权	名义收入集权2	真实收入集权	真实收入集权2
2007	41.65	42.32	37.14	37.74
2008	40.36	42.22	36.63	38.32
2009	39.03	41.75	34.16	36.55
2010	36.84	41.30	32.89	36.87
2011	38.35	41.05	34.85	37.30
2012	37.70	39.16	34.50	35.84
2013	36.50	37.96	33.68	35.03
2014	35.17	37.21	32.61	34.50
2015	35.75	36.80	33.35	34.33
2016	35.36	36.42	32.26	33.22

注：a.名义收入集权＝中央全口径财政收入/全国全口径财政收入；真实收入集权＝（中央全口径财政收入—税收返还＋地方上解）/全国全口径财政收入。指标2表示不包含国有土地出让净收入的测算结果。b.资料来源：《中国财政年鉴》(1999—2016年)、《地方财政统计资料》(1998—2009)、《财政统计摘要2012》、《中国国土资源年鉴》(1999—2016)、《中国劳动统计年鉴》(1999—2016)、《中国统计年鉴》(2009—2016)、《2016全国财政决算报告》、《2016卫生和计划生育事业发展统计公报》、《2016年度人力资源和社会保障事业发展统计公报》。

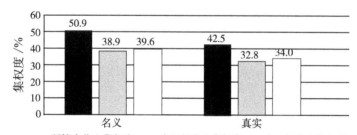

图3-4 中国公共财政收入集权程度和全口径财政收入集权程度的比较

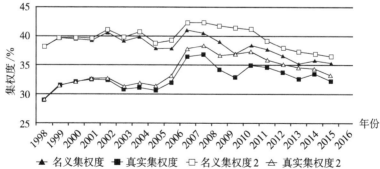

图3-5 中国名义和真实全口径财政收入集权的时间变动趋势（1998—2016）

基于图3-4和图3-5，我们不难得出以下两个主要结论：

第一，1998—2016年间，名义全口径收入集权只有38.3%（39.6%）[1]，比名义公共财政收入集权低12.6（11.3）百分点；真实全口径收入集权只有32.8%（34.0%），比真实公共财政收入集权低了9.7（8.5）百分点，这表明公共财政收入集权指标均高估了中央财政收入集权。

第二，名义和真实的全口径收入集权自1998年以后的走势与对应的公共财政收入集权走势基本相同，在2007年以后均表现出明显的下降趋势。具体而言，名义全口径收入集权从41.7%（42.3%）下降到35.4%（36.4%），真实全口径收入集权从37.1%（37.7%）下降到32.3%（33.2%）。

3.4　各国中央收入集权测算

3.4.1　测算方法

在进行国际比较前，有必要测算其他发达和发展中国家的名义和真实财政收入集权。鉴于IMF的GFS数据库被公认为是最适宜进行跨国比较研究的数据库，故我们基于该数据库提出如下测算公式：

名义财政收入集权＝中央本级收入/全国财政收入；真实财政收入集权＝（中央本级收入＋地方对中央转移支付）/全国财政收入。其中，中央本级收入＝中央本级税收＋中央本级其他收入＋中央本级社会保障收入＋中央本级捐赠收入；全国财政收入＝税收收入＋其他收入＋社会保障收入＋捐赠收入。

3.4.2　测算结果与分析

依据上述公式，我们从GFS中选取了可获得数据的72个国家，测算了其1998—2013年名义和真实的财政收入集权。然后将中国和这些国家放在一起，依据集权均值从小到大进行排名[2]。我们发现，中国是财政收入集权最低的国家。为

---

① 括号中的数据表示不包含国有土地出让净收入的测算结果（下同）。
② 在对中国进行排名时，我们使用了前部分测算的具有国际可比口径的1998—2013年全口径财政收入集权数据。

节省篇幅，我们只报告了名义财政收入集权的排名结果[①]。图3-6呈现了73个国家名义收入集权均值的频率分布，图3-7呈现了收入集权最低的五个国家名义收入集权的时间变动模式。

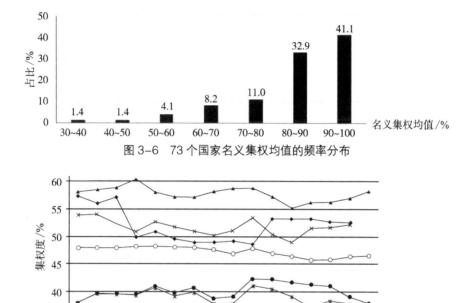

图 3-6　73个国家名义集权均值的频率分布

图 3-7　名义集权程度最低的五个国家集权程度的时间变动趋势（1998—2013）

注："中国"表示包含国有土地出让净收入的中国名义收入集权（以下简称中国集权1），"中国2"表示不包含国有土地出让收入的中国名义收入集权（以下简称中国集权2）。

根据上述图表，我们可以得到以下三点主要结论：

第一，无论是否包含国有土地出让净收入，中国名义全口径收入集权都低于其他各国，具体而言，比发达国家中集权最低的加拿大低7.9（6.7）百分点，比联邦制发展中国家集权最低的印度低12.8（11.6）百分点，较单一制发达国家集权最低的日本低约21.7（20.5）百分点，较单一制发展中国家集权最低的白俄罗斯低约25.1（23.9）百分点。

[①] 值得一提的是，由于中国的真实收入集权小于名义收入集权，而其他国家的真实收入集权大于名义收入集权，因此，按真实集权进行排名的话，中国只会排名更低。

第二，73个国家中，名义集权在60%以下的国家只有中国（中国集权程度1是38.9%，中国集权程度2是40.1%）、加拿大（46.8%）、印度（51.7%）、瑞士（52.1%）和美国（57.7%）5个国家，仅占6.9%；其中，除中国是单一制发展中国家外，其余4个均为联邦制发达和发展中国家。名义集权程度在60%以上、70%以上和80%以上的国家占比分别高达93.2%、84.9%和74.0%，这些国家绝大部分为单一制国家。

第三，在名义集权最低的5个国家中，其余4国的名义收入集权在1998—2013年间每年均高于中国。

3.5　中国中央收支集权的非对称性程度及国际比较

3.5.1　中国中央收支集权的非对称性程度

由以上测算结果，我们对中国中央财政收入集权过高说提出严重质疑，然而要证伪中国中央财政收入集权过高说，还需要考察中央收支集权的非对称性程度。根据前面提出的公共财政收入集权和全口径收入集权，参考Wallis 和 Oates（1998）及 Coen-Pirani 和 Wooley（2018），我们依次构造四个指标来衡量中央收支集权的非对称性程度，分别定义如下：

公共财政名义收支集权的非对称性程度＝公共财政名义收入集权/公共财政名义支出集权，衡量的是中央在公共财政的名义收入份额和中央在公共财政所对应承担的所有支出份额之比。公共财政名义支出集权＝（公共财政中央本级支出＋公共财政中央净补助）/全国公共财政支出。

公共财政真实收支集权的非对称性程度＝公共财政真实收入集权/公共财政真实支出集权，衡量的是中央在公共财政的真实收入份额和中央在公共财政所对应承担的所有支出份额之比。公共财政真实支出集权＝（公共财政中央本级支出＋公共财政中央转移支付）/全国公共财政支出。

全口径名义收支集权的非对称性程度＝全口径名义收入集权/全口径名义支出集权，衡量的是中央在全口径下的名义收入份额和中央在全口径下所对应承担的所有支出份额之比。全口径名义支出集权=（全口径中央本级支出＋全口径中央净补助总额）/全国全口径财政支出。

全口径真实收支集权的非对称性程度=全口径真实收入集权/全口径真实支出集权，衡量的是中央在全口径下的真实收入份额和中央在全口径下所对应承担的所有支出份额之比。全口径真实支出集权=（全口径中央本级支出＋全口径中央转移支付）/全国全口径财政支出。

其中：公共财政中央净补助=公共财政中央补助－地方上解，中央净补助总额=中央补助总额－地方上解总额。全国财政总支出=中央本级财政总支出＋地方本级财政总支出，中央本级财政总支出=中央本级公共财政支出＋中央本级预算外财政支出＋中央国有资本经营支出＋中央本级政府性基金支出，地方本级财政总支出=地方本级公共财政支出＋地方本级预算外财政支出＋社保基金净支出＋地方国有资本经营支出＋地方本级政府性基金支出。

如果上述指标大于1，则说明与中央承担的支出份额相比，中央财政收入集权偏高。如果上述指标等于1，则说明与中央承担的支出份额相比，中央财政收入集权刚好。如果上述指标小于1，则说明与中央承担的支出份额相比，中央财政收入集权偏低。

表3-4是根据上述指标计算的结果，考虑中央转移支付力度和中央承担本级支出责任的能力，计算结果见表3-5及图3-8至图3-11。

表3-4 中国中央公共财政和全口径收支集权的非对称性程度

年份	公共财政名义非对称程度	公共财政真实非对称程度	全口径名义非对称程度	全口径名义非对称程度2	全口径真实非对称程度	全口径真实非对称程度2
1990	85.7	92.6				
1991	79.6	88.6				
1992	78.4	88.3				
1993	70.6	82.5				
1994	90.3	79.4				
1995	90.8	82.1				
1996	91.9	84.5				

续表

年份	公共财政名义非对称程度	公共财政真实非对称程度	全口径名义非对称程度	全口径名义非对称程度2	全口径真实非对称程度	全口径真实非对称程度2
1997	94.3	90.6				
1998	91.4	85.3	90.3	89.2	68.9	68.1
1999	89.8	83	88.7	87.9	70.4	69.8
2000	86.5	80	83.6	82.9	67.7	67.2
2001	88.6	83.7	84.4	83.7	69.6	69.1
2002	89.9	84.2	83.4	83	66.4	66.1
2003	89.4	83.9	81.8	81.6	64.2	64
2004	88.5	83.8	81.2	80.9	63.5	63.2
2005	90.8	87.3	82.5	82.3	66.8	66.6
2006	93.9	92.1	85.7	85.7	72.6	72.6
2007	93.7	93.3	88.3	88.2	78.8	78.7
2008	94.2	93.4	89.4	89.6	81.1	81.4
2009	91.3	88.8	85.3	87	74.6	76.1
2010	95.1	93.6	89.7	91.4	80.1	81.6
2011	95.7	94.7	91.1	91.2	82.7	82.9
2012	94.1	92.9	89.7	89.9	82.1	82.3
2013	95.4	94.3	91.1	91.5	84.1	84.5
2014	94	93	89.9	90.9	83.3	84.2
2015	99.2	98.1	93.3	93.6	87	87.3
2016	98.1	96.4	92.3	92.1	84.2	84

注：a.中国公共财政名义收支非对称性程度＝公共财政名义收入集权/公共财政名义支出集权；公共财政真实收支集权的非对称性程度＝公共财政真实收入集权/公共财政真实支出集权；全口径名义收支集权的非对称性程度＝全口径名义收入集权/全口径名义支出集权；全口径真实收支集权的非对称性程度＝全口径真实收入集权/全口径真实支出集权。
b.资料来源：《中国财政年鉴》(1999—2016)、《地方财政统计资料》(1998—2009)、《财政统计摘要2012》、《中国国土资源年鉴》(1999—2016)、《中国劳动统计年鉴》(1999—2016)、《中国统计年鉴》(2009—2016)、《2016全国财政决算报告》、《2016卫生和计划生育事业发展统计公报》、《2016年度人力资源和社会保障事业发展统计公报》。

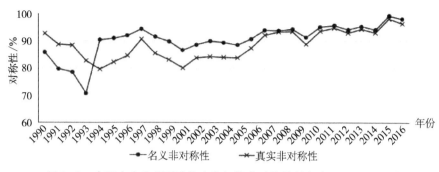

图 3-8 中国中央公共财政收支集权的非对称性程度（1990—2016）

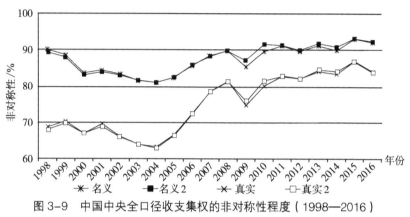

图 3-9 中国中央全口径收支集权的非对称性程度（1998—2016）

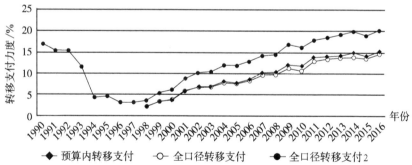

图 3-10 中央转移支付力度的时间变动趋势

注：a.公共财政转移支付力度 = 一般性转移支付/全国公共财政收入。

b.数据来源：《中国财政年鉴》（1991—2016）、《2016年全国财政决算报告》。

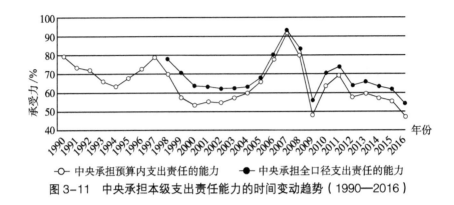

图 3-11　中央承担本级支出责任能力的时间变动趋势（1990—2016）

我们有以下三点发现：

第一，无论哪个指标，都说明中央财政收入集权偏低了。

第二，与中央公共财政收支集权的非对称性程度相比，分税制改革后，中央全口径收支集权的非对称性程度更严重，这表明中央名义和真实全口径收入集权偏低。

在中央公共财政名义收入集权偏低，特别是真实收入集权偏低的情况下，中央政府不得不尽最大努力提高中央转移支付以均衡地区间公共财政财力差距[①]。图3-10和表3-5充分反映了这一点[②]。最终的结果是中央已无力承担本级公共财政支出责任（见图3-11和表3-5）。具体而言，中央承担本级公共财政支出的能力［即（中央本级公共财政收入－公共财政中央补助+地方上解）/中央本级公共财政支出］从2007年的最大值91.5%跌落到2016年的47.3%，比1993年的65.8%还低18.5%。此外，再看分税制后中央承担本级支出责任的能力方面，中央政府实际上长期面临巨大的财政支出压力。具体而言，一方面，从1998年以来中央承担本级公共财政支出责任的平均能力看，中央承担本级公共财政支出的能力也只有62.1%；另一方面，中央承担本级全口径支出责任的能力［即（中央本级全口径

①　现有研究（李萍等，2010）认为，中央政府的财政收入集权越低，地区间政府财力差距就越大，这样中央要想实现公共服务均等化，就需要不断加大转移支付的力度，中央的压力随之增大。

②　2007年后，中央的真实收入集权呈现持续下降趋势，已无力支撑大规模的转移支付。所以，中央的转移支付力度在冲到2009年的最高点后不得不做出向下的调整。但是迫于均衡地区间财力差距的巨大压力，中央随后也不得不将其转移支付的力度维持在一个与2009年基本持平的水平。

收入－中央补助总额＋地方上解总额）/中央本级全口径支出］从2007年的最大值93.2%跌落到2016年的53.9%，如果从1998年以来中央承担本级全口径支出责任的平均能力看，中央承担本级全口径支出的能力也只有68.2%。

表 3-5 中央承担均衡地区间财力差距和本级支出责任的能力

年份	公共财政转移支付力度	全口径转移支付力度	全口径转移支付力度2	中央承担本级公共财政支出的能力	中央承担本级全口径支出的能力
1990	16.65			79.3	
1991	15.16			73.0	
1992	15.18			71.7	
1993	11.45			65.8	
1994	4.10			63.2	
1995	4.42			67.7	
1996	3.02			72.6	
1997	3.01			78.8	
1998	3.42	2.11	2.12	70.1	77.8
1999	5.16	3.23	3.24	57.4	70.7
2000	5.93	3.78	3.80	53.4	63.5
2001	8.73	5.83	5.88	55.3	63.1
2002	9.97	6.65	6.72	54.6	62.2
2003	10.20	6.70	6.81	57.1	62.3
2004	11.78	7.90	8.09	59.8	63.4
2005	11.60	7.74	7.95	65.9	67.9
2006	12.56	8.34	8.64	77.6	80.4
2007	13.88	10.03	10.01	91.5	93.2
2008	14.26	9.77	10.22	79.7	83.1
2009	16.52	11.27	12.05	48.2	55.8
2010	15.93	10.46	11.73	63.5	70.5
2011	17.63	12.73	13.62	69.1	73.8
2012	18.28	13.37	13.89	57.6	63.6
2013	18.86	13.59	14.13	59.5	65.6
2014	19.64	13.89	14.69	57.2	63.1

续表

年份	公共财政转移支付力度	全口径转移支付力度	全口径转移支付力度2	中央承担本级公共财政支出的能力	中央承担本级全口径支出的能力
2015	18.69	13.61	14.01	55.5	61.6
2016	19.96	14.50	14.93	47.3	53.9

注：a.公共财政转移支付力度＝（公共财政中央补助－税收返还）/全国公共财政收入。全口径转移支付力度＝（中央补助总额－税收返还）/全国财政总收入。中央承担本级公共财政支出的能力＝（中央本级公共财政收入－公共财政中央补助＋公共财政地方上解）/中央本级公共财政支出。中央承担本级全口径支出的能力＝（中央本级总收入－中央补助总额＋地方上解总额）/中央本级全口径支出，其中，中央本级全口径支出＝中央本级公共财政支出＋中央本级预算外支出＋中央本级国有资本经营支出＋中央本级政府性基金支出（高培勇、杨志勇，2014）。b.数据来源：《中国财政年鉴》（1999—2016）、《地方财政统计资料》（1998—2009）、《财政统计摘要2012》、《中国国土资源年鉴》（1999—2016）、《中国劳动统计年鉴》（1999—2016）、《中国统计年鉴》（2009—2016）、《2016全国财政决算报告》、《2016卫生和计划生育事业发展统计公报》、《2016年度人力资源和社会保障事业发展统计公报》。

由此，我们不仅证伪了中国中央财政收入集权过高说，而且还发现了中国中央财政收入集权，特别是中国全口径财政收入集权偏低。

3.5.2 中央收支集权的非对称性程度：国际比较

根据计算我们发现，中国中央名义全口径收支集权的非对称性程度为0.866[1]，排在第三位，比中国低的两个国家是阿尔巴尼亚（0.803）和玻利维亚（0.825）[2]。值得一提的是非对称性程度高于1的国家仅占29.6%，而低于1的国家则高达70.4%（见图3-12）。如果观察名义集权最低的5个国家的中央收支集权的非对称性程度我们发现，加拿大、印度、瑞士和美国的名义收支集权的非对称性程度分别为0.904、0.916、0.977和0.955，均远高于中国。进一步地，我们比较了各国中央承担本级全口径支出责任的能力，发现中国是中央承担能力最低的国家，仅为69.8%。特别的（见图3-13），中央承担能力高于90%的国家高达80.5%，其中，高于100%的国家占了47.2%。名义集权最低的5个国家——加拿

---

[1] 括号内数值表示不包含国有土地出让净收入的测算结果（下同）。
[2] 不过值得一提的是，由于这两个国家的数据只有一年（分别是2002年和1998年），所以这两个国家的中央收支集权的非对称性程度很可能并不比中国低。

大、印度、瑞士和美国的中央承担支出责任能力分别为79.8%、91.0%、101.8%和81.0%,均高于中国。

通过以上比较,我们可以得到以下三个主要结论:

第一,无论是否考虑国有土地出让净收入,中国的名义收支集权的非对称性程度都在全球排名第三,而中国中央承担本级支出责任的能力则全球最低,这说明中国名义财政收入集权过低。

第二,全球中央收支集权的非对称性程度低于1的国家高达70.4%,这表明这些国家应该考虑提高中央财政收入集权。

第三,全球中央收支集权的非对称性程度高于1的国家占29.6%,这表明这些国家可以考虑降低中央财政收入集权。

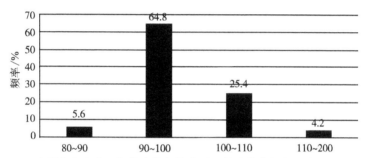

图3-12　71个国家名义全口径收支集权的非对称性均值的频率分布(1998—2013)
注:a.塞尔维亚和斯里兰卡数据缺失。b.其他国家中央名义全口径收支集权的非对称性程度=名义全口径收入集权/[(中央全口径支出+中央净转移支付)/全国全口径财政支出]。

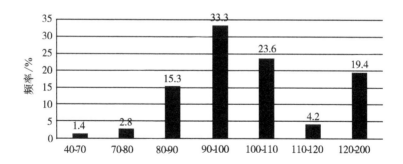

图3-13　72个国家中央承担本级全口径支出的能力均值的频率分布(1998—2013)
注:a.塞尔维亚数据缺失。b.其他国家中央承担本级全口径支出责任的能力=(中央本级财政收入-中央净转移支付)/中央本级财政支出。

3.6 测算结果讨论

3.6.1 中央财政收入集权偏低的可能后果

前面的理论研究表明，当前的中央财政收入集权已处于偏低的状态。这意味着，如果继续听任中央财政收入集权继续下降而不采取任何措施，中央财政收入集权今后将不可避免地处于过低状态。本节探讨了这种过低状态可能导致的三个具体化的严重后果。

第一，加大了中央通过转移支付在全国范围内实现基本公共服务均等化的压力。现有研究（李萍等，2010）认为，中央财政收入集权越低，地区间政府财力差距就越大，这样中央要想实现公共服务均等化，就需要不断加大转移支付的力度，中央的压力随之增大。根据现有文献，中央通常采取增加一般性转移支付的方式增加地方财力，以期缩小地区间财力差距，所以我们可以采用一般性转移支付/全国公共财政收入来衡量中央转移支付的力度。观察图3-10，我们发现，1994—2007年间中央的转移支付力度之所以可以基本呈持续上升趋势，关键在于在此期间中央的真实集权呈现持续上升趋势，为其提供了财力保障。但是2007年后，中央的真实集权则呈现持续下降趋势，已无力支撑大规模的转移支付。所以，中央的转移支付力度在冲到2009年的最高点后不得不做出向下的调整。但是迫于均衡地区间财力差距的巨大压力，中央随后也不得不继续提高其转移支付的力度。

第二，中央无力承担中央财政事权所对应的支出责任。中央在其真实集权持续下降的同时，却不得不继续提高其一般性转移支付的力度，其后果是中央无力承担起中央财政事权所对应的支出责任。根据现有文献（郭庆旺等，2009）和《国务院关于推进中央与地方财政事权和支出责任划分改革的指导意见》（国发〔2016〕49号），中央财政事权所对应的支出责任可以用"中央本级财政支出+专项转移支付"来衡量，其中专项转移支付衡量的是中央委托财政事权的支出责任，中央本级财政支出衡量的是中央非委托财政事权的支出责任。这样，中央承担中央财政事权所对应的支出责任的能力可以用（中央本级公共财政收入－不含专项转移支付的中央补助＋地方上解）／（中央本级公共财政支出＋中央专项转移支付支出）来衡量，中央承担非委托财政事权所对应的支出责任的能力可以用（中央本级公共财政收入－中央补助＋地方上解）／中央本级公共财政支出）来衡量。如图3-14所示，我们发现，中央承担中央财政事权所对应的支出责任的能力从2007年的最大值94.7%跌落到2016年的70.0%，而中央承担非委托财政事权所对应的支出责任的能力则从2007年的最大值91.5%跌落到2015年的47.3%。这个比重比1993年的63.7%还低16.4%，这是中央无力承担中央财政事权所对应的支出责任的一个非常重要的证据。

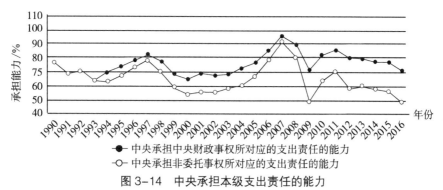

图3-14 中央承担本级支出责任的能力

注：a.中央承担中央财政事权所对应的支出责任的能力＝（中央本级公共财政收入－不含专项转移支付的中央补助＋地方上解）／（中央本级公共财政支出＋中央专项转移支付支出）。b.中央承担非委托事权所对应的支出责任的能力＝（中央本级公共财政收入－中央补助＋地方上解）／中央本级公共财政支出）。

第三，中央无力运用财政政策稳定宏观经济。当经济出现衰退时，中央应采取反周期性财政政策（方红生、张军，2009），但是图3-15表明，2008年后，中央本级公共财政支出占GDP的比重及中央公共财政支出（即中央本级公共财政支出和专项转移支付之和）占GDP的比重却呈现持续下降的趋势，这意味着中央采取了顺周期政策。中央的这种行为与上个经济危机期间（1997—2001）所采取的反周期财政政策行为截然相反。毋庸置疑，这是前两个后果导致的必然结果。

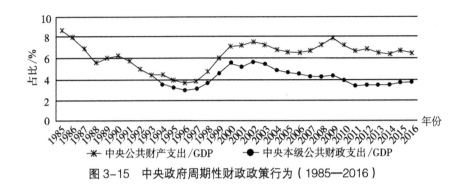

图 3-15　中央政府周期性财政政策行为（1985—2016）

3.6.2　进一步的政策讨论

为贯彻落实党的十八届三中全会精神，按照新修订的预算法，《国务院关于深化预算管理制度改革的决定》（国发〔2014〕45号）要求进行全口径预算管理改革。贾康（2015）认为全口径预算管理改革的目标是构建以一般公共预算为基本，政府性基金预算、国有资本经营预算、社会保险基金预算为辅助的全口径现代政府预算体系，其主要内容之一是在进一步完善政府收支分类科目的基础上，建立各项预算之间的统筹与审批机制。根据《国务院关于深化预算管理制度改革的决定》，统筹与审批机制主要是指加大政府性基金预算、国有资本经营预算与一般公共预算的统筹力度，建立将政府性基金预算中应统筹使用的资金列入一般公共预算的机制，加大国有资本经营预算资金调入一般公共预算的力度。基于这个政策背景，本节从全口径财政收入的角度进一步探讨央地财政收入分配改革的方向。

根据上文的研究，我们发现中国中央全口径财政收入集权已处于偏低的状态，为了进一步分析全口径财政收入中每一项收入的影响，从而为央地财政收入分配改革提供更为具体的政策建议，除上文已测算的中央公共财政收入集权以外，本节将测算其他四项财政收入的收入集权，并分析每项收入集权对全口径财政收入集权的影响。

（1）中央政府性基金收入集权测算

中央政府性基金收入名义集权＝中央本级政府性基金收入/全国政府性基金

66

收入，中央政府性基金收入真实集权＝（中央本级政府性基金收入＋政府性基金地方上解）／全国政府性基金收入。其中，全国政府性基金收入＝中央本级政府性基金＋地方本级政府性基金。

需要注意的是，在上文的国际比较中，按照IMF可比统计口径，只考虑了土地出让净收入，本节我们从全口径收入探讨未来央地财政收入分配改革的方向，则需要考虑中国国情，将国有土地出让总收入计入政府性基金收入。考虑到2007年前计入全国政府性基金收入（支出）中的国有土地出让收入（支出）是余额而2007年后则是总额[①]，为避免前后统计口径不一致的问题，我们的测算区间是2007—2016年。2007年后，国有土地出让收入总额等于国有土地使用权出让金收入、国有土地收益基金收入、农业土地开发资金收入和新增费收入之和，国有土地出让支出总额等于国有土地使用权出让金支出、国有土地收益基本支出、农业土地开发资金支出和新增费支出之和，结果见图3-16。

根据上述方法，中央政府性基金收入名义和真实集权相同。观察图3-16，2008—2011年间中央政府性基金收入集权呈现持续下降趋势，从16.0%下降到7.6%，2011—2016年间，中央政府性基金收入名义和真实集权基本稳定在8.5%左右。

图3-16　中央政府性基金收入集权的时间变动趋势（2007—2016）

（2）中央预算外收入集权测算

2011年1月1日起，将预算外资金管理的收入全部纳入预算管理（高培勇、杨志勇，2014），即2011年以前，预算外收入是单独核算的。中央预算外收入名

[①]　国有土地出让总收入（总支出）与国有土地出让收入（支出）余额之间，其差额均为国有土地出让成本性支出。

义集权＝中央预算外收入真实集权＝中央预算外收入/全国预算外收入。结果见图3-17。2007年后，中央预算外收入集权呈现持续下降趋势，从2007年的7.8%下降到2010年的6.9%，共下降0.9%。

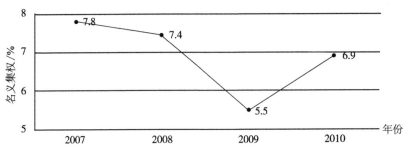

图3-17　中央预算外收入名义集权的时间变动趋势（2007—2010）

（3）中央国有资本经营收入集权测算

2007年9月，国务院发布了《关于试行国有资本经营预算的意见》，正式建立国有资本经营预算制度，中央政府于当年开始编制本级国有资本经营预算，地方政府则于2012年开始编制。因此，中央国有资本经营收入集权的测算始于2007年。以此为基础，测算方法是，2012—2016年，中央国有资本经营收入名义集权＝中央国有资本经营收入真实集权＝中央本级国有资本经营收入/全国国有资本经营收入。其中，全国国有资本经营收入＝中央本级国有资本经营收入＋地方本级国有资本经营收入，结果见图3-18。中央国有资本经营收入集权2012年后先下降后上升，2014年达到最高70.3%，然后持续下降，2016年为55%。

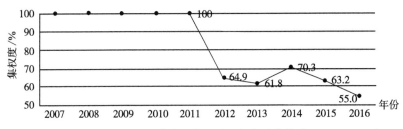

图3-18　中央国有资本经营收入集权的时间变动趋势（2012—2016）

（4）中央社保基金净收入集权的测算

中央社保基金净收入名义集权＝中央社保基金净收入真实集权＝中央社保基金净收入/社保基金净收入＝0。

（5）中央全口径财政收入集权的再测算

虽然现有研究普遍将社保基金收入作为全口径财政收入的一部分，但根据《国务院关于深化预算管理制度改革的决定》（国发〔2014〕45号），统筹与审批机制主要是指加大政府性基金预算、国有资本经营预算与一般公共预算的统筹力度，建立将政府性基金预算中应统筹使用的资金列入一般公共预算的机制，加大国有资本经营预算资金调入一般公共预算的力度，所以下面分别测算不包括社保基金的中央全口径财政收入集权（小口径）和包含社保基金的中央全口径财政收入集权（大口径）[①]。

中央全口径财政收入集权由上述分项集权的加权平均获得：

中央全口径财政收入名义集权（小口径）＝公共财政收入名义集权 × 公共财政份额＋预算外收入名义集权 × 预算外份额＋政府性基金名义集权 × 政府性基金份额＋国有资本经营收入名义集权 × 国有资本份额。

中央全口径财政收入真实集权（小口径）＝公共财政收入真实集权 × 公共财政份额＋预算外收入真实集权 × 预算外份额＋政府性基金真实集权 × 政府性基金份额＋国有资本经营收入真实集权 × 国有资本份额。

其中，公共财政份额＝全国公共财政收入/全国全口径财政收入（小口径）；预算外份额＝全国预算外收入/全国全口径财政收入（小口径）；政府性基金份额＝全国政府性基金收入/全国全口径财政收入（小口径），国有资本份额＝全国国有资本经营收入/全国全口径财政收入（小口径）。全国公共财政收入＝中央本级公共财政收入＋地方本级公共财政收入；全国政府性基金收入＝中央本级政府性基金收入＋地方本级政府性基金收入；全国国有资本经营收入＝中央本级国有资本经营收入＋地方本级国有资本经营收入－国有资本经营预算调入公共财政资

[①] 虽然社保基金收入专款专用，任何人不得挪用，也不得用于平衡财政预算，但考虑到政府性基金预算、国有资本经营预算可以被统筹到一般公共预算，而一般公共预算又可以对社保基金进行补贴，所以遵循国际标准和国内文献的普遍做法，有必要测算大口径的中央全口径财政收入集权。

金。全国全口径财政收入（小口径）＝全国公共财政收入＋全国预算外收入＋全国政府性基金收入＋全国国有资本经营收入。

中央全口径财政收入名义集权（大口径）＝公共财政收入名义集权×公共财政份额＋预算外收入名义集权×预算外份额＋政府性基金名义集权×政府性基金份额＋国有资本经营收入名义集权×国有资本份额＋社保基金净收入名义集权×社保基金份额。

中央全口径财政收入真实集权（大口径）＝公共财政收入真实集权×公共财政份额＋预算外收入真实集权×预算外份额＋政府性基金真实集权×政府性基金份额＋国有资本经营收入真实集权×国有资本份额＋社保基金净收入真实集权×社保基金份额。

其中，公共财政份额＝全国公共财政收入/全国全口径财政收入（大口径）；预算外份额＝全国预算外收入/全国全口径财政收入（大口径）；政府性基金份额＝全国政府性基金收入/全国全口径财政收入（大口径），国有资本份额＝全国国有资本经营收入/全国全口径财政收入（大口径）；社保基金份额＝社保基金净收入/全国全口径财政收入（大口径）。全国全口径财政收入（大口径）＝全国公共财政收入＋全国预算外收入＋全国政府性基金收入＋全国国有资本经营收入＋社保基金净收入。

值得一提的是，在加权平均时，要注意对各分项的重复计算收入的处理：（1）中央政府性基金调入公共财政预算。根据上文，实际核算时忽略此项。（2）国有资本经营预算调入公共财政资金。根据上文的核算标准，计算国有资本经营收入集权和对应份额时需剔除2010—2016年间中央国有资本经营预算调入公共财政资金和2012—2016年间地方国有资本经营预算调入公共财政资金。

图3-19、图3-20展示了全口径财政收入（小口径）中各项收入份额的时间变动趋势和中央全口径财政收入集权（小口径）的时间变动趋势，图3-21、图3-22展示了全口径财政收入（大口径）中各项收入份额的时间变动趋势和中央全口径财政收入集权（大口径）的时间变动趋势。我们有以下三点发现：

第一，无论是中央全口径财政收入集权（小口径）还是中央全口径财政收入集权（大口径）都总体呈现持续下降趋势。具体而言，中央全口径财政收入名义集权（小口径）从2008年的43.0%下降到2016年的37.3%，真实集权程度从39%下降到34%。中央全口径财政收入名义集权程度（大口径）从37.8%下降到31.0%，真实集权程度从34.1%下降到28.2%。

　　第二，中央全口径财政收入集权（小口径）明显低于中央公共财政收入集权，2011—2016年间平均低9%左右，[①]其原因是政府性基金收入在全口径财政收入（小口径）中平均占比25.4%，而中央政府性基金收入集权平均只有8.5%。中央全口径财政收入集权（大口径）则明显低于中央公共财政收入集权，2011—2016年间平均低14.5%左右，其原因是政府性基金收入和社保基金净收入在全口径财政收入（大口径）中平均占比分别为21.6%和15.1%，而中央政府性基金收入集权和中央社保基金净收入集权平均分别只有8.5%和0。

　　第三，虽然有时出现反弹的一个重要原因是土地出让收入下降导致政府性基金收入在全口径财政收入中的份额下降[②]，进而导致公共财政收入在全口径财政收入中的份额上升。只要土地出让收入保持相对稳定，政府性基金收入和公共财政收入在全口径财政收入中的份额就保持基本稳定，中央全口径财政收入集权就会呈现持续下降趋势。

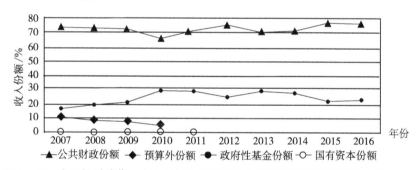

图3-19　全口径财政收入（小口径）中各项收入份额的时间变动趋势（2007—2016）

---

① 鉴于2010年后没有预算外收入，这也代表着未来的状态，所以我们更关注2011—2016年间的中央全口径财政收入集权和中央公共财政收入集权间的差异及其原因。

② 对于大口径的全口径财政收入而言，社保基金净收入的份额保持相对稳定。

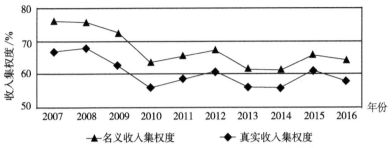

图 3-20　中央全口径财政收入集权（小口径）的时间变动趋势（2007—2016）

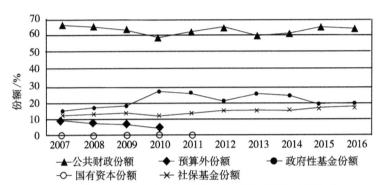

图 3-21　全口径财政收入（大口径）中各项收入权重的时间变动趋势（2007—2016）

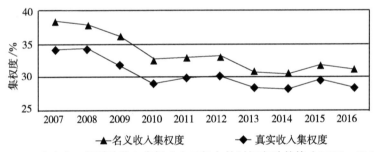

图 3-22　中央全口径财政收入集权（大口径）的时间变动趋势（2007—2016）

（6）中央全口径财政收支非对称性的测算与分析

中央全口径财政收支（小口径）名义非对称性＝中央名义全口径财政收入（小口径）集权/[（中央本级全口径财政支出＋中央净补助＋中央政府性基金和国有资本经营转移支付）/全国全口径财政支出（小口径）][1]；中央全口径财政收支（大

---

[1]　根据1998—2001年、2003年和2006—2015年数据，中央政府性基金转移支付在全国财政全口径收入和全口径支出中占比均约0.15%~0.6%，因此，即使忽略此项，对非对称的结果也影响不大。

口径）名义非对称性＝中央名义全口径财政收入（大口径）集权/[（中央本级全口径财政支出＋中央净补助＋中央政府性基金和国有资本经营转移支付）/全国全口径财政支出（大口径）][1]。

中央全口径财政收支（小口径）真实非对称性＝中央真实全口径财政收入（小口径）集权/[（中央本级全口径财政支出＋中央对地方公共财政转移支付＋中央政府性基金和国有资本经营转移支付）/全国全口径财政支出（小口径）]；中央全口径财政收支（大口径）真实非对称性＝中央真实全口径财政收入（大口径）集权/[（中央本级全口径财政支出＋中央对地方公共财政转移支付＋中央政府性基金和国有资本经营转移支付）/全国全口径财政支出（大口径）][2]。

其中，中央全口径财政支出＝中央公共财政支出＋中央预算外支出＋中央政府性基金支出＋中央国有资本经营支出－中央国有资本经营预算调入公共财政资金，全国全口径财政支出（小口径）＝全国公共财政支出＋全国预算外支出＋全国政府性基金支出＋全国国有资本经营支出－中央国有资本经营预算调入公共财政资金－地方国有资本经营预算调入公共财政资金[3]。全国全口径财政支出（小口径）＝全国公共财政支出＋全国预算外支出＋全国政府性基金支出＋全国国有资本经营支出－中央国有资本经营预算调入公共财政资金－地方国有资本经营预算调入公共财政资金＋社保基金净支出[4]。

观察图3–23至图3–26，我们发现以下两点主要结论：

（1）无论是中央全口径财政收支名义非对称性还是真实非对称性都小于1。特别是大口径的中央全口径财政收支非对称性要明显小于小口径的中央全口径财政收支非对称性，这表明从大口径的角度看，中央全口径财政收入集权偏低更明

---

[1] 根据《中国财政年鉴2015》，从2015年开始，在中央国有资本经营预算中安排对地方的转移支付，用于支持中央企业和1998年以后中央下放的煤炭、有色、军工等企业解决历史遗留问题，支持解决厂办大集体未尽事宜。

[2] 全国全口径财政支出（大口径）和全国全口径财政支出（小口径）之间的差额是社保基金净支出。

[3] 中央国有资本经营预算调入公共财政资金和地方国有资本经营预算调入公共财政资金，都属于全口径支出加总核算的重复计算部分，须剔除。

[4] 社保基金净支出的核算方法与社保基金净收入的核算方法相同，即2007年和2016年，社保基金净支出＝社保基金总支出－公共财政对社保基金的补贴；2008—2015年，社保基金净支出＝社保基金总支出＋新型农村合作医疗保险基金支出－公共财政对社保基金和新型农村合作医疗的补贴。

显。此外，它们与中央公共财政收支名义和真实非对称性相比都要小，意味着中央全口径财政收入集权存在过低的倾向。

（2）虽然2007年后中央全口径财政收入名义和真实集权总体呈现持续下降趋势，但是中央公共财政收支名义和真实非对称性，除2009年有明显的下降和2016年有明显的上升外，在2010—2014年间依然基本保持着2007年的状态。对这种现象的一个解释是，2007年后中央支出集权程度也总体呈现持续下降趋势。如果维持2007年的中央支出集权水平，当前中央财政收入集权将处于明显的偏低状态。

根据《国务院关于推进中央与地方财政事权和支出责任划分改革的指导意见》（国发〔2016〕49号）有关适度加强中央事权和支出责任的要求，中央在国家财政支出中的支出份额上升的可能性很大。但由于目前中央公共财政收支集权的不对称性程度，特别是中央全口径财政收支集权的不对称性程度已经很严重，且随着时间的推移，这种不对称程度更严重，这意味着中央政府亟须继续提高其公共财政收入集权，特别是全口径财政收入集权。为提高全口径财政收入集权，中央政府除提高占全口径财政收入份额62.5%~73.7%[①]的公共财政收入的中央集权外，还应提高其政府性基金收入的集权以及社保基金收入的集权。出于全国统筹的考虑，社保基金收入应作为中央收入。换言之，中央社保基金收入的集权应为100%。相应地，中央政府应承担社保基金的支出责任。

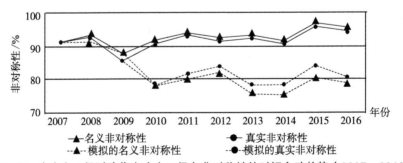

图3-23　中央全口径财政收支（小口径）非对称性的时间变动趋势（2007—2016）

[①]　最低值和最高值分别对应的是2011—2016年间公共财政收入在大口径和小口径的全口径财政收入中的平均份额。

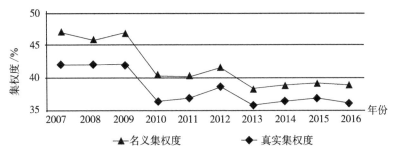

图 3-24　中央全口径财政支出（小口径）集权的时间变动趋势（2007—2016）

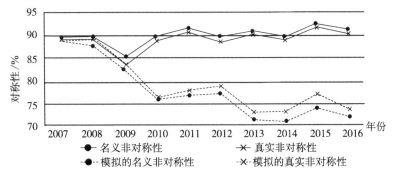

图 3-25　中央全口径财政收支（大口径）非对称性的时间变动趋势（2007—2016）

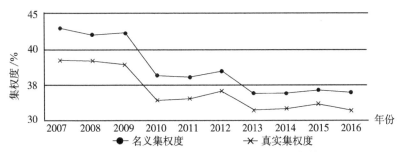

图 3-26　中央全口径财政支出（大口径）集权的时间变动趋势（2007—2016）

3.7　本章小结

首先，我们从公共财政收入和全口径财政收入两个方面对中央名义集权和真实集权程度进行了细致认真的测算，发现了以下三点重要结论：一是以公共财政名义集权指标衡量中央集权的传统方法已大大高估了中国中央财政收入集权。二是虽然分税制改革后的公共财政（全口径）名义集权大大高于1990—1993年间的财政包干时期的名义集权，但是公共财政（全口径）真实集权则明显低于前期。三是公共财政和全口径财政收入集权在2007年后都表现出显著的下降趋势。

其次，我们选取了IMF的GFS数据库中所有发达和发展中国家作为样本进行了国际比较，发现了以下两点令人惊讶的重要结论：第一，从国际可比的角度看，中国是财政收入集权最低的国家。第二，从作为改革风向标的名义集权来看，全球有高达93.2%的国家的名义集权在60%以上。

基于上述五大典型事实，我们对中央财政收入集权过高说提出严重质疑。然而要证伪中央财政收入集权过高说，还需要考察中国中央收支集权的非对称性程度。为此，我们创新性地提出了四个可判断中央财政收入集权是否过高的中央收支集权非对称性指标，结果发现：（1）中央财政收入集权偏低了；（2）与中央公共财政名义和真实收支集权的非对称性程度相比，中央全口径名义和真实收支集权的非对称性程度更严重，表明中央全口径名义和真实收入集权偏低。由此，我们不仅证伪了中央财政收入集权过高说，而且还发现了中国中央财政收入集权，特别是中央全口径财政收入集权偏低。进一步的国际比较发现：（1）中央收支集权非对称性的严重程度排在全球第三位，而中国中央承担本级全口径财政支出责任的能力全球最低。（2）全球中央收支集权的非对称性程度低于1的国家高达70.4%，这表明这些国际应该考虑提高中央财政收入集权。（3）全球中央收支集权的非对称性程度高于1的国家占29.6%，这表明它们可以考虑降低中央财政收入集权。

基于上述发现，本节还探讨了中国中央财政收入集权偏低可能导致的后果，并从全口径财政收入的角度进一步探讨了央地财政收入分配改革的方向。首先，我们认为加大了中央通过转移支付在全国范围内实现基本公共服务均等化的压力、中央无力承担中央事权所对应的支出责任及中央无力运用财政政策稳定宏观经济是中央公共财政收入集权过低所导致的三个具体化的可能后果。这意味着中央有必要提高其中央财政收入集权。为贯彻落实党的十八大和十八届三中全会精神，按照新修订的预算法，《国务院关于深化预算管理制度改革的决定》（国发〔2014〕45号）要求进行全口径预算管理改革。根据这个要求，我们进

一步从全口径财政收入的角度探讨了央地财政收入分配改革的方向。结果发现:
(1)中央全口径财政收入集权总体呈现持续下降的趋势。(2)不含社保基金的中央全口径财政收入集权明显低于中央公共财政收入集权,其原因是政府性基金收入在全口径财政收入中占比29.4%,而中央政府性基金收入集权程度只有8.5%。
(3)含社保基金的中央全口径财政收入集权比中央公共财政收入集权低得更明显,其原因是政府性基金收入和社保基金净收入在全口径财政收入中占比分别为21.7%和14.6%,而其集权程度分别只有8.5%和0。(4)与中央公共财政收入集权相比,当前中央全口径财政收入集权处于更为明显的偏低状态。由此,我们认为,为避免持续下降造成的过低状态所导致的严重后果,中央政府除继续提高其公共财政收入集权外,还亟须通过提高其政府性基金收入集权和社保基金收入集权来提高其全口径财政收入集权。

我们的发现对于加快落实《国务院关于推进中央与地方财政事权和支出责任划分改革的指导意见》(国发〔2016〕49号,以下简称《意见》)具有重要的参考价值。具体而言,根据《意见》有关适度加强中央事权和支出责任的要求,这意味着中央在国家财政支出中的支出份额上升的可能性很大。但由于目前中央收支集权的非对称性程度,特别是中央全口径收支集权的非对称性程度已很严重,这意味着中央在"加快研究制定中央与地方收入划分总体方案"时很有必要提高其财政收入集权,而这对于"形成财力与事权相匹配的财政体制"至关重要。

我们认为,为了提高中央财政收入集权[①],中央可以考虑提高其公共财政收入集权,但更重要的是要提高其全口径财政收入集权。具体建议有:(1)提高中央在服务业中的财政收入集权。1994年开启的分税制改革以东部工业经济为基础(朱镕基,2011),中央在工业中的财政收入集权高,在服务业中的财政收入集权低,而这些年来,东部地区已成为以服务业为主导的经济体,这直接导致了中央财政收入集权近年来的大幅下降。(2)提高中央政府在企业所得税中的分享比例。作为主体税种的企业所得税由于税基流动性较强、地区间分布不均衡、年度间波动

---

① 我们的建议与2012年"两会"上众多与会代表关于增加地方财权的呼声和提案形成了鲜明对比,见《南方周末》2012年3月19日的"两会"特别报道《热议分税制,地方要财权》,http://www.infzm.com/content/72845。

性较强等特征，出于促进公平和效率的考虑，成熟市场经济国家一般将其作为中央税，即便规定地方政府参与分享，分享比例也相对较低（李萍，2010）。根据李萍等（2010）的研究，2005年OECD国家的中央政府在企业所得税中的平均分享比例高达84%。（3）将作为中央税的消费税的征收范围扩大至高耗能、高污染产品及高档服务业，让消费税在充分发挥其调节功能的同时提高中央财政收入集权的程度。（4）取消税收返还，在更好地发挥分税制功能的同时提高中央真实收入集权。虽然税收返还对于推动分税制改革曾起过积极的作用，但是它导致资金大量流向发达地区，不利于缩小地区间的财力差距，不利于公共服务的均等化（高培勇、杨志勇，2014），应予以取消。（5）提高中央在政府性基金收入中的份额。（6）在条件成熟的时候，实施社会保障费改税，并将社会保障税划入中央税，以实现社保的全国统筹。（7）将所有非金融类和金融类中央企业纳入中央国有资本经营预算，并分垄断性和竞争性两类进一步提高其收益上缴比例（高培勇、杨志勇，2014）。

4

财政收入集权、转移支付与非预算内收入和预算内收入之比

4.1 引 言

众所周知，1994年分税制改革的本质是财政收入集权。关于这次改革，学术界的一个共识是，它极大地增强了中央政府的宏观调控能力和收入再分配能力，有利于中国经济与政治稳定（王绍光，2002；李永友、沈玉平，2009、2010；张军，2012；Huang & Chen，2012）。然而，这次改革却遭致了陈抗等（2002）的强烈批评。他们认为，财政收入集权将激励地方政府伸出"攫取之手"而不是"援助之手"。如果这是正确的，那么分税制改革就很有可能被推倒重来，中国的经济与政治稳定就会因此受到威胁。这种观点真的是对的吗？在给出我们的答案之前，让我们先观察下该文发表后在学界的反响。通过中国知网，我们发现该文被广泛引用并被广泛认同[①]（单豪杰、沈坤荣，2007；方红生、张军，2009；司政、龚六堂，2010；傅勇，2010）。那么学界为什么会出现这种不可思议的现象呢？我们认为可能有以下四个很重要的原因：第一，该文题目新颖，结论似乎较符合直觉，且不乏国际文献的支持（Brennan & Buchanan，1980；Oates，1972、1985；Weingast，2000；Careaga & Weingast，2002）。第二，许多人想当然地认为该文度量财政收入集权或分权的指标是正确的。事实是，陈抗等（2002）所构造

---

① 截至目前，该文被引次数已高达1031次。

81

的地方净收入比例指标（即净财政收入与本级财政收入之比^①）存在几个明显的缺陷：一是对于净补贴省份大于1，这让我们很难将其归结为被财政收入集权的省份。考虑到被补贴的省份毕竟是大多数，因此，他们构造的指标就难以反映分税制改革的财政收入集权的本质，因而就不是财政收入集权的合适的代理变量。二是误以为省本级财政收入就是一个省份的总财政收入，因此其构造的指标实质上既无法匹配其理论模型，也无法反映财政收入集权的本质。三是数据问题、早期重要文献的误导与研究重心的偏离。其实，Lin 和 Liu（2000）早就意识到 Zhang和 Zou（1998）基于省本级财政收入而不是一个省的总财政收入度量财政收入分权有问题，并意识到省总财政收入数据很难获得。或许，正是学者在现有公开的统计资料里面不易找到可用于度量省级层面财政收入集权或分权程度的基础数据，使其难以对陈抗等（2002）的观点进行再检验，于是只好凭着个人的直觉来接受。与此同时，当这一研究路径受阻的时候，他们也就不得不采用由 Zhang和 Zou（1998）提出的那些更容易获取基础数据的财政收入分权，特别是支出分权指标来做经验研究（张晏、龚六堂，2005；傅勇、张晏，2007）。四是在过去很多年里，中国学者更多的是学习与检验西方的财政分权理论，而对于中国的财政收入集权的激励效应缺乏足够的理论思考。因此，在没有数据的情况下，相信陈抗等（2002）的观点就不足为奇了。然而令人欣慰的是，最近几年，中国学者在数据和理论方面取得了重大的进展。首先在理论方面，以陶然和张军为代表的学者提出了新财政收入集权理论（陶然等，2009；Su et al.，2012；张军，2012；Zhang，2012）。与旧财政收入集权理论认为财政收入集权弱化了地方政府竞争不同（Brennan & Buchanan，1980；Oates，1972、1985），新财政收入集权理论认为，给定资本要素流动、制造业和服务业的产业关联（industrial linkage）及其地方政府对土地市场的垄断3个重要条件，中国的财政收入集权将激励地方政府为

① 他们的净财政收入是等于本级财政收入－地方上解＋含税收返还的中央补助。特别值得一提的是，通过和陈抗教授进行邮件联系，他确认了我们对其公式理解的正确性。实际上，在陈抗等（2002）的原文中，地方政府的分成比例（财政分权）＝省级预算收入占省级负担总预算收入的比重，其中省级预算收入是在省级组织征收的预算收入中扣除向中央上解额并加上从中央获得的补贴后的调整数据。1994年之后的数据包含了从中央得到的税收返还。省负担的总预算收入在1994年前是省级组织征收的预算收入，1994年后的数据与前期保持一致的统计口径。坦率地说，理解这个公式不容易。

追求财政收入最大化而展开中国式的"蒂伯特竞争"，进而导致工业化和资本积累的加速和预算内收入的增长。这意味着中国的财政收入集权很可能是激励了地方政府伸出"援助之手"而不是"攫取之手"。其次是在数据方面，最近有学者通过相关资料测算了省级层面的税收集权程度（陈志勇、陈莉莉，2011；汤玉刚，2011；方红生、张军，2013）。考虑到税收集权才是财政收入集权的真正本质，因此，拥有省级层面的税收集权程度的面板数据就为我们检验陈抗等（2002）的观点和新近发展起来的新财政收入集权理论提供了一次绝佳的机会。

我们的贡献集中体现在以下几个方面：第一，通过引入预算外收入而发展了新财政收入集权理论。我们的分析表明，财政收入集权正是通过激励地方政府更偏好培育预算内收入和加强税收征管的策略而最大化其财政收入的，其中前者会通过其强大的"溢出效应"而带动预算外收入和土地出让金的增长。因此，我们可以预期，给定其他条件不变，财政收入集权将导致非预算内收入（即预算外收入和土地出让金之和）与预算内收入之比的下降。这意味着财政收入集权将激励地方政府伸出"援助之手"而不是陈抗等（2002）所言的"攫取之手"。

第二，基于上述修正的新财政收入集权理论，我们提出了一个以财政收入集权和转移支付为双内核的旨在解释非预算内收入与预算内收入之比（即陈抗等所定义的"攫取之手"）的新兴财政收入集权理论。在这个理论中，如果说中央政府的财政收入集权导致地方政府巨大的财政压力的话，那么中央政府给予地方政府的转移支付无疑会缓解财政收入集权给地方政府所造成的压力。这意味着，财政收入集权对非预算内收入与预算内收入之比的负效应会随中央政府转移支付的增加而减弱（即假说1）。换言之，尽管财政收入集权将激励地方政府伸出"援助之手"，但是这种"援助之手"很有可能会被中央政府的转移支付扭曲成"攫取之手"[1]。

---

① 尽管财政收入集权给地方政府带来了很大的创收压力，但是现行中央政府不规范、不透明、无很好监督的转移支付制度（Boyne，1996；Weingast，2000；袁飞等，2008；范子英、张军，2010a；付文林、沈坤荣，2012；李永友、沈玉平，2009、2010）无疑给予了地方政府极大的寻租空间，从而也就大大缓解了其创收的压力，所以财政收入集权对于地方政府发展经济的正向刺激很有可能因此被抑制，进而最终导致地方政府伸出"攫取之手"。

除抑制财政收入集权的间接效应外，中央政府的转移支付对于非预算内收入与预算内收入之比也具有负的直接效应（即假说3）。这意味着，中央政府的转移支付对非预算内收入与预算内收入之比的负效应会随财政收入集权而减弱。换言之，尽管转移支付将激励地方政府伸出"援助之手"，但是这种"援助之手"有可能会被中央政府的财政收入集权扭曲成"攫取之手"。

此外，我们还分税收净流出和净流入地区拓展了以上假说。我们预期，相比于税收净流入地区，财政收入集权对非预算内收入与预算内收入之比的负效应在税收净流出地区较小，且不会随其"援助之手"而显著减弱（即假说2）；而相比于税收净流出地区，中央政府的转移支付对非预算内收入与预算内收入之比的负效应在税收净流入地区更显著，且会随财政收入集权而显著减弱（即假说4）。

第三，在实证检验中，与陈抗等（2002）使用的1985—1998年省级面板数据和静态面板模型方法相比，我们使用了分税制后1999—2009年省级面板数据和可处理内生性的动态面板模型方法。我们认为这种做法能更好地对分税制改革后财政收入集权的激励效应做出评估。

我们的研究显示，以上4个假说都很好地通过了检验。基于这些实证结果，我们重新评估了财政收入集权的激励效应。结果表明，财政收入集权将激励净流出地区的地方政府伸出"援助之手"，而在净流入地区，虽然中央政府的转移支付对财政收入集权的这一效应有所抑制，但总体上还不足以改变其"援助之手"的性质。我们的这一发现支持了新兴财政收入集权理论而证伪了陈抗等（2002）至今仍被广泛接受的"攫取之手"之观点。

4.2　研究假说

财政收入集权果真如陈抗等（2002）所言，将激励地方政府为最大化财政收入而伸出"攫取之手"吗？显然，这是一个不容易回答的问题。庆幸的是，新近发展起来的新财政收入集权理论（陶然等，2009；Su et al.，2012；张军，2012；Zhang，2012）为我们回答这一重大问题提供了一个非常有价值的理论基准。该理论认为，地方政府所承担的大量支出压力塑造了其财政收入最大化的目标。给定资本要素流动、制造业和服务业的产业关联及其地方政府对土地市场的垄断3个重要条件①，财政收入集权将会激励地方政府为资本而展开蒂伯特式的横向竞争②，以便大力发展制造业。对于地方政府而言，制造业的快速发展不仅仅给地方政府带来了稳定持久的增值税和企业所得税等直接收益，而且还为其带来大量的营业税和高额的土地出让收入等间接收益③，其中间接收益的取得得益于制造业的发展对商业和房地产等服务业发展的强大溢出效应（即产业关联效应）及其地方政府通过对土地市场的垄断而获取的高地价④。不仅如此，该理论还认为，财政收入集权还将激励地方政府为最大化财政收入而努力提高作为第一大税种的营业税的征管效率，其中一个重要的原因是作为营业税主要课税对象的服务业具有区位黏性，地方政府有很强的激励将其充分征收。因此，该理论就为我们解释了地方政府为什么在只分享25%的增值税的情况下，还这么热衷于发展制造业。至此，新财政收入集权理论告诉我们，财政收入集权正是通过激励地方政府大力培育预算内收入和加强税收征管⑤而最大化其财政收入的，其中前者会通过其强大的"溢出效应"而带动土地出让金的增长⑥。

然而，新财政收入集权理论不是没有缺陷。在我们看来，至少有两个缺陷：

---

① 值得一提的是，旧财政收入集权理论之所以得出财政收入集权将使地方政府无激励竞争和无心发展经济的结论，正是因为其忽视了这3个重要条件的存在。

② 地方政府为资本而开展竞争所采取的常见策略性手段有减税（如违规给企业认定高新技术企业资格、征管不力，甚至先征后返等）（范子英、田彬彬，2013）、低价出让土地（陶然等，2009）和提供良好的基础设施（张军等，2007）等。

③ 实际上，制造业的快速发展并由其带动的城市化还有一个显著的间接收益，就是带来预算外收入的增加。对此，我们将在后面讨论。

④ 李学文等（2012）认为地方政府要想获取高额的土地出让金，需要培育一个特定的、有利于"经营土地"的市场。按市场的供求定律，土地的供给已垄断在地方政府手中，地方政府要做的就是创造有效需求，而最便捷最快速的方法就是大力发展制造业。这是因为制造业的发展是本地服务业需求增长的最佳途径，而后者的增长可以创造出对土地的有效需求。

⑤ 然而值得指出的是，财政收入集权不仅仅提高了地方政府的税收征管效率，实际上也极大地提高了中央政府的税收征管效率（汤玉刚、苑程浩，2010），而这对于提高地方政府预算内财政收入也至关重要。

⑥ 值得指出的是，一些学者（陶然等，2009；陶然等，2010；Su et al.，2012）认为，这里的财政收入最大化模型要优于晋升和政治锦标赛模型（Chen et al.，2005；Li & Zhou，2005；周黎安，2007）。不过张军（2012）发现，就官员的策略性选择而言，官员在两个模型中的选择其实是一致的。

第一个缺陷是忽视了对预算外收入的考察，这是因为政府财政收入除包含预算内收入和土地出让金外，还包括预算外收入（平新乔、白洁，2006；王有强等，2009；李学文等，2012）。周飞舟（2006）认为，财政收入集权给地方政府造成的财政压力将驱动其追求预算外收入。那么如何追求预算外收入呢？我们认为不外乎采取两种策略，第一种策略是采取如上所述的以工业化为基础的城市化策略，做大预算外收入的基础，特别是行政性事业收费和其他收入。原因有二：第一，观察图4-1，我们发现，1998—2010年间，行政事业性收费一直是预算外收入的第一大构成，大约为70%左右。其他收入虽然在2001年前较低，但此后迅速上升为预算外收入的第二大构成，2010年已超过30%（见图4-1）。第二是该策略不仅可以带动土地管理、农业、房产、水电、交通邮电等部门的行政性事业收费的增加（王有强等，2009），而且还可以扩大执法经济的基础，增加属于其他收入中的罚款收入。第二种策略是加大收费和罚款的力度。然而考虑到中央政府1996年后加强了对预算外收入的管理，因此，这势必会提高地方政府提取租金的成本（汤玉刚、苑程浩，2010），进而限制地方政府通过这种策略获取预算外收入的规模。综上所述，我们可以发现，财政收入集权正是通过激励地方政府更偏好培育预算内收入和加强税收征管的策略而最大化其财政收入的，其中前者会通过其强大的"溢出效应"而带动预算外收入和土地出让金的增长。这意味着，给定其他条件不变，财政收入集权将导致非预算内收入（即预算外收入和土地出让金之和）与预算内收入之比的下降。换言之，财政收入集权将激励地方政府伸出"援助之手"而不是陈抗等（2002）所言的"攫取之手"。

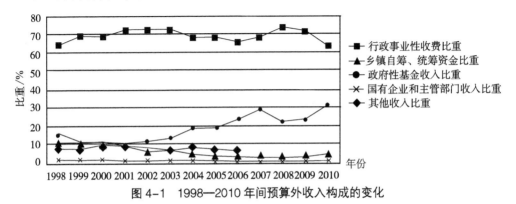

图4-1　1998—2010年间预算外收入构成的变化

第二个缺陷是没有考虑到中央政府转移支付的影响。如果说财政收入集权导致地方政府巨大的财政压力，那么中央政府的转移支付无疑会缓解财政收入集权给地方政府所造成的压力。这意味着财政收入集权对非预算内收入与预算内收入之比的负效应将受到中央政府转移支付的抑制。

假说1：财政收入集权对非预算内收入与预算内收入之比的负效应会随中央政府转移支付的增加而减弱。

上述假说没有考虑地区之间的异质性，如果考虑异质性，假说1会有所不同。具体推理如下：一方面，相比于净流出地区，财政收入集权将导致净流入地区的地方政府财政压力更大，其结果必然是倒逼净流入地区的地方政府投入更大的努力去提高税收征管效率、加大收费和罚款的力度和推动制造业的发展（方红生、张军，2013）[①]，这样在净流入地区，财政收入集权对非预算内收入与预算内收入之比的负效应就会更大。另一方面，相比于净流入地区，中央政府对于净流出地区的转移支付非常有限（李永友、沈玉平，2010；方红生、张军，2013），所以在净流出地区，中央政府的转移支付在缓解财政收入集权给地方政府所造成的压力方面效果可能并不显著。

假说2：相比于净流出地区，财政收入集权对非预算内收入与预算内收入之比的负效应在税收净流入地区要大，且会随中央政府转移支付的增加而显著减弱。

刚才讨论了中央政府的转移支付对于财政收入集权效果的间接影响，那么中央政府的转移支付本身的效应如何，也是我们关心的另一个重要问题。最新研究发现，中央政府的转移支付有两个效应：一是粘蝇纸效应，即转移支付的改善会刺激地方财政支出规模过度膨胀（付文林、沈坤荣，2012；范子英、张军，2010a；李永友、沈玉平，2009）；二是可替换效应，即转移支付的改善会刺激地方政府将更多的资金投向基本建设而非科教文卫支出（付文林、沈坤荣，2012）[②]。考虑到这样有偏向的支出结构有助于制造业的发展（方红生、张军，

---

① 值得一提的是，考虑到中央政府对预算外收入的规范化管理，我们认为，在提高政府收入的作用方面，加大收费和罚款的力度这一策略肯定不及提高税收征管效率这一策略。

② 尹恒、朱恒（2011）认为，如果县级政府以经济增长率最大化为目标，他们就会尽可能将财政资源投入生产性支出项目。

2013），我们不难推断，当过度膨胀的财政支出更多地被用于基本建设时，中央政府的转移支付必将导致一个更低的非预算内收入与预算内收入的比值。

此外，中央政府的转移支付还将激励地方政府提高税收征管效率来降低非预算内收入与预算内收入的比值，理由主要有以下两点：第一，中央政府的"援助之手"所诱致的政府支出过度膨胀不可避免地会导致地方政府累积大量债务，尽管地方政府可以求助于中央政府，但这不是件容易的事，因此地方政府就会责令地税局提高税收征管效率（方红生、张军，2013）。第二，袁飞等（2008）认为，现有的转移支付体系中起主导地位的还是透明度较差、随意较强的专项转移支付。而地方政府要想获得专项转移支付，就必须配套相应的资金。为了筹资，地方政府就需要做出更多的税收努力（李永友、沈玉平，2009）[①]。

假说3：中央政府的转移支付对非预算内收入与预算内收入之比的负效应会随财政收入集权而减弱[②]。

同样，如果我们考虑两个地区之间的异质性，就可以拓展假说3。关于两个地区之间的异质性，主要有以下两点（方红生、张军，2013）：一是相比于净流入地区，净流出地区的地方政府很清楚，中央政府对其的转移支付实际上非常有限，所以它们就不会像净流入地区的地方政府那样过度扩张政府支出，特别是基础设施支出[③]。而且，它们也不会像净流入地区的地方政府那样因此而累积大量债务而被迫提高税收征管效率。二是相比于净流入地区，净流出地区的地方政府更容易筹集到专项转移支付的配套资金，因而其税收努力水平更低。由此，我们提出如下假说。

假说4：相比于净流出地区，中央政府的转移支付对非预算内收入与预算内

[①] 尽管在偿还地方债务和提供配套资金方面，地方政府也很可能加大收费和罚款的力度。然而，同样，考虑到中央政府对预算外收入的规范化管理，我们认为，在提高政府收入的作用方面，加大收费和罚款的力度这一策略肯定不及提高税收征管效率这一策略。

[②] 根据假说1，财政收入集权与转移支付的交互项为负，所以假说3中的"减弱"是显而易见的。当然，这里也可参照方红生、张军（2013）给出的一个合理的经济解释，即如果地方政府意识到中央政府的援助并不纯粹是无偿的，而是部分有偿的（即中央政府的集权部分），那么地方政府支出规模的过度膨胀将会有所收敛。

[③] 付文林、沈坤荣（2012）发现，相比于落后地区，转移支付的改善在较为发达的地区所刺激出来的基础设施投资要小。

收入之比的负效应在税收净流入地区更显著，且会随财政收入集权而显著减弱。

4.3 经验策略与数据来源

为了检验假说1和3，我们构造如下的动态面板计量模型。

$$Grab_{it} = \alpha_1 Grab_{it-1} + \alpha_2 FC_{it} + \alpha_3 FC_{it} \times TF_{it} + \alpha_4 TF_{it} + \beta X_{it} + u_i + u_t + \varepsilon_{it} \qquad (4.1)$$

这里使用的是1999—2009年的省际面板数据。其中下标i和t分别表示第i个地区和第t年，u_i是不可观测的省际效应，u_t是年度虚拟变量，ε_{it}是误差项。$GRAB_{it}$是被解释变量，反映地方政府的"攫取之手"。遵循陈抗等（2002），该变量可以用非预算内收入与预算内收入之比来度量。陈抗等认为非预算内收入由预算外收入和制度外收入两部分组成。预算外收入的征收由国务院、国家计委或财政部发表的文件规定，但是其征收和管理高度分散于地方政府的各个机构和组织。虽然需要层层上报，但是上级政府一般不对这部分资金的分配和使用多加限制。因此，预算外收入不能被中央政府很好地控制（周飞舟，2006；陈抗等，2002）。制度外收入的征收则由政府官员任意规定，没有法规进行约束，也没官方统计数据。乱收费、乱罚款、乱筹资的"三乱"是对这部分收入的真实描述（陈抗等，2002）。然而李冬妍（2011）提醒我们，在1996年国务院公布《关于加强预算外资金管理的决定》之后，这部分源于"三乱"的资金就正式界定为预算外资金，进入预算外管理。1999年后，制度外收入的主体是土地出让收入，这与前面提到的几篇文献的做法基本一致（平新乔、白洁，2006；王有强等，2009；李学文等，2012）。因此，遵循现有文献的做法，我们的制度外收入只包括土地出让金[①]。周飞舟（2006）认为，由于其与预算外收入相比，中央一直没有妥善的管理办法，这部分收入也开始成为地方政府所主要倚重的财政增长方式。遵循陈抗等（2002）说法，这个非预算内收入（即预算外收入和土地出让金之和）与预算内收入之比越大，"攫取之手"行为就越强，"援助之手"行为就越弱，反之则

[①] 土地出让金数据来源于历年《中国国土资源年鉴》和《中国国土资源统计年鉴》。

相反。$GRAB_{it-1}$是滞后一年的"攫取之手"[①]。

FC_{it}是财政收入集权，根据假说1，我们预期其系数为负，表示财政收入集权将激励地方政府伸出"援助之手"而非"攫取之手"；$FC_{it} \times TF_{it}$是财政收入集权和转移支付的交互项，根据假说1，我们预期其系数为正，表示财政收入集权的"援助之手"效应将受到中央政府转移支付的抑制。换言之，中央政府的转移支付有可能将财政收入集权的"援助之手"效应扭曲成"攫取之手"效应。考虑到财政收入集权的真正本质是税收集权，所以我们可以用税收集权来衡量财政收入集权。进一步地，考虑到税收集权有名义和真实之分，所以，财政收入集权也有名义和真实之分。参考现有文献的做法（Oates，1985；陈志勇、陈莉莉，2011；汤玉刚，2011；方红生、张军，2013），名义财政收入集权可以用中央税收/总税收来衡量，反映的是中央政府在分税制改革中表面上占有国家总税收的程度。参考方红生、张军（2013）的研究，真实财政收入集权可以用（中央税收+地方上解－税收返还）/总税收来衡量，反映的是中央政府在分税制改革中实际上占有国家总税收的程度。TF_{it}是转移支付，根据假说3，我们预期其系数为负，表示中央政府的转移支付将激励地方政府伸出"援助之手"。结合前面的交互项，我们可以说，这种"援助之手"效应有可能被中央政府的财政收入集权扭曲成"攫取之手"效应。同样，根据现有文献，我们可以用两种方式衡量转移支付，分别是名义转移支付和真实转移支付。遵循现有文献的做法（袁飞等，2008；范子英、张军，2010b；方红生、张军，2013），名义转移支付可以用含税收返还的中央补助/本级地方财政支出来衡量，该指标反映的是中央政府表面上为地方政府支出援助的程度。遵循范子英、张军（2010b）和方红生、张军（2013）的研究，真实转移支付可以用不含税收返还的中央补助/本级地方财政支出来衡量，该指标衡量的是中央政府实际上为地方政府支出援助的程度。度量以上名义与真实财政收入集权以及转移支付的基础数据来源于《地方财政分析资料》（2004）、《地方财政统计资料》（2005—2009）、《中国财政年鉴》（2000—2010）、《中国税务年

[①] 预算内收入和预算外收入数据来源于历年《中国财政年鉴》，总人口数据来自历年《中国统计年鉴》。

鉴》（2000—2010）。

图4-2和图4-3分别是中央政府的名义与真实财政收入集权的时间变动模式和名义与真实转移支付的时间变动趋势。

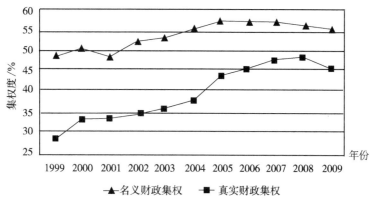

图 4-2 中央政府的名义财政收入集权与真实财政收入集权的时间变动趋势

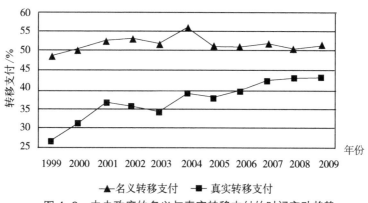

图 4-3 中央政府的名义与真实转移支付的时间变动趋势

观察图4-2和图4-3[①]，我们发现：（1）真实财政收入集权比名义财政收入集权的程度要低，两者的差距随着时间的推移有不断缩小的趋势；（2）真实财政收入集权基本上呈现出比名义财政收入集权更为显著的上升态势；（3）真实转移支付比名义转移支付的程度要低，两者的差距随着时间的推移有不断缩小的趋势；（4）真实转移支付呈现出比名义财政收入集权更为显著的上升态势。

---

① 两个序列均根据各省份的算术平均值得到。

X_{it}是控制变量集。遵循陈抗等（2002）的说法，我们引入腐败程度（*CORRUPTION*）和政府规模（*STAFF*）的概念。遵循陈刚、李树（2012）的研究，我们用人民检察院每年立案侦查的贪污贿赂、渎职案件的涉案人数占当地公职人员数的比例（人／万人）来度量腐败程度，数据来源于陈刚、李树（2012）。与陈抗等（2002）使用的来源于透明国际的清廉指数这类主观指标相比，这类客观指标已越来越受学术界的欢迎（周黎安、陶婧，2009；Glaeser & Saks，2006）。

参考陈抗等（2002）的研究，我们分别用财政供养人员（取对数，STAFF1）和财政供养人员与总人口的比值（人／万人，STAFF2）表示政府规模。程文浩、卢大鹏（2010）认为，西方政府雇员的范围与中国财政供养人员范围大致相当，但存在两个重要区别：一是中国的财政供养人员包括行政部门和事业单位的离退休人员，而西方的政府雇员一般不包括此类人员；二是西方国家的政府雇员一般包含军队，而我国的财政供养人员概念一般不包含军队。由财政部编写的历年《地方财政统计资料》，我们可知，分省份财政供养人员的数据由行政部分的财政供养人员和事业部分的财政供养人员两部分构成，而在行政部分和事业部分的财政供养人员中又分别由财政预算开支人数和自收自支单位人数两个部分组成。遵循陈宇峰、钟辉勇（2012），我们中的财政供养人员只统计了其中由财政预算提供开支的人数。

为了检验假说2和假说4，我们将式4.1修正如下：

$$Grab_{it} = \alpha_1 Grab_{it-1} + \alpha_2 FC_{it} \times Flow_{it} + \alpha_3 FC_{it} \times TF_{it} \times Flow_{it} + \alpha_4 TF_{it} \times Flow_{it} + \alpha_5 FC_{it} \times$$

$$Inflow_{it} + \alpha_6 FC_{it} \times TF_{it} \times Inflow_{it} + \alpha_7 TF_{it} \times Inflow_{it} + \beta X_{it} + u_i + u_t + \varepsilon_{it} \quad (4.2)$$

其中$FLOW_{it}$是净流出地区，即如果某地区某年的税收净流出大于0，则该地区为税收净流出地区，我们令$Flow_{it} = 1$，否则$Flow_{it} = 0$，其中税收净流出＝中央税收＋地方上解－含税收返还的中央补助收入。$Inflow_{it}$是净流入地区，即如果某地区某年的税收净流出小于0，则该地区为税收净流入地区，我们令$Inflow_{it} = 1$，否则$Inflow_{it} = 0$。其他变量的解释同公式4.1。

根据以上定义，中国31个地区，到底哪些是净流出，哪些是净流入呢？为了显示的方便，我们将这些地区分成三类，见表4–1。

表4-1 净流出入地区分类（1999—2009）

地区类型	具体地区
净流出地区	所有年份都是净流出的地区（9个）：北京、上海、福建、天津、江苏、山东、辽宁、浙江、广东
净流入地区	所有年份都是净流入的地区（17个）：内蒙古、江西、广西、四川、陕西、宁夏、吉林、湖北、海南、贵州、甘肃、新疆、安徽、湖南、重庆、西藏、青海
混合地区	既有净流出也有净流入的地区（5个）：河北、河南、山西、云南、黑龙江

观察表4-1，我们发现，在1999—2009年期间，所有年份都是净流出的地区有9个地区，而且都是来自东部地区。所有年份都是净流入的地区共17个，除海南外，其余都来自不发达的中西部地区。而混合地区共5个。

图4-4和图4-5显示了净流出和净流入地区在财政收入集权和转移支付方面的基本情况。我们发现：（1）两类地区的真实财政收入集权基本上都呈现持续上升的态势，不过净流入地区的上升趋势更快；净流出地区的真实财政收入集权的程度要明显高于净流入地区。（2）两类地区的真实转移支付也基本上都呈现持续上升的态势，不过净流入地区的上升趋势更快。特别是相比于净流入地区，中央政府对净流出地区的真实转移支付的力度非常之弱，而且名义转移支付基本上呈不断下降的趋势。正如假说中所指出的，这的确产生了不同的激励效应。

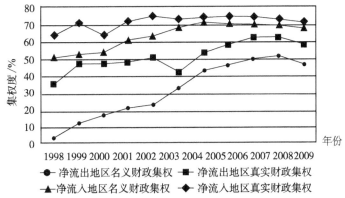

图 4-4 净流出和净流入地区名义与真实财政收入集权的时间变动趋势

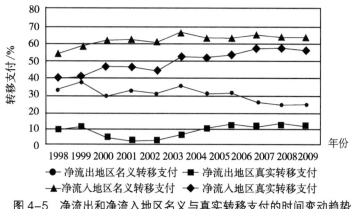

图 4-5 净流出和净流入地区名义与真实转移支付的时间变动趋势

表4-2是对表4-1中的所有年份都是净流出的地区的描述性统计。我们发现在1999—2009年间的所有9个净流出地区中，北京的平均净财政收入集权（或净流出占总税收的比重）最高，为54.3%，最低的地区是辽宁，只有12.77%。天津是平均名义财政收入集权和真实财政收入集权最高的地区，分别是67.08%和60.05%，最低的地区是福建，分别只有47.22%和32.85%。辽宁是平均名义转移支付和真实转移支付最高的地区，分别是47.47%和29.34%，最低的地区是广东，分别是21.93%和2.98%。

表4-3是对表4-1中的所有年份都是净流入地区的描述性统计。我们发现在1999—2009年间的所有17个净流入地区中，西藏的平均净补助程度（或净流入占总税收的比重）最高，为1122.3%，最低的地区是湖北，只有13.93%。吉林是平均名义财政收入集权最高的地区，为58.26%，最低的地区是西藏，只有40.19%。真实财政收入集权最高的地区是新疆，为47.20%，最低的地区是西藏，只有10.47%。西藏也是平均名义转移支付和真实转移支付最高的地区，分别是100.05%和97.25%。最低的平均名义转移支付地区是海南，为49.97%，最低的真实名义转移支付地区是广西，只有41.32%。

表 4-2 净流出地区的描述性统计

	净流出占总税收的比重/%			名义财政收入集权/%			真实财政收入集权/%		
	平均值	最小值	最大值	平均值	最小值	最大值	平均值	最小值	最大值
北京	54.34	40.78	63.35	61.97	54.13	68.5	58.12	48.42	68.71
天津	52.13	41.69	60.32	67.08	58.34	72.44	60.05	50.61	66.88
辽宁	12.77	7.55	19.04	53.16	47.45	57.69	42.01	33.57	47.16
上海	54.3	48.58	63.39	61.50	55.17	67.37	56.13	49.34	64.06
江苏	35.88	31.85	39.15	50.70	46.82	54.92	41.16	36.48	43.22
浙江	34.08	20.78	40.84	48.63	43.78	53.12	37.43	24.02	45.18
福建	21.04	12.93	26.23	47.22	43.84	51.98	32.85	24.22	38.7
山东	30.61	25.65	34.94	53.58	47.98	57.01	42.66	33.42	50.23
广东	44.25	38.93	51.45	56.28	51.75	59.77	46.08	40.28	53.37

	名义转移支付/%			真实转移支付/%		
	平均值	最小值	最大值	平均值	最小值	最大值
北京	22.22	14.06	37.1	8.38	4.9	15.21
天津	37.27	25.05	45.27	14.62	11.79	18.59
辽宁	47.47	40.3	53.7	29.34	23.76	32.22
上海	26.71	15.85	41.84	3.89	1.49	10.2
江苏	29.14	19.8	41.98	7.25	5.35	9.82
浙江	29.04	20.65	42.59	5.19	3.14	7.75
福建	31.98	27.3	37.68	13.25	8.41	23.77
山东	31.79	27.74	34.94	15.04	9.34	22.67
广东	21.93	17.88	29.85	2.98	1.63	6.34

表 4-3 净流入地区的描述性统计

	净流入占总税收的比重/%			名义财政收入集权/%			真实财政收入集权/%		
	平均值	最小值	最大值	平均值	最小值	最大值	平均值	最小值	最大值
内蒙古	57.71	20.08	121.87	51.07	42	57.11	34.96	16.75	48.52
吉林	36.84	29.22	46.92	58.26	50.71	63.57	39.76	23.34	48.28
安徽	27.87	6.53	44.57	48.73	43.16	54.88	33.50	24.79	41.14

续表

	净流入占总税收的比重 /%			名义财政收入集权 /%			真实财政收入集权 /%		
	平均值	最小值	最大值	平均值	最小值	最大值	平均值	最小值	最大值
江西	52	32.44	64.63	46.45	38.69	50.59	29.56	13.66	39.47
湖北	13.93	0.47	32.33	53.61	46.16	59.41	40.87	30.37	49.24
湖南	27.68	5.3	52.35	54.91	52.77	57.69	36.88	28.53	44.67
广西	37.89	14.37	63.96	49.33	39.32	54.2	28.12	14.39	40.14
海南	25.74	10.67	37.16	46.47	31.08	57.9	35.96	15.83	53.08
重庆	26.93	2.56	48.23	48.36	45.65	51.28	37.82	34.9	40.59
四川	44.75	6.48	104.39	47.07	43.67	51.23	29.30	19.74	37.48
贵州	54.55	25.16	82.9	53.81	48.65	57.47	34.34	21.88	44.75
西藏	1122.3	777.68	1342.57	40.19	30.96	48.54	10.47	3.89	18.65
陕西	30.11	16.4	44.94	52.68	44.85	57.82	37.89	20.62	48.21
甘肃	87.57	47.26	131.52	55.35	47.92	63.67	27.46	7.34	47.37
青海	196.53	149.7	259.2	51.71	45.43	58.11	33.67	15.86	47.3
宁夏	121.17	79.66	180.36	46.56	31.44	51.8	30.86	15.52	43.85
新疆	37.36	23.56	56.79	57.86	49.35	63.45	47.20	34.3	56.76

	名义转移支付 /%			真实转移支付 /%		
	平均值	最小值	最大值	平均值	最小值	最大值
内蒙古	61.18	53.1	71.29	51.97	39.75	61.41
吉林	65.55	58.52	71.87	52.07	38.24	60.86
安徽	55.10	46.05	58.86	42.13	26.81	49.78
江西	59.63	52.93	63.44	48.84	36.82	56.92
湖北	58.13	48.47	62.66	42.87	26.15	53.9
湖南	59.19	53.11	63.77	43.78	27.98	53.89
广西	55.95	44.73	63.08	41.32	21.95	53.65
海南	49.97	35.43	60.26	42.05	25.05	55.95
重庆	58.43	50.62	68.22	45.53	37.51	53.57
四川	57.90	44.31	68.79	45.42	22.99	62.99
贵州	65.07	56.33	71.09	52.56	34.71	63.28
西藏	100.05	91.55	107.55	97.25	88.99	103.5
陕西	59.22	49.97	67.51	47.96	30.74	54.71

	净流入占总税收的比重 /%			名义财政收入集权 /%			真实财政收入集权 /%		
	平均值	最小值	最大值	平均值	最小值	最大值	平均值	最小值	最大值
甘肃	71.80	62.25	78.18	56.91		35.66		69.93	
青海	84.49	77.96	93	77.94		66.1		85.76	
宁夏	76.44	69.94	82.6	68.75		59.54		77.17	
新疆	65.74	57.6	71.8	57.85		44.94		64.07	

4.4 实证结果

4.4.1 财政收入集权的激励效应："攫取之手"还是"援助之手"？[①]

表4-4是采用系统广义矩方法（SYS-GMM）对（4.1）式进行估计的结果[②]。模型1是未引入任何控制变量的基准估计结果。我们发现，财政收入集权（FC）及其与中央政府的转移支付的交互项（$FC \times TF$）的系数分别显著为负和显著为正，这与假说1的预期完全一致。此外，我们还发现，中央政府的转移支付（TF）的系数显著为负。考虑到其与财政收入集权的交互项（$FC \times TF$）显著为正，这就与假说3的预期完全一致。模型2是遵循陈抗等（2002）的做法，引入了腐败程度（Corruption）和政府规模（Staff1）。我们发现，核心解释变量的结果仍然非常符合假说1和假说3的预期。对于控制变量，虽然腐败程度的系数不显著，但是显著为正。不过，尽管政府规模的系数的符号与陈抗等（2002）的完全相反，但是不显著。模型3是用万人财政供养人员（Staff2）替换模型2中的财政总供养人员（Staff1）进行再估计的结果。我们发现无论是核心解释变量的结果还是控制变量的结果，与模型2相比都没有发生任何实质性的变化。这意味着，假说1和假说3是成立的。

---

① 用名义财政收入集权和名义转移支付的实证结果都不显著，这表明地方政府只对真实财政收入集权和真实转移支付做出理性反应，这符合预期。为节省篇幅，这里不再报告这些结果。

② 文中所有模型都通过了 HansenTest 和 AR(2) 检验，表明所使用的工具变量有效和模型设定正确。其中后者在5%显著性水平上通过了检验。正如方红生、张军（2009）和 Mackiewicz（2006）所做的那样，我们认为5%显著性水平是可以接受的。

下面我们以模型3为例，对核心解释变量做进一步的具体分析。首先我们发现，当中央政府的转移支付程度小于70%时，中央政府的财政收入集权的提高将激励地方政府伸出"援助之手"，否则就将激励地方政府伸出"攫取之手"。换言之，财政收入集权的激励效应是"援助之手"还是"攫取之手"取决于中央政府的转移支付程度。如果转移支付的程度小于70%，那么财政收入集权的激励效应是"援助之手"，否则为"攫取之手"。观察数据的结构，我们发现，除了青海的10年和宁夏的3年外，中央政府对其他地区的转移支付程度都小于70%。不过，值得指出的是，在1999—2009年间，即使是青海和宁夏，中央政府对其的转移支付程度也并非全部超过70%。具体而言，中央政府在2000—2009年间对青海的转移支付程度都超过了70%，而对宁夏的转移支付程度只有2004年、2007年、2008年这3年超过70%。这意味着，基于全样本，我们可以说，财政收入集权的激励效应总体上表现为"援助之手"。其次，我们发现，当财政收入集权小于65%时，中央政府的转移支付的激励效应是"援助之手"，否则为"攫取之手"。观察数据的结构，我们发现只有6个观察值超过65%，分别是北京（2008—2009年）和天津（2005—2008年），这意味着，基于全样本的实证结果，我们可以说，中央政府的转移支付的激励效应也总体上表现为"援助之手"。

表4-4　财政收入集权的激励效应："攫取之手"还是"援助之手"？

被解释变量	*GRAB*		
模型	模型1	模型2	模型3
*Grab*_1	0.63***	0.62***	0.64***
	（0.000）	（0.000）	（0.000）
FC	−0.91***	−1.10***	−0.70**
	（−0.001）	（−0.004）	（−0.014）
FC×*TF*	0.01**	0.017**	0.01**
	（−0.011）	（−0.011）	（−0.048）
TF	−0.72***	−1.01***	−0.65**
	（−0.005）	（−0.009）	（−0.036）
Corruption		0.31	0.11
		（−0.131）	（−0.543）

被解释变量	GRAB		
Staff1		−4.75	
		（−0.255）	
Staff2			−0.03
			（−0.200）
Cons	81.47***	150.59*	77.40***
	（0.000）	（−0.051）	（0.000）
YearDummy	Yes	Yes	Yes
AR(1)	0.001	0.002	0.002
AR(2)	0.078	0.062	0.079
Hansentest	1.000	1.000	1.000
Obs	300	300	300

注：a.在系统GMM估计中，$Grab\_1$是前定变量，用其滞后一期作为工具变量，我们只将年份虚拟变量视为外生变量，而其他解释变量都被视为内生变量；内生变量的工具变量为其滞后两期；b.括号内是p值，*、**、***分别表示在10%、5%和1%水平上显著。

4.4.2　财政收入集权的激励效应：分地区考察

表4-5是采用系统广义矩方法（SYS-GMM）对4.2式进行估计的结果。我们发现，在没有引入任何控制变量的情况下（即模型1），除$FC \times TF \times Flow$的符号不符合预期外[①]，核心解释变量在净流出地区和净流入地区的表现与假说2和4的预期一致。模型2是加入陈抗等（2002）的控制变量后的估计结果。有关核心解释变量的估计结果与假说2和4的预期完全一致。也就是说，财政收入集权将激励净流出地区的地方政府伸出"援助之手"，但在净流入地区则不一定。尽管财政收入集权在净流入地区直接的激励效应依然是"援助之手"，但最终的激励效应是否是"援助之手"还要看中央政府的转移支付程度。$Corruption$的符号和显著性与陈抗等（2002），$Staff1$的符号与陈抗等（2002）相同但不显著。

---

① 不过，不显著是符合预期的。

表 4-5　财政收入集权的激励效应：分地区考察

被解释变量	GRAB		
Grab_1	0.67***	0.64***	0.63***
	（0.000）	（0.000）	（0.000）
FC×Flow	−0.67**	−0.88***	−0.69***
	（−0.027）	（−0.001）	（−0.006）
FC×TF×Flow	−0.001	0.03	0.02
	（−0.945）	（−0.187）	（−0.312）
TF×Flow	−0.14	−1.58	−1.31
	（−0.891）	（−0.115）	（−0.231）
FC×Inflow	−1.06**	−1.52***	−1.34***
	（−0.026）	（−0.001）	（−0.003）
FC×TF×Inflow	0.015**	0.02***	0.02***
	（−0.036）	（−0.002）	（−0.004）
TF×Inflow	−0.57**	−0.68***	−0.60***
	（−0.012）	（−0.004）	（−0.003）
Corruption		0.35*	0.24
		（−0.075）	（−0.153）
Staff1		2.07	
		（−0.525）	
Staff2			−0.04*
			（−0.065）
Cons	68.26***	42.03	80.68***
	（−0.001）	（−0.412）	（0.000）
YearDummy	Yes	Yes	Yes
AR(1)	0.001	0.001	0.001
AR(2)	0.086	0.071	0.083
Hansentest	1.000	1.000	1.000
Obs	300	300	300

注：a.在系统GMM估计中，*Grab*_1是前定变量，用其滞后一期作为工具变量，我们只将年份虚拟变量视为外生变量，而其他解释变量都被视为内生变量；内生变量的工具变量为其滞后两期；b.括号内是*P*值，*、**、***分别表示在10%、5%和1%水平上显著。

模型3是用万人财政供养人员（*Staff*2）替换模型2中的财政总供养人员（*Staff*1）进行再估计的结果。我们发现核心解释变量的估计结果与模型2相比没有实质性改变，这意味着，我们关于核心解释变量的结果具有相当的稳健性。换言之，表4–5的结果表明，理论部分的假说2和假说4是成立的。对于控制变量，腐败程度虽然依然为正，但不显著，而政府规模虽然显著，但符号为负。这表明，提高官民比（即万人财政供养人员）不一定就会导致地方政府伸出"攫取之手"。一个可能的解释是，中央政府通过过去若干次机构改革和干部培养体制的改革，的确如张军等（2007）所言培育出了一大批高度职业化的致力于经济发展的公务员队伍，从而导致地方政府最终伸出"援助之手"而不是"攫取之手"。

下面我们再以模型3为例，对净流入地区的核心解释变量做进一步的具体分析。我们有三点主要发现：第一，如果转移支付的程度小于67%，那么财政收入集权的激励效应是"援助之手"，否则为"攫取之手"。观察数据的结构，我们发现，除青海有10年、宁夏有9年和甘肃有1年外[①]，中央政府对其他净流入地区的转移支付程度都小于67%。如果以模型2为基准来讨论，我们会发现，超过76%的地区和年份会更少。这表明，即使在净流入地区，财政收入集权的激励效应都将总体上表现为"援助之手"。第二，如果财政收入集权的程度小于30%，那么中央政府的转移支付的激励效应是"援助之手"，否则为"攫取之手"。观察数据的结构，我们发现，对于净流入地区有70.75%的观察值落在30%以外，这意味着，在净流入地区，中央政府的转移支付的激励效应总体上表现为"攫取之手"。第三，结合前两点的发现，如果中央政府将转移支付的程度和财政收入集权的程度分别控制在67%和30%以下，那么就可更好地激励地方政府伸出"援助之手"。

4.5 本章小结

陈抗等（2002）发表了一项至今仍被广泛接受的研究成果，即财政收入集权将激励地方政府伸出"攫取之手"而不是"援助之手"。我们对此表示了质疑，

---

① 具体而言，青海是2000—2009年，宁夏是2000—2002年和2004—2009年，甘肃是在2008年超过了67%。

并重新评估了财政收入集权的激励效应。通过改进新近发展起来的新财政收入集权理论，我们提出了一个以财政收入集权和转移支付为双内核的旨在解释非预算内收入与预算内收入之比的新财政收入集权理论，并提出了4个研究假说。通过构造1999—2009年间的财政收入集权与转移支付的省际面板数据并界定净流出、入地区，我们证实了所提的假说。具体而言，我们有以下重要发现：第一，使用全样本，尽管财政收入集权直接的激励效应表现为"援助之手"行为，但是这种"援助之手"行为有可能被中央政府的转移支付扭曲成"攫取之手"。第二，在净流出地区，财政收入集权将激励地方政府伸出"援助之手"，而在净流入地区，财政收入集权所表现出来的"援助之手"行为有可能被中央政府的转移支付扭曲成"攫取之手"。第三，使用全样本，中央政府的转移支付所表现出来的"援助之手"行为有可能被财政收入集权扭曲成"攫取之手"。第四，相比于净流出地区，中央政府的转移支付更能激励净流入地区的地方政府伸出"援助之手"，不过这种"援助之手"有可能被财政收入集权扭曲成"攫取之手"。

基于上述重要发现，我们通过观察数据结构对财政收入集权的激励效应进行了再评估。我们发现，财政收入集权将激励净流出地区的地方政府伸出"援助之手"，而在净流入地区，虽然中央政府的转移支付对财政收入集权的这一效应有所抑制，但总体上还不足以改变其"援助之手"的性质。因此，我们的这一发现就证伪了陈抗等（2002）至今仍被广泛接受的一个"攫取之手"的观点，而对新近发展起来的新财政收入集权理论提供了有力支持。这表明，就其总体上有利于激励地方政府伸出"援助之手"行为而言，中国1994年财政再集权的努力应该说是成功的。我们没有必要采用所谓只有收入权力和支出责任同时下放（或财权和事权相匹配）才是好的治理模式（Weingast，2000；Careaga & Weingast，2002），否则必然危及中国的政治与经济稳定（Boadway & Tremblay，2011；王绍光，2002），因为中国是一个发展极不平衡的大国，那些适用于较为均衡发展的国家的高度分权的治理模式不怎么适用于中国（方红生、张军，2013）。对此，我们务必要保持高度警惕。

尽管我们对中国1994年财政再集权的努力给予了高度的肯定，但是基于我们的实证研究，我们也清醒地看到，由分税制改革遗留下来的这个治理模式的确还有很大的提升空间。比如说，中央政府就可以在以下三个方面有所作为：首先，为了使财政收入集权可以更好地激励地方政府伸出"援助之手"，中央政府很有必要将净流入地区的转移支付的程度控制在67%以内。其次，为将中央政府的转移支付在净流入地区的激励效应由"攫取之手"行为变为"援助之手"行为，中央政府应将净流入地区的财政收入集权的程度控制在30%以内。最后，虽然政府之间的激烈竞争有助于约束政府的行为（Oates，2008），并因此提高中央政府转移支付资金的配置效率和技术效率，但是缺少很好的转移支付制度势必会降低援助效率（Boyne，1996；Weingast，2000；袁飞等，2008；范子英、张军，2010a；付文林、沈坤荣，2012；李永友、沈玉平，2009、2010）。的确，我们的实证结果显示，尽管中央政府的转移支付在净流入地区有着显著的直接的"援助之手"效应，但是在净流出地区则不显著。这意味着构造一个良好的转移支付制度也是确保政府伸出"援助之手"的重要保障。

5

财政收入集权、转移支付与非预算内收入和预算内收入之比：产业结构的作用

5.1　引　言

党的十八届三中全会提出，财政是国家治理的基础和重要支柱，深化财税体制改革也步入新阶段。同时，关于中国分税制改革以来的中国财政制度安排的集权与分权性质及其影响和作用的讨论仍在学界中不断展开。基于中国财税体制改革的实践，中国财政体制与政治体制对于地方政府行为的交互作用，以及财政收入集权的本质也逐渐被关注。近年来，以陶然和张军等为代表的学者提出了新财政收入集权理论，对中国中央财政收入集权对地方政府行为的激励效应进行了理论建构（陶然等，2009；张军，2012），其内涵也不断被丰富和发展，方红生、张军（2013，2014）对财政收入集权的平均激励效应进行了理论分析和实证评估，并针对避免税收净流出地和税收净流入地财政收入集权和转移支付的激励效应被扭曲为"攫取之手"，提出了财政收入集权和转移支付程度的匹配区间。基于此，从现有文献梳理中，可以引申出财政收入集权激励地方政府对不同产业表现出异质性行为的分析脉络（陶然等，2009；吕冰洋、郭庆旺，2011；方红生、张军，2014），这为全面审视财政收入集权的激励效应提供了一个值得尝试的新视角。

同时，产业结构的调整和转型升级亦是目前全面深化改革的重点。虽然从纵向上看，改革开放以来，我国在产业结构调整方面取得了较大的成就，逐渐摆脱了薄弱的农业基础、畸形的工业发展和落后的服务业，产业结构渐趋优化，但是从横向国际比较看，当下的产业结构仍存在三大产业比例不合理、第三产业发展水平落后等问题。在此背景下，结合分税制改革、所得税收入分享改革、"营改增"等财政收入集权化改革进程，在不同产业结构地区，财政收入集权对地方政府的激励效应异质性尚未得到应有的关注。

在这样的理论和实践背景下，基于新财政收入集权理论研究在不同产业和不同产业结构地区财政收入集权对地方政府行为的激励效应异质性，对于评估现有的财政收入集权化改革进程、深化财税体制改革以促进地区产业结构调整具有深远的全局性意义。

基于此，本章首先通过改进新财政收入集权理论设计了5个研究假说，然后构建动态面板计量模型，分别利用2003—2009年和2000—2009年中国省级面板数据，评估不同产业和不同产业结构地区的财政收入集权激励效应和"两只手"交互激励效应。研究表明：在不同产业，财政收入集权激励地方政府对第二产业伸出"援助之手"，而对第三产业伸出了有损经济效率的"攫取之手"。同时，转移支付存在弱化财政收入集权激励效应的作用，使得两个产业中的"援助之手"或"攫取之手"得到一定程度的弱化，甚至扭曲为"攫取之手"或转变为"援助之手"，其临界值分别为71.55%和55.18%。对于不同产业结构地区，在第二产业占比较高地区（S地区），财政收入集权和转移支付对于地方政府的激励倾向于表现为更高程度的"援助之手"，且财政收入集权与转移支付的交互作用不显著；在第三产业占比较高地区（T地区），财政收入集权对地方政府的激励倾向于表现为更低程度的"援助之手"，交互激励效应显著。

与现有研究相比，本章可能的边际贡献至少体现在以下两点：第一，基于新财政收入集权理论，在前人进行的财政收入集权对地方政府行为平均激励效应研究和分地区激励效应考察的基础上（方红生、张军，2014），从不同产业出发，在理论和实证层面分别分析和评估财政收入集权的激励效应异质性，进而评估当前不同产业结构地区财政收入集权激励效应的异质性。聚焦于不同产业和不同产业结构下研究财政收入集权激励效应的差异，是对现有研究关于激励效应评估的有益补充。第二，已有研究对财政收入集权的平均激励效应进行了理论分析和实证评估，并针对保证税收净流出地和税收净流入地的交互激励效应表现为"援助之手"，提出了财政收入集权和转移支付程度的匹配区间（方红生、张军，2014）。本章试图在此基础上进行另一个角度的细化和丰富：首先，对不同产业财政收入集权的激励效应异质性现状进行评估，发现财政收入集权激励地方政府伸出的对第二产业的"援助之手"和对第三产业的"攫取之手"会随着转移支付的增加而弱化甚至扭转，两者的临界值分别为71.55%和55.18%，从而提出优化不同产业发展的"两只手"调配区间；其次，针对不同产业结构地区，中央政府应如何调配财政收入集权和转移支付这"两只手"的匹配区间，更好地激励地方政府伸出"援助之手"，而避免严重损害经济效率的"攫取之手"的出现（陈抗，2002），提出相应建议。例如，为使财政收入集权更好地激励地方政府伸出"援助之手"或扭转其"攫取之手"，中央政府对不同产业结构地区应实现何种差异化的转移支付程度。

5.2 研究假说

方红生、张军（2014）总结和发展了新财政收入集权理论，研究了财政收入集权对地方政府的平均激励效应，结果显示其表现为地方政府的预算内收入带动非预算内收入增长的动态过程，即非预算内收入与预算内收入的比值下降（"援助之手"）。遵循陈抗（2002）和方红生、张军（2014）的研究，以非预算内收入与预算内收入比值表示财政收入集权对地方政府行为的激励效应，该比值上升则表现为地方政府的"攫取之手"行为，反之为"援助之手"行为。下面以新财政收入集权理论为理论基础，展开财政收入集权的激励效应异质性理论分析。

首先，第二产业中包括工业和建筑业两大行业。财政收入集权激励地方政府开展收入意义上的税收竞争（沈坤荣、付文林，2006）和支出意义上的增长竞争（傅勇、张晏，2007），而工业和建筑业的共性——较高的流动性、强大的溢出效应和稳定可观的未来收入流，使其成为地方政府竞相争取的对象。至于工业企业，在收入竞争上，财政收入集权激励地方政府为地方财政收入最大化而对工业制造业展开中国式的"蒂伯特"竞争（方红生、张军，2014），以各种可能的方式低价协议出让土地，而换得未来稳定的增值税和所得税收入流（陶然等，2009），虽然在2006年底，国务院办公厅出台了《关于规范国有土地使用权出让收支管理的通知》，国土资源部也首次规定以"招拍挂"的形式出让工业用地，但从实践看，地方政府仍存在事先意向挂牌等可操纵的巨大空间（陶然等，2009）；在支出竞争上，地方政府倾向于提供良好的基础设施，例如"三通一平"等补贴型基础设施投资，配合宽松的政策环境以获得较高的经济总量和经济增长速度，而这也进一步提高了工业企业的利润水平，从而增加了地方政府在工业企业上的预算内收入。综上，在工业企业上，财政收入集权激励地方政府以非预算内收入的减少而换得预算内收入的增加，表现为非预算内收入与预算内收入比重下降，即对工业企业的"援助之手"。至于建筑业，除去以上，其在税制设计中还存在双重征税现象（陶然等，2009），具有税收放大器的作用。

假说1： 财政收入集权激励地方政府对第二产业伸出"援助之手"，即随财政收入集权化，第二产业非预算内收入与预算内收入比值下降。

而对于第三产业，难以通过迁移而短时间内吸纳新的服务群体，因而其较高的迁移机会成本使其具有较强的区位黏性。首先，第二产业的逐步发展吸纳大量就业人口集聚，从而带动周边商业服务业、金融业、房地产业的快速发展，而服务业等则承担了部分或大部地方政府在第二产业土地出让金上的"妥协"成本，地方政府凭借本身对土地一级市场的垄断权力，限制面向服务业的土地供应，以竞争性强、透明度高的"招拍挂"的方式出让土地，表现为土地出让金的上升，同时，各种行政事业性收费、罚没收入等空间也被充分利用和挖掘，而其均属于非预算内收入范畴。其次，由于服务业所对应的营业税在"营改增"前属于地方政府独享税，占地方政府税收的绝大部分，分税制以来财政收入集权化后地方政府在面临较大财政压力下更倾向于将其充分征收（方红生、张军，2013），表现为服务业等的预算内收入的上升。最后，由于税收立法权在中央政府，因而地方政府无法改变营业税法定税率，而只能通过提高主观税收努力和客观税收征管效率实现（吕冰洋、郭庆旺，2011），其增收空间非常有限，相对来说，土地出让金收入和行政事业性收费等非预算内收入的监管相对较弱，尤其是土地出让金，增收空间约束性较小。由此，我们可以推测，对于第三产业，尤其是服务业，财政收入集权的激励效应表现为地方政府在追求预算外收入的同时带动了预算内收入的增长。

假说2：财政收入集权激励地方政府对第三产业伸出"攫取之手"，即随财政收入集权化，第三产业非预算内收入与预算内收入比值上升。

以上我们探讨了财政收入集权本身对于不同产业中地方政府行为激励效应的异质性。方红生、张军（2014）指出，中国中央财政收入集权的真正本质在于税收集权。从我国税收收入分享体制改革历程看，1994年分税制改革中，中央财权的大幅上收和地方支出责任的部分下放，使地方财政产生缺口，进而激励地方政府转变了发展模式（陶然等，2009），为保护地方政府的既得利益，中央设计了税收返还政策，转移支付制度也不断发展。转移支付制度作为中央政府对地方政府的"援助之手"，与财政收入集权这一"攫取之手"对地方政府行为的激励效应存在着交互作用，而对这一交互作用的产业异质性分析，有助于寻求不同产业结构地区财政收入集权与转移支付的匹配区间，以期避免或减少出现导致投资活动减少、影响经济发展速度、损害经济运行效率的"攫取之手"行为（陈抗等，2002）。

转移支付对地方政府行为的激励有着直接效应和间接效应。从直接效应上看，我国转移支付的粘蝇纸效应和可替换效应已被相关研究所证实。基于粘蝇纸效应（范子英、张军，2010a），与地方政府本地财政收入相比，转移支付会导致地方政府财政支出规模的过度膨胀，而进一步地，基于可替换效应（付文林、沈坤荣，2012），我国目前的转移支付在改善地方政府财力的同时，会激励地方政府形成偏向于基本建设的支出结构，甚至偏离转移支付的基本公共服务均等化目标。相比于第三产业，基本建设支出偏向更有利于资本密集型的工业制造业等第二产业的发展，增加其利润空间。因此，转移支付对于地方政府基本建设支出的双重扩张效应（支出总量扩张和基建占比扩张），使工业制造业的预算内收入上升，激励地方政府对第二产业伸出"援助之手"行为。从间接效应看，财政收入集权加剧了地方政府的财政压力，而转移支付无疑是对地方财政压力的一种缓解，且真实转移支付有着与真实财政收入集权共同的上升趋势（方红生、张军，

2014）。因此在间接效应上，财政收入集权通过财政压力增大而对地方政府的行为激励效应会因为转移支付的存在而受到抑制，在不同产业中，则体现为财政收入集权激励地方政府对第二产业伸出的"援助之手"会随转移支付的增加而减弱甚至扭曲为"攫取之手"，财政收入集权激励地方政府对第三产业伸出的"攫取之手"亦会随转移支付的增加而减弱甚至转变为"援助之手"。

假说3：财政收入集权激励地方政府对第二产业伸出的"援助之手"和对第三产业伸出的"攫取之手"会随着转移支付的增加而弱化甚至扭转。

为了讨论不同产业结构地区激励效应的差异性，基于假说1与假说2，即对于不同产业，财政收入集权对地方政府的激励效应存在理论上的异质性，本章将不同地区财政收入集权的综合激励效应分为该地区财政收入集权在不同产业中的正负效应两部分之和，即在第三产业中的"攫取之手"效应和第二产业中的"援助之手"效应之和。若将产业增加值的增减视为各产业企业的增加和减少所致，则财政收入集权化下，第三产业每增加一个单位增加值，地方政府"攫取之手"的施展空间都随之增加，同理，第二产业每增加一个单位增加值，地方政府"援助之手"的表现空间也随之增加。因此，一个地区的第二产业增加值越高，财政收入集权对地方政府的"援助之手"激励更强（负效应），而第三产业增加值越高，财政收入集权对地方政府的"攫取之手"激励更强（正效应）。不同产业结构地区财政收入集权的综合激励效应取决于正负效应抵消后的净效应，进而取决于第三产业与第二产业增加值比值。对于不同产业结构梯度地区，第三产业与第二产业增加值比值越高，财政收入集权的激励效应越倾向于表现为对非预算内收入与预算内收入比值的正效应。

基于此，首先，讨论不同产业结构地区，财政收入集权对非预算内收入与预算内收入比值的效应上的异质性。考虑两个静态极端情况，试想在一个第三产业产值为零的地区，财政收入集权的综合激励效应即在第二产业上的"援助之手"，也即财政收入集权对非预算内收入与预算内收入比值的负效应；而在一个第二产业产值为零的地区，财政收入集权的综合激励效应即在第三产业上的"攫取之手"，也即财政收入集权对非预算内收入与预算内收入比值的正效应。从动态的角度来说，随着第三产业与第二产业增加值比值的上升，财政收入集权的激励效应越倾向于表现为对非预算内收入与预算内收入比值的正效应。我们可以推断，存在综合激励正负效应的第三产业与第二产业增加值比值临界点，大于该临界值，则表现为正效应，即"攫取之手"，且随比值的增加，财政收入集权的正效应越大；小于该临界值，则表现为负效应，即"援助之手"，且随比值的减小，财政收入集权的负效应越大。方红生、张军（2014）分析了财政收入集权的平均激励效应，指出财政收入集权激励地方政府更偏好通过培育预算内收入和加强税收征管以最大化财政收入，而前者则通过其强大的溢出效应带动预算外收入和土地出让金的增长，因此表现为财政收入集权对于非预算内收入与预算内收入比值的负效应。基于这一研究，可以推定，对于S地区，财政收入集权对非预算内收入与预算内收入比值的效应为负，即"援助之手"，而对于T地区，财政收入集权对非预算内收入与预算内收入比值的正负效应有待实证的进一步检验，其可能表现为正效应，也可能同样表现为负效应，具体取决于增加值之比是否已达临界值。

其次，讨论不同产业结构地区，财政收入集权对非预算内收入与预算内收入比值的效应大小上的异质性。不同于T地区的效应正负难以确定，这里两类不同产业结构地区的效应大小是可以基本确定且存在异质性的。与第三产业增加值高于第二产业的地区（T地区）相比，对于第二产业增加值高于第三产业的地区（S地区），财政收入集权化过程中，地方政府在第二产业上的妥协成本更高，包括在土地出让金和行政事业性收费等非预算内收入上的各种可能利用的空间，且这部分的成本在第三产业上的弥补比例更低，这使S地区的整体非预算内收入增速相对较低，同时，第二产业上持续可观的预算内收入及其溢出效应所带来的第三产业上的预算内收入，使S地区的整体预算内收入增速相对较高。以财政收入集权对非预算内收入与预算内收入比值的效应来看，我们可以预期，相较于T地区，随着财政收入集权化，S地区非预算内收入与预算内收入比值下降的程度更大，即表现为更高程度的"援助之手"行为。

假说4：相较于第三产业增加值高于第二产业的地区，在第二产业增加值高于第三产业的地区，财政收入集权对地方政府的激励效应表现为更高程度的

113

"援助之手"行为。

考虑不同产业结构地区"两只手"交互激励效应的异质性，假说4可以得到进一步补充。由前文，财政收入集权通过增大地方政府财政压力而产生对地方政府行为的激励，转移支付制度的存在则是对财政压力的缓解，而其缓解的力度也决定了"两只手"的交互激励效应的强弱，因此，讨论不同产业结构地区交互激励效应的异质性，关键在于不同产业结构地区转移支付对财政压力的缓解程度的差异性。对于第二产业增加值高于第三产业的地区，地方政府为了充分发挥第二产业的增长效益、增税效应和溢出效应，有着较高的基本建设支出倾向和支出需求，以换得更多的地方政府收入和地方经济的增长，因而在S地区，转移支付的粘蝇纸效应和可替换效应带来的基本建设支出规模的更大程度的扩张会弱化转移支付对于财政压力的缓解，即中央政府的转移支付在缓解S地区财政收入集权给地方政府所造成的压力方面效果可能并不显著；而对于第三产业增加值高于第二产业的地区，转移支付对于财政压力的缓解则相对更为显著，因此交互激励效应也更显著。

假说5：相比于第二产业增加值高于第三产业地区（S地区），财政收入集权对于第三产业增加值高于第二产业地区（T地区）地方政府的激励效应会随着转移支付的增加而显著减弱。

5.3 经验策略与数据来源

为验证假说1和假说2，我们将动态面板计量模型分产业设定如下：

$$GRAB\_SEC_{it} = \alpha_0 + \alpha_1 GRAB\_SEC_{it-1} + \alpha_2 FC_{it} + \alpha_3 FC_{it} \times TF_{it} + \alpha_4 TF_{it} + \beta X_{it} + u_i + u_t + \varepsilon_{it} \tag{5.1}$$

$$GRAB\_TER_{it} = \alpha_0 + \alpha_1 GRAB\_TER_{it-1} + \alpha_2 FC_{it} + \alpha_3 FC_{it} \times TF_{it} + \alpha_4 TF_{it} + \beta X_{it} + u_i + u_t + \varepsilon_{it} \tag{5.2}$$

模型5.1和模型5.2分别以第二产业和第三产业的"攫取—援助之手"为被解释变量，以财政收入集权FC_{it}为主要解释变量进行设定，捕捉财政收入集权对地方政府在不同产业上的单一激励效应和交互激励效应。控制变量则包括腐败程度和政府规模。此外，下标i表示第i个地区，下标t表示第t年，u_i是不可观测的个体效应，u_t是不可观测的时间效应，也即年度虚拟变量，ε_{it}是随机误差项。

对于"攫取—援助之手"指标，陈抗等（2002）和方红生、张军（2014）分别以预算内收入在地方政府收入中占比和非预算内收入与预算内收入比值度量"攫取—援助之手"行为，其本质是相同的。我们遵循方红生、张军（2014）的做法，以非预算内收入与预算内收入比值表示地方政府的"攫取—援助之手"行为，该比值越高，表示"攫取之手"行为越强，反之则表示"援助之手"行为越强。根据已有文献对狭义上的预算内收入和广义上的非预算内收入的划分（李冬妍，2011），兼顾数据的可得性和合理性，文中非预算内收入包括预算外收入及土地出让收入这一制度外收入主体之和。$GRAB\_SEC_{it}$和$GRAB\_TER_{it}$分别表示地方政府对第二产业和第三产业的"攫取—援助之手"指标。由于缺少分产业预算外收入数据，以各产业的土地出让收入作为非预算内收入，各产业税收收入作为预算内收入，取其比值度量各产业上的"攫取—援助之手"行为。

由于土地出让收入和税收收入均分别为原指标中非预算收入与预算内收入的组成部分，为验证$GRAB\_SEC_{it}$和$GRAB\_TER_{it}$的合理性，我们以全国各地区总土地出让收入与税务部门组织总税收收入比值作为地区整体"攫取—援助之手"的一种度量$Grab_2$，与前文提到的"攫取—援助之手"指标$Grab_1$比较。我们以全国数据对两个指标的年际变化进行折线图分析，如图5-1所示，两者呈现基本一致的变化趋势。

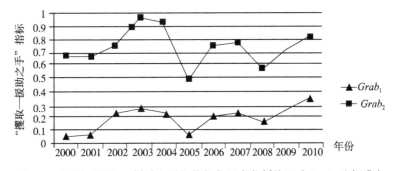

图5-1 两种"攫取—援助之手"指标年际变化折线图（$Grab_1$为标准）

虽然这样的处理方法分别低估了非预算内收入和预算内收入，且从图5-1也可看出指标 $Grab_2$ 的年际变化更为平缓，但在计量结果上，由于地方政府对于非预算内收入的干预空间更大，因此我们可能会低估不同产业上财政收入集权的激励效应，但这并不影响本章的基本结论，反而会强化本章的结论。陶然等（2009）和左翔、殷醒民（2013）等指出地方政府在不同产业上出让土地的差异化行为，在工业用地上以实质上的协议出让为主，而在商业用地上则以"招拍挂"形式出让。由此推定，由于没有直接的统计数据，各地区分产业土地出让收入数据来源于《中国国土资源年鉴》（2004—2009）的相关数据计算所得，首先，根据各省份协议供地方式和招拍挂供地方式的土地出让金收入及供地面积分别计算两种方式下的出让均价（万元/公顷）；其次，根据按用地类型分列的土地出让面积，得到各省份工矿仓储用地和商服用地的面积（公顷）；最后，以两者的乘积衡量各地区分产业土地出让收入。各地区分产业税收收入数据则来源于《中国税务年鉴》（2004—2009），分别以两个产业上两者比值近似度量地方政府在这两个产业上的"攫取—援助之手"。

FC_{it} 是财政收入集权。方红生、张军（2013、2014）基于财政收入集权本质提出了真实财政收入集权和真实转移支付指标及其度量方法，其中，各省份真实财政收入集权以（分省中央级税收＋分省地方上解－分省税收返还）/分省总税收度量，而真实转移支付则以（分省中央补助－分省税收返还）/地方本级财政支出度量。我们沿用这两个指标分别作为财政收入集权和转移支付的度量。根据假说1和假说2，我们预期模型5.1中系数为负，而模型5.2中系数为正，表示财政收入集权激励地方政府倾向于对第二产业伸出"援助之手"，而对第三产业伸出"攫取之手"，这两个指标的基础数据来源于《中国税务年鉴》（2001—2010）、《中国财政年鉴》（2001—2010）、《地方财政统计资料》（2000—2009）。

X_{it} 是控制变量集。遵循陈抗等（2002）和方红生、张军（2014）的研究，本章控制变量包括腐败程度和政府规模。腐败程度以各地区人民检察院每年立案侦查的贪污贿赂、渎职案件涉案人数占当地公职人员数的比例（人/万人）（$Corrup$）来表示，数据来源于陈刚、李树（2012）。政府规模则以财政供养人员占总人口比例（人/万人）（*Staff*）来度量，数据来源于《地方财政统计资料》（2000—2009）。

由于《中国国土资源年鉴》中没有统计2002年及2000年以前年份全国税收收入分地区分产业数据，而真实财政收入集权和真实转移支付计算所需的税收返还没有2010年及以后的统计数据，因此，面板数据涉及的时间跨度为2003—2009年。

基于从不同产业到不同产业结构地区的逻辑承接，假说4的理论论述提出，随着第三产业与第二产业增加值比值的升高，财政收入集权的综合激励效应倾向于表现为对非预算内收入与预算内收入比值的正效应，即"攫取之手"。同时，本章将提出决定财政收入集权对非预算内收入与预算内收入比值的正负效应的两大产业增加值比值临界点，当第三产业与第二产业的增加值比值高于这一临界值时，财政收入集权的综合激励效应表现为"攫取之手"，反之，则为"援助之手"。增加值比值对财政收入集权的正激励效应倾向及这一临界值是否存在对于假说4是否逻辑一致地承接前3个假说以及其自身理论论述是否成立具有重要意义。

为了验证临界值的存在，并佐证假说4的逻辑，我们将动态面板计量模型设定如下：

$$Grab_{it} = \alpha_0 + \alpha_1 Grab_{it-1} + \alpha_2 FC_{it} + \alpha_3 FC_{it} \times IND_{it} + \beta X_{it} + u_i + u_t + \varepsilon_{it} \qquad (5.3)$$

其中，被解释变量不再是各地区分产业"攫取—援助之手"指标，而是表示各地区整体经济的"攫取—援助之手"，计算公式中非预算内收入包括预算外收入与土地出让金之和，数据来源于《中国财政年鉴》（2001—2010）、《中国国土资源年鉴》（2001—2010）。解释变量和控制变量的定义和计算方式同模型5.1、模型5.2，但此处的时间跨度为2000—2009年。产业增加值比值为第三产业增加值与第二产业增加值比值，数据来源于《中国统计年鉴》（2001—2010）。特别说明的是，真实财政收入集权计算公式中所需的全国税务部门中央级收入分地区分税种情况没有1999年及以前的统计数据，而税收返还没有2010年及以后的统计数据。因此，模型5.3涉及面板数据的时间跨度为2000—2009年。

为验证假说4与假说5，在财政收入集权的激励效应普遍表现为"援助之手"的基础之上，进一步研究不同产业结构地区财政收入集权对地方政府行为激励效应强度的异质性，同时为寻找不同产业结构下财政收入集权与转移支付的最佳匹配区间，基于方红生、张军（2014）的研究，本章引入不同产业结构地区的虚拟变量替代原模型中的税收净流入地区和税收净流出地区指示变量，将动态面板计量模型设定如下：

$$Grab_{it} = \alpha_0 + \alpha_1 Grab_{it-1} + \alpha_2 FC_{it} \times IND\_S_{it} + \alpha_3 FC_{it} \times TF_{it} \times IND\_S_{it} + \alpha_4 TF_{it}$$
$$\times IND\_S_{it} + \alpha_5 FC_{it} \times IND\_T_{it} + \alpha_6 FC_{it} \times TF_{it} \times IND\_T_{it} + \alpha_7 TF_{it} \times IND\_$$
$$T_{it} + \beta X_{it} + u_i + u_t + \varepsilon_{it} \qquad (5.4)$$

现有文献针对不同产业结构地区的异质性研究较少，较多的研究是关于产业结构调整升级的指标度量。本章的 IND_S_{it} 和 IND_T_{it} 是地区产业结构差异的虚拟变量，依据第二产业增加值与第三产业增加值的比值，若某年某省份该比值大于或等于1，即为"S地区"，令该地区＝1，否则＝0；若某年某省份该比值小于1，即为"T地区"，令该地区＝1，否则＝0。其他变量定义同本章前述，面板数据时间跨度为2000—2009年。

5.4 实证结果

5.4.1 基准结果

"模型 I 为仅以财政收入集权（FC）为主要解释变量的回归，模型 II 和模型 III 分别逐步加入转移支付（TF）、财政收入集权与转移支付的交互项（$FC \times TF$）进行回归。第二产业上财政收入集权的激励效应的"援助之手"见表5-1。

表5-1 第二产业上财政收入集权的激励效应："援助之手"

被解释变量	GRAB_SEC		
模型	模型 I	模型 II	模型 III
GRAB_SEC_1	0.551***	0.490***	0.729***
	(−7.02)	(−4.62)	(−8.07)
FC	−0.146**	−0.352*	−0.503**
	(−2.58)	(−1.75)	(−2.25)
TF		−0.160*	−0.531**
		(−1.70)	(−2.47)

被解释变量	GRAB_SEC		
FC×TF			0.703[*]
			(2.03)
Corrup	0.001	−0.002	−0.001
	(−0.05)	(−1.23)	(−1.16)
Staff	2.62E−05	2.17E−06	9.52E−05
	(0.77)	(0.06)	(1.13)
Cons	45.888[***]	19.561[**]	13.919[**]
	(3.47)	(2.73)	(2.34)
Year Dummy	Yes	Yes	Yes
AR(1)	0.048	0.044	0.077
AR(2)	0.446	0.533	0.415
Hansen test	0.368	0.478	0.464
Obs	186	186	186

注：a.在该动态模型的系统GMM估计中，GRAB_SEC_1是前定变量，以其滞后一期作为工具变量，本章只将年份虚拟变量视为外生变量，其他解释变量均视为内生变量，主要以其滞后两期作为工具变量b.括号内是t值，*、**、***分别表示在10%、5%和1%的水平上显著。

由表5-1可知，三个模型均接受了Hansen检验和Arellano-Bond检验的原假设，说明工具变量的选取和模型的设定是有效的。三个模型的回归结果中，无论是主要解释变量还是控制变量，其数值和统计性质基本未发生实质性的变化。财政收入集权（FC）和转移支付（TF）的系数均显著为负，这非常符合假说一的预期，即第二产业上，财政收入集权激励地方政府伸出"援助之手"，同时也符合对转移支付直接激励效应为"援助之手"的判断。财政收入集权与转移支付的交互项（$FC \times TF$）的系数显著为正，验证了假说3，即财政收入集权激励地方政府对第二产业的"援助之手"行为会随着转移支付的增加而弱化甚至扭曲为"攫取之手"。从数据上看，决定财政收入集权的总激励效应性质的转移支付临界值为71.55%，当真实转移支付力度不高于71.55%时，财政收入集权将激励地方政府向第二产业伸出"援助之手"，否则将扭曲为"攫取之手"。从数据样本上看，7年31个省区市的217个观测值中，仅有16个数据高于这一临界值，主要为西藏、青海和宁夏三个转移支付较多的省份的部分年份，因此，对于大多数省份而言，第二产业上财政收入集权对于地方政府的激励效应仍主要表现为"援助之手"。对于控制变量，腐败程度的系数在模型Ⅱ和模型Ⅲ中为负，但在数值和统计性质上都不显著。财政供养人口的系数为正，但不显著。

表5-2　第三产业上财政收入集权的激励效应："攫取之手"

被解释变量	GRAB_TER		
GRAB_TER_1	0.218*	0.284*	0.349***
	(1.80)	(1.73)	(2.63)
FC	0.744*	0.825*	1.837*
	(1.68)	(1.88)	(1.80)
TF		0.056	−1.999**
		(0.18)	(−2.01)
FC×TF			−3.329*
			−1.91
Corrup	0.017***	0.020***	−0.047
	(1.96)	(2.19)	(−0.45)
Staff	0.000**	0.000	0.000**
	(2.42)	(0.70)	(2.15)
Cons	−79.681**	−78.881**	−51.243*
	(−2.39)	(−2.11)	(−1.92)
Year Dummy	Yes	Yes	Yes
AR(1)	0.006	0.008	0.004
AR(2)[①]	0.877	0.866	0.593
Hansen test	0.270	0.694	0.485
Obs	186	186	186

注：a.在该动态模型的系统GMM估计中，*GRAB_TER*_1是前定变量，以其滞后一期作为工具变量，本章只将年份虚拟变量视为外生变量，其他解释变量均视为内生变量，主要以其滞后两期及以上作为工具变量。b.括号内是z值，*、**、***分别表示在10%、5%和1%的水平上显著。

表5-2为在第三产业上财政收入集权的激励效应模型（5.2）的回归结果。由

---

① 表5-3中模型Ⅰ、模型Ⅱ的AR(2)在5%的显著性水平上通过了检验。正如方红生、张军（2009、2014）和Mackiewicz（2006）所做的那样，本章认为5%显著水平是可以接受的。

表5-2可知，三个模型均接受了Hansen检验和Arellano-bond检验的原假设，说明工具变量的选取和模型的设定是有效的。三个模型的回归结果中，财政收入集权（FC）和转移支付（TF）的系数显著为正，这符合假说2的预期，即第三产业上，财政收入集权激励地方政府伸出"攫取之手"。财政收入集权与转移支付的交互项（$FC \times TF$）的系数显著为负，验证了假说3，即财政收入集权激励地方政府对第三产业的"攫取之手"行为会随着转移支付的增加而弱化甚至转变为"援助之手"，从数据上看，决定财政收入集权的总激励效应性质的转移支付临界值为55.18%，当真实转移支付力度高于55.18%时，财政收入集权将激励地方政府向第三产业伸出"援助之手"，否则将为"攫取之手"。从数据样本上看，7年31个省区市的217个观测值中，有91个数据高于这一临界值，因此，对于50%以上的不同年份的各省份而言，第三产业上财政收入集权对于地方政府的总激励效应主要表现为"攫取之手"。对于控制变量，腐败程度的系数在模型Ⅰ和模型Ⅱ中为正，这与陈抗等（2002）的估计一致，模型Ⅲ中虽为负，但不显著。财政供养人口的系数为正，但数值上不显著。

结合模型1和模型2的回归，发现财政收入集权对地方政府行为的激励效应被转移支付扭转的可能区间在两个产业上的分布是不同的，相较于第二产业上的"援助之手"扭曲为"攫取之手"的地区比例，第三产业上的"攫取之手"转变为"援助之手"的地区比例更高，这也符合方红生、张军（2014）的研究结果，即在全国各地的平均总激励效应上总体表现为财政收入集权对非预算内收入和预算内收入之比的负效应。从全国二、三产业的平均效应看，为使财政收入集权激励地方政府对第二产业和第三产业均表现为"援助之手"行为，转移支付力度最好控制在55.18%~71.55%，目前仅有35个观测值落在这一区间内，占7年所有观测值的16.13%。同时，为避免将转移支付激励地方政府在第二产业上的"援助之手"扭曲为"攫取之手"，财政收入集权本身也应控制在75.53%以内，目前仅有23个观测值在此区间外。

5.4.2　异质性分析

决定逻辑过渡是否成立的关键在于交互项 $FC \times IND$ 的系数是否为正。本章对模型（5.3）进行回归，得到如表3第二列所示的回归结果。可知，模型（5.3）通过了 Hansen 检验和5%显著性水平上的 Arellano–Bond 检验，说明所使用的工具变量有效和模型设定正确。其中，FC 系数为负，而交互项 $FC \times IND$ 的系数显著为正，符合预期，说明随着第三产业与第二产业增加值比值的升高，财政收入集权的激励效应越倾向于更低程度的"援助之手"或更高程度的"攫取之手"，进一步可求得增加值比值的临界值为2.756，高于这一比值，财政收入集权的综合激励效应表现为"攫取之手"。从样本看，两大产业增加值占比高于这一比值的仅为北京的2008年和2009年，这说明，对于目前大多数地区，产业增加值比值低于临界值，财政收入集权的综合激励效应普遍表现为"援助之手"，但是不同地区"援助之手"程度有所区别（见表5-3第三列），这一定程度上佐证了假说4论述中从不同产业到不同产业结构地区财政收入集权的激励效应的逻辑过渡是成立的。

表 5-3　异质性分析

被解释变量	GRAB	GRAB
模型	模型 I（逻辑过渡）	模型 II（地区异质性）
GRAB _1	0.221**	0.362***
	(2.04)	(3.89)
FC	−1.298**	
	(−2.46)	
FC × IND	0.471*	
	(1.89)	
IND	−0.360**	
	(−2.00)	
FC × IND_S		−1.234*
		(−1.67)
FC × TF × IND_S		5.105
		(1.63)
TF × IND_S		−3.030*

续表

被解释变量	*GRAB*	*GRAB*
		(−1.72)
$FC \times IND\_T$		−1.17**
		(−2.04)
$FC \times TF \times IND\_T$		1.519*
		(1.68)
$TF \times IND\_T$		−1.326*
		(−1.83)
Corrup	0.005	0.007
	(1.51)	(1.54)
Staff	5.077E−04	4.46E−04
	(1.09)	(1.01)
Cons	19.808	7.366
	(1.16)	(0.34)
Year Dummy	YES	YES
AR(1)	0.036	0.005
AR(2)[①]	0.055	0.079
Hansen test	0.633	0.980
Obs	279	279

在此基础上，我们根据模型5.4验证假说4和假说5。由表5-3第三列可知，模型5.4中系数均为负数，说明与T地区相比，S地区的财政收入集权单一激励效应更小，即在S地区财政收入集权的激励效应表现为更为弱化的"援助之手"，验证了假说4，这里需要特别说明的是α_5为负，说明目前我国T地区财政收入集权的激励效应表现为"援助之手"，这符合前文的理论论述和表5-3第二列所反映的经验事实，说明目前对于我国T地区，大多数的产业增加值占比未达到临界值2.756，财政收入集权对地方政府在第三产业上的"攫取之手"激励普遍低于其在第二产业上的"援助之手"激励，从而使其综合激励效应表现为"援助之手"，但

---

① 表5-3中模型Ⅰ、模型Ⅱ的AR(2)在5%的显著性水平上通过了检验。正如方红生、张军（2009，2014）和Mackiewicz（2006）所做的那样，本章认为5%显著性水平是可以接受的。

可以预见和需要警惕的是，遵循产业结构演变规律，当我国的产业结构更倾向于第三产业时，可能会出现激励效应性质的反转。同时，α_3和α_6均为正数，说明S地区与T地区的转移支付对于财政收入集权的激励效应均存在弱化作用，α_3虽在数值上比较大，但不显著，而α_6则显著为正，说明与S地区相比，T地区的财政收入集权对地方政府的激励效应会随着转移支付的增加而显著减弱，验证了假说4。另外，α_4和α_7均显著为负，但α_7绝对值更大，说明转移支付本身的直接激励效应表现为地方政府的"援助之手"，且相较于T地区，在S地区，其"援助之手"激励程度更高。

进一步计算相关的临界值，对于T地区，为使财政收入集权的总激励效应表现为"援助之手"，真实转移支付不应高于77.02%，在10年共97个T地区的观测值中，仅有11个观测值在这一区间外，而为避免将转移支付的"援助之手"效应扭曲为"攫取之手"，真实财政收入集权不应高于87.29%，97个观测值中仅有3个超过这一指标，这说明对于T地区，财政收入集权的总激励效应主要表现为"援助之手"。而对于S地区，财政收入集权与转移支付之间的交互激励效应不显著，从"两只手"的调配角度，两者相互制约的空间很小。

5.5 本章小结

本章通过改进新财政收入集权理论，提出了五个研究假说来解释不同产业和不同产业结构地区财政收入集权对地方政府行为激励效应的异质性，并分别利用2003—2009年和2000—2009年中国省级面板数据，运用系统GMM估计方法，对不同产业和不同产业结构地区的财政收入集权激励效应和"两只手"交互激励效应进行实证研究。研究结果显示：

在不同产业，财政收入集权化后，由于收入自主权的限制和支出需求上的扩张，地方政府面临日益增加的财政压力，而在政府收入和支出活动上展开竞争，这激励地方政府对第二产业伸出"援助之手"，从而对第三产业伸出了有损经济效率的"攫取之手"。同时，转移支付存在弱化财政收入集权激励效应的作用，使两个产业上的"援助之手"或"攫取之手"得到一定程度的弱化，甚至扭曲为"攫取之手"或转变为"援助之手"，其临界值分别为71.55%和55.18%，即从全国平均效应看二、三产业上的激励效应异质性，当转移支付力度低于55.18%时，财政收入集权的总激励效应（同时考虑各自产业上单一与交互激励效应）表现为第二产业上的"援助之手"和第三产业上的"攫取之手"，转移支付力度较低的省份往往属于中部和东部经济比较发达的区域，其在工业企业上的激烈竞争即是其在第二产业上的"援助之手"的有力现实证据；当转移支付力度处于55.18%~71.55%时，财政收入集权在第二产业和第三产业上的总激励效应均表现为"援助之手"；当转移支付力度高于71.55%时，财政收入集权的总激励效应在第二产业上被扭曲为"攫取之手"，而在第三产业上表现为"援助之手"。

对于不同产业结构地区，在第二产业占比较高地区（S地区），财政收入集权和转移支付对于地方政府的激励倾向于表现为更高程度的"援助之手"，且财政收入集权与转移支付的交互作用不显著；而在第三产业占比较高地区（T地区），财政收入集权对地方政府的激励倾向于表现为更低程度的"援助之手"，相互之间的交互激励效应显著，T地区"两只手"的匹配区间要求转移支付不应高于77.02%，财政收入集权不应高于87.29%。这为中央政府"两只手"匹配区间的区域差异化政策制定提供了一定的考量依据。

以上结论具有丰富的政策内涵：一方面，本章证明了财政收入集权的激励效应在不同产业上有着异质化的表现方式，从经济效率角度看，在全国平均水平上，为使财政收入集权在两个产业上均表现为"援助之手"，中央政府应将转移支付控制在55.18%~71.55%，过高或者过低，均会出现某一产业上低效率的"攫取之手"。另一方面，财政收入集权本身也应控制在75.53%以内，防止其将转移支付激励地方政府在第二产业上的"援助之手"扭曲为"攫取之手"。因此，从产业结构调整和优化角度，为促进第三产业更有效率地发展，转移支付力度应不低于55.18%，才能扭转财政收入集权在第三产业上的"攫取之手"效应。鉴于第二产业与第三产业关联效应的存在，第三产业的持续稳定发展，离不开第二产业溢出效应的持续发挥，因而，也应适当注意财政收入集权与转移支付的力度区间，防止第二产业上的地方政府行为扭曲为"攫取之手"。另一方面，不同产业结构地区财政收入集权激励效应与"两只手"交互激励效应也存在差异。对于第二产业占比较高地区（S地区），财政收入集权和转移支付对于地方政府的单一激励效应均表现为更高程度的"援助之手"，且财政收入集权与转移支付的交互作用并不显著，因此，对于S地区，中央政府在"两只手"的调配上和政策制定上可以相对更多地考虑以其他政策目标为主，经济效率的政策约束可以适当减少；而对于第三产业占比较高地区（T地区），财政收入集权对地方政府的单一激励效应倾向于表现为更低程度的"援助之手"，相互之间的交互激励效应较为显著，匹配区间要求真实转移支付不应高于77.02%，真实财政收入集权不应高于87.29%，虽然区间要求较宽，但也应注意前文所强调的过低的转移支付可能并不利于当地第三产业发展和产业结构调整。

6

财政收入集权、转移支付与中国税收超GDP增长

6.1 引 言

20世纪80年代中期以来，中国税收占GDP比重的时间变动表现为一条U形曲线（见图6-1）。更有趣的是，该比重由降转升的转折点恰好是在中国分税制改革后的第二年。无疑，分税制改革为理解中国税收超GDP增长现象提供了一条非常有价值的线索。目前，围绕这条线索进行研究的学者大体可分成四派：第一派强调税收征管效率的提升对于中国税收超GDP增长的重要作用（贾康等，2002；高培勇，2006；周黎安等，2012）；第二派强调稳定性的分权契约关系对于税收征管效率的正向激励（崔兴芳等，2006；吕冰洋、郭庆旺，2011）；第三派强调中央征收集权程度的提高是导致税收征管效率提高，进而是税收超GDP增长的根源（王剑锋，2008）；第四派则强调不是稳定的分权契约关系，而是以动态变化的税收集权为特征的分税制改革对于税收征管效率和发展高税行业起着正向激励效应（即新财政收入集权理论）（曹广忠等，2007；陶然等，2009；汤玉刚、苑程浩，2010；Su et al.，2012；张军，2012；Zhang，2012）。由此，我们不难看出，后三派都在试图将第一派所提出的税收征管效率内生化，只是侧重点不同。具体而言，第四派侧重分税制改革所要实现的财政收入集权的目标，而第二派和第三派则侧重实现财政收入集权之目标而采取的两种手段。在我们看来，如果分税制改革不是以财政收入集权为目标，就很难理解原有手段会诱发出税收征管效率的强激励效果。因此，从这个意义上讲，我们更偏向于第四派的研究视角。不仅如此，第四派的优势还在于发现了财政收入集权影响税收超 GDP 增长的另一个渠道，即激励地方政府为提高财政收入而大力发展高税行业，而第二和第三派则将这些产业看成是经济发展阶段自然演进的结果。

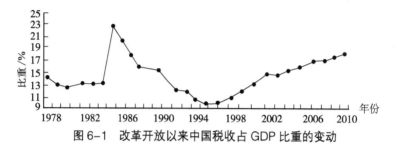

图 6-1　改革开放以来中国税收占 GDP 比重的变动

然而，第四派也存在一定不足。众所周知，分税制改革本质上只是财政收入集权的改革，并没有对事权在央地之间做出有效调整。因此，分税制改革导致的结果就是央地之间的纵向收支的不平衡（Huang & Chen，2012）。为了尽量缓解这种不平衡，中央将财政收入集权所筹集到的大量资金以转移支付的形式在地区之间进行再分配（李永友、沈玉平，2009）。换言之，分税制改革后，中央政府实质上是以财政收入集权、转移支付这两种方式来试图实现对整个中国经济的宏观控制以保障经济的持续增长。如果说中央政府的财政收入集权，即"攫取之手"导致地方政府巨大的增收或增长压力的话，那么中央政府的转移支付，即"援助之手"无疑会缓解财政收入集权给地方政府所造成的压力。这意味着，中央政府的财政收入集权对中国税收超 GDP 增长的正向激励效应将受到转移支付的抑制（即本章假说1）。因此，不将转移支付纳入中国税收超 GDP 增长的分析逻辑之中，是很难对财政收入集权的整体激励效果做出恰当评估的。

除抑制财政收入集权的间接效应外，中央政府的转移支付对于税收超 GDP 增长还具有正的直接效应（即假说3）。一方面，我们认为，追求财政收入最大化的地方政府面对不规范的转移支付制度时，都会选择一个偏向于基本建设的财政支出结构。另一方面，与财政收入集权一样，中央政府的转移支付也可以通过提高税收征管效率来增加税收占 GDP 的比重。换言之，中央政府的转移支付是通过促进高税行业的发展和提高税收征管效率两个渠道来增加税收占GDP比重的。

此外，本章还按税收净流出地区和净流入地区拓展了以上两个假说。我们预期，相比于税收净流出地区，中央政府的财政收入集权对税收占GDP比重的正边际效应在税收净流入地区更大，且会随其转移支付而显著减弱（即假说2），而相比于税收净流出地区，中央政府的转移支付对税收占GDP比重的正效应在税收净流入地区更显著，且会随其财政收入集权而显著减弱（即假说4）。

本章利用中国1995—2007年27个省区市的数据和系统GMM方法证实了4个假说。首先，基于整个样本，我们发现，财政收入集权和转移支付存在显著正的直接效应和负的间接交互效应，这与假说1和3一致。其次，基于分样本，我们发现如下3点支持假说2和4的证据：一是财政收入集权与转移支付存在明显的彼此抑制现象只发生在税收净流入地区。二是转移支付的显著正效应也只发生在税收净流入地区。三是财政收入集权的正边际效在税收净流入地区应更大。最后，我们用Acemoglu et al.（2003）的方法考察了假说背后的两个渠道的相对重要性。我们发现，对于税收净流出的地区，财政收入集权主要通过提高税收征管效率而不是高税产业的发展来提高税收占GDP比重，而对于税收净流入的地区，中央政府的财政收入集权和转移支付主要通过激励地方政府大力发展高税行业而非提高税收征管效率来提高税收占GDP比重。

与既有研究相比，本章的贡献有以下几点：第一，首次基于新财政收入集权理论提出了以财政收入集权和转移支付为双内核的新兴财政收入集权理论来解释中国税收超GDP增长现象，并通过考虑税收净流出、入地区的异质性设计了4个研究假说，从而发展了新财政收入集权理论（Brennan & Buchanan，1980；Oates，1985）。第二，构造了名义和真实财政收入集权与转移支付的省级平衡面板数据，并界定了税收净流出、入地区来检验4个假说。第三，构造了被解释变量为税收占GDP比重的动态面板计量模型并使用系统GMM估计方法来考察中国税收超GDP增长，而既有的3篇代表性经验文献（曹广忠等，2007；王剑锋，2008；周黎安等，2012）构造的都是被解释变量为非税收占GDP比重的静态面板模型。[①] 考虑到中国的地方政府行为存在典型的增量预算特征（付文林、沈坤荣，2012），我们认为选择一个动态模型相对好些。[②]第四，使用Acemoglu等（2003）的方法考察了假说背后两个渠道的相对重要性。据我们所知，曹广忠等（2007）虽从经验上考察了高税行业发展和税收征管效率的相对重要性，但他们并没有使用一个正式的实证框架。本章在这方面是对他们研究的改进。第五，发现了财政收入集权与转移支付的匹配区间，这对于进一步改善两种方式共同治理的模式具有重要参考价值。

6.2　财政收入集权与转移支付的度量与研究假说

6.2.1　国家层面的度量

（1）名义与真实财政收入集权

分税制改革实质上是以中央财政收入集权为特征的改革，为了度量中央政府财政收入集权的程度，我们区分了名义财政收入集权和真实财政收入集权。遵循Oates（1985）、汤玉刚（2011）和陈志勇、陈莉莉（2011）的研究，名义财政收入集权（用Mgh表示）衡量的是中央政府在分税制改革中表面上占有国家总税收的程度，即Mgh＝中央税收／总税收。真实财政收入集权（Rgh）衡量的是中央政府在分税制改革中实际占有国家总税收的程度，即Rgh＝（中央税收＋地方上解－税收返还）／总税收。值得指出的是，我们度量的真实财政收入集权与汤玉刚（2011）有点差别，他用（中央税收－税收返还）／总税收来表示。我们之所以在分子上还加上地方上解，有两点考虑：第一点是与财政部在2009年所做出的调整一致，即2009年及以后中央政府给地方的税收返还是扣掉地方上解后的净税收返还。如果用这个净税收返还替换汤玉刚（2011）公式中的税收返还，那么就

---

① 曹广忠等（2007）的被解释变量为财政总收入占GDP比重，严格说来他们是在考察财政收入为何超GDP增长，而非税收为何超GDP增长。王剑锋（2008）和周黎安等（2012）的被解释变量是税收，他们是在考察中国的税收为何增长，而非税收为何超GDP增长。

② Gupta 和 Newberry（1997）在其稳健性分析时使用了动态模型。

不难得出现在的这个修正公式。第二点实际上是对这个公式合理性的一个解释。分税制改革本身既体现了中央政府对地方政府的妥协，又体现了地方政府对中央政府的妥协，前者表现为税收返还，后者表现为地方上解。因此，在分税制改革中，中央政府财政收入集权的真实程度应依据这个修正公式。由此，我们做了分税制改革以来中央政府的名义和真实财政收入集权的时间变动趋势（见图6-2）。

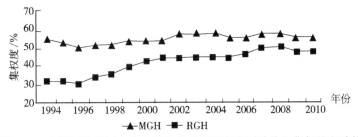

图6-2　分税制改革以来中央政府的名义和真实财政收入集权的变动趋势

（2）名义与真实转移支付

同样，对于转移支付这一"援助之手"，也有名义与真实之分。遵循袁飞等（2008）和范子英、张军（2010b）的研究，名义转移支付（*Mhh*）衡量的是中央政府表面上为地方政府支出援助的程度，即*Mhh*＝含税收返还的中央补助／本级地方财政支出。遵循范子英、张军（2010b）的研究，真实转移支付（*Rhh*）衡量的是中央政府实际上为地方政府支出援助的程度，即*Rhh*＝不含税收返还的中央补助／本级地方财政支出。根据这两个公式，给出分税制改革以来中央政府的名义和真实转移支付的时间变动趋势（见图6-3）。

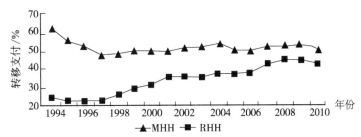

图6-3　分税制改革以来中央政府的名义和真实转移支付的变动趋势

图6-2、6-3显示了分税制改革以来，中央政府财政收入集权、转移支付的

变动趋势。我们发现：（1）真实财政收入集权与转移支付都比名义财政收入集权与转移支付的力度低，这一点在分税制改革后的早期尤其明显；（2）真实财政收入集权与转移支付呈现出比名义值更显著的上升态势。

6.2.2　省级层面的度量

（1）名义与真实财政收入集权

根据名义与真实财政收入集权的计算公式，为了计算出分省数值，必须要有以下原始数据：（1）分省的总税收；（2）分省的中央级税收；（3）分省的税收返还；（4）分省的地方上解。第（3）和（4）项数据可以从《地方财政分析资料》（2004）、《地方财政统计资料》（2005—2007）和《中国财政年鉴》（1996—2008）中直接获得①，而对于第（1）和（2）项，通过相关的计算也能获得。

先看分省的总税收。尽管《中国税务年鉴》（1996—2008）提供了全国税务局在各省征到的税收，但是有三点值得注意：第一，中国有五个税收单列市，分别是宁波、青岛、深圳、大连和厦门，这些市的税收数据并没有包含在相应的省级数据中，所以在利用《中国税务年鉴》的数据时，要将其加上。第二，1996年《中国税务年鉴》并没有直接提供1995年全国税务局在各省征到的税收，而只提供了国税和地税在各省征收到的税收数据。为得到全国税务局分省的税收数据，要合并国税和地税的数据。第三，全国税务局并不征收农业各税，为了获得更为真实的分省总税收，我们还需要加上财政部门征收到的农业各税的数据。《中国财政年鉴》（1996—2008）在分省财政一般预算收支决算总表中提供了农业各税的数据，其中农业各税主要包括农业税、农业特产税、牧业税、耕地占用税和契税等（李永友、沈玉平，2010）。

再看分省的中央级税收。尽管《中国税务年鉴》（2001—2008）提供了2000—2007年间分省的扣除出口退税后的中央级税收数据，但是同样需要注意的是要将5个单列市的中央级税收合并到相应的省份中。对于1995—1999年的中央

---

① 值得一提的是，中国5个税收单列市1997年的含税收返还的中央补助收入和地方上解数据并没有包含在该年相应的省级数据中。此外，2002年甘肃的含税收返还的中央补助收入数据有误。我们通过对比《地方财政分析资料》（2004）和《中国财政年鉴》发现了上述问题，并进行了纠正。

级税收，可以用各省含农业税的总税收减掉各省地方级税收间接得到，其中地方级税收可以通过加总《中国财政年鉴》（1996—2000）中分省财政一般预算收支决算总表中的相关税种项获得。

最后将以上数据代入公式，就可得到中央在各省的名义财政收入集权（Mgh）与真实财政收入集权（Rgh）的力度。

（2）名义与真实转移支付

根据名义与真实转移支付计算公式，为了计算出分省的值，必须要有以下原始数据：（1）含税收返还的中央补助；（2）税收返还；（3）本级地方政府支出。第（2）项数据已有，第（1）和（3）项数据可从《中国财政年鉴》（1996—2008）中省级政府收支决算表中获取。将以上数据代入公式，就可得到中央在各省的名义转移支付（Mhh）与真实转移支付（Rhh）的力度。

6.2.3 研究假说

1994年分税制改革后，中央政府的真实财政收入集权力度不断提升，地方政府理应降低其发展地方经济与培育税源的积极性（Weingast，2000），但事实则恰恰相反，中国地方政府仍有很强的激励去发展地方经济，新近发展起来的新财政收入集权理论（曹广忠等，2007；陶然等，2009；汤玉刚、苑程浩，2010；Su et al.，2012；张军，2012；Zhang，2012）对此做了非常好的解释。首先，该理论认为，财政收入集权给地方政府造成的财政压力塑造了地方政府财政收入最大化的目标。给定要素流动，财政收入集权将激励追求财政收入最大化的地方政府为"资本"而展开"蒂伯特"式的横向竞争，以便大力发展制造业。[①]对于地方政府而言，制造业的快速发展不仅带来了稳定持久的增值税和企业所得税等直接收益，而且还带来大量的营业税和高额的土地出让收入等间接收益，其中间接收益的取得得益于制造业的发展对于商业和房地产等服务业发展的强大溢出效应。

其次，该理论认为，财政收入集权还将激励追求财政收入最大化的地方政府

---

① 值得指出的是，一些学者（陶然等，2009；Su et al.，2012）认为这里的财政收入最大化模型要优于晋升和政治锦标赛模型（Li & Zhou，2005）。不过张军（2012）发现，就官员的策略性选择而言，官员在两个模型中的选择其实是一致的。

大力发展房地产这个高税行业。这是因为营业税税基是第三产业（不含批发和零售业）及第二产业中的建筑业（陈志勇、陈莉莉，2011），而营业税九大税目中，建筑业和销售不动产业属于两个不同税目，这样会对建筑收入存在双重征税（吕冰洋、郭庆汪，2011），所以为独享更多的营业税收入，地方政府必然更渴望最大限度地扩大营业税税基，而大力发展同样具有强大溢出效应的房地产业无疑是不错的选择。最后，该理论认为，财政收入集权还激励地方政府努力提高作为其主要税种的营业税的征管效率，其中一个很重要的原因在于，作为营业税主要课税对象的服务业不像制造业那样具有流动性，地方政府有很强的激励将其充分征收。值得一提的是，财政收入集权不只是提高了地方政府的税收征管效率，实际上也极大地提高了中央政府的税收征管效率（汤玉刚、苑程浩，2010）。根据第一派的研究，我们可以推知，财政收入集权即使无法激励地方政府大力发展高税行业，也完全可以通过激励中央和地方政府提高税收征管效率的总水平来导致税收超GDP增长。但是，该理论提醒我们，税收征管效率具有边际收益递减性质，如果不考虑地方政府大力发展高税行业这一渠道，就无法很好地解释中国税收持续超GDP增长现象。然而新财政收入集权理论并没有考虑到中央政府转移支付的影响。如果说中央政府的财政收入集权导致地方政府巨大的增收压力的话，那么中央政府的转移支付无疑会缓解其财政收入集权所造成的压力。这意味着中央政府的财政收入集权对中国税收超GDP增长的正向激励效应将受到其转移支付的抑制。由此我们提出如下假说。

假说1：中央政府的财政收入集权对税收占GDP比重的正效应会随其转移支付而减弱。

如果区分税收净流出地区和净流入地区，假说1会有何不同呢？我们认为可能有两个重要的差别：第一，相比于净流出地区，中央政府的财政收入集权导致净流入地区的地方政府增收压力更大，结果必然倒逼净流入地区的地方政府投入更大的努力去提高税收征管效率和推动高税产业的发展，因此在净流入地区，中央政府的财政收入集权对税收占GDP比重的正边际效应就会更大。第二，相比于净流入地区，中央政府对于净流出地区的援助很有限，所以在净流出地区，中央政府的转移支付在缓解其财政收入集权给地方政府所造成的压力方面效果可能并不显著。由此，我们提出如下假说。

假说2：相比于税收净流出地区，中央政府的财政收入集权对税收占 GDP 比重的正边际效应在税收流入地区要大，且会随其转移支付而显著减弱。

最新研究发现，中国中央政府的转移支付具有粘蝇纸效应，即转移支付的改善会刺激地方财政支出规模过度膨胀（付文林、沈坤荣，2012；范子英、张军，2010a；李永友、沈玉平，2009）。原因至少有两点：（1）一些国别与跨国研究都表明，中央对地方的转移支付作为分权治理中中央政府实施宏观调控的重要工具，本身在提高中央控制能力的同时，也诱致了地方政府的道德风险，弱化了地方政府的财政纪律，结果是政府支出和债务规模膨胀，甚至宏观经济不稳定（Goodspeed，2002；Rodden，2002）。（2）财政幻觉。地方政府由于无法获得充分的信息，无法得知公共品的边际成本，于是只能用公共品的平均成本来代替边际成本，而转移支付虽然不改变公共品的边际成本，但是显著降低了其平均成本，于是最终的公共品供给就超过了按照边际收益与边际成本相等原则确定的水平（Logan，1986）。不仅如此，现有研究还发现，中国中央政府的转移支付还具有可替换效应，即转移支付的改善会刺激地方政府将更多的资金投向基本建设而非科教文卫支出（付文林、沈坤荣，2012）。究其原因，他们认为是晋升激励和不规范的转移支付制度。然而，实际上，新财政收入集权理论也可以对此进行解释，这是因为面对一个不规范的转移支付制度，地方政府为最大化其财政收入，理性的选择当然是选择一个偏向于基本建设的财政支出结构。考虑到这样的支出结构有助于高税行业的发展，由此不难推断，当过度膨胀的财政支出更多地被用于基本建设时，中央政府的转移支付必将导致一个更高的税收占 GDP 的比重。

除通过推动高税行业的发展，中央政府的转移支付还通过提高税收征管效率来增加税收占 GDP 的比重。一方面，如前所述，中央政府的转移支付所诱致的财政支出过度膨胀不可避免地导致地方政府背负过多的政府债务，尽管地方政府可以求助中央政府，但是总有限度，所以地方政府责令地税局提高税收征管效率就顺理成章了。另一方面，与中国转移支付体系有关。袁飞等（2008）认为，现有的转移支付体系中起主导地位的还是透明度较差、随意性强的专项转移支付。而地方政府要想获得专项转移支付，就必须配套相应的资金。为了筹集这些资金，地方政府就需要有更高的税收努力（李永友、沈玉平，2009）。由此，我们提出如下假说。

假说3：中央政府的转移支付对税收占GDP比重的正效应会随其财政收入集权而减弱。[①]

同样，如果区分税收净流出地区和净流入地区，假说3会有何不同呢？我们认为可能也有两个很重要的差别：第一，相比于净流入地区，在净流出地区的地方政府明白，中央政府对其的援助实际上相当有限，所以他们不会像净流入地区的地方政府那样过度扩张财政支出，特别是基础设施支出。而且，他们也不会像净流入地区的地方政府那样因此背负债务而被迫提高税收征管效率。第二，相比于净流入地区，净流出地区的地方政府更容易筹集到专项转移支付的配套资金，因而其税收努力水平更低。由此，我们提出如下假说。

假说4：相比于税收净流出地区，中央政府的转移支付对税收占GDP比重的正效应在税收净流入地区更显著，且会随其财政收入集权而显著减弱。

以上4个假说构成新兴财政收入集权理论的重要组成部分。

6.3　经验策略与数据来源

6.3.1　模型设定

为了检验假说1和3，我们构造如下的动态面板计量模型：[②]

$$Tshare_{it}=\alpha_1 Tshare_{it-1}+\alpha_2 Rgh_{it}+\alpha_3 Rhh_{it}+\alpha_4 Rgh_{it}\times Rhh_{it}+\beta X_{it}+u_i+u_t+\varepsilon_{it} \quad （6.1）$$

其中 $Tshare_{it}$ 是税收占GDP比重，$Tshare_{it-1}$ 是滞后一年的税收占GDP比重，

---

① 根据假说1，财政收入集权与转移支付的交互项为负，所以假说2中的"减弱"是显而易见的。当然，这里也可给出一个合理的经济解释，即如果地方政府意识到中央政府的援助并不纯粹是无偿的，而是部分有偿的（即中央政府的攫取部分），那么地方政府支出规模的过度膨胀终将会有所收敛。

② 我们发现利用名义财政收入集权和转移支付的数据的计量结果都不显著，所以为节省篇幅，以下只使用两者的真实数据。

Rgh_{it}是真实财政收入集权，Rhh_{it}是真实转移支付，$Rgh_{it} \times Rhh_{it}$是真实财政收入集权和真实转移支付的交互项，X_{it}是控制变量集，包含现有文献中常提到的$Pgdp$（人均实际GDP）、$Popbonus$（人口红利）、$Popbonus^2$（人口红利的平方）、$Privatization$（民营化）、$Urban$（城市化）、$Open$（开放度）、$Inflation$（通货膨胀率）等[①]，u_i是不可观测的省际效应，u_t是年度虚拟变量，ε_{it}是误差项。

为了检验假说2和假说4，我们有必要先定义税收净流出地区和净流入地区。税收净流出＝真实税收流出－真实税收流入＝中央税收＋地方上解－含税收返还的中央补助收入，其中真实税收流出＝中央税收＋地方上解－税收返还，真实税收流入＝不含税收返还的中央补助收入。如果某地区所有年份税收净流出大于0或样本期内净流出之和大于0，则该地区为税收净流出地区，我们令$Flow_{it}=1$，否则为0；如果某地区所有年份税收净流出小于0或样本期内净流入之和大于0，则该地区为税收净流入地区，我们令$Inflow_{it}=1$，否则为0。然后我们将这两个虚拟变量分别乘以式6.1中的核心解释变量并放入式中即可。

表6-1是净流出和净流入地区的分类，从表中我们可知，与净流出地区相比，净流入地区更落后一些。通过观察净流出、入地区在真实财政收入集权和转移支付方面的基本情况，我们发现：（1）两个地区的真实财政收入集权基本上都呈持续上升的态势，不过净流入地区的上升趋势更快；净流出地区的真实财政收入集权的力度要明显高于净流入地区。（2）两个地区的真实转移支付也都呈现持续上升的态势，不过净流入地区的上升趋势更快。特别是，相比于净流入地区，中央政府对净流出地区的真实转移支付的力度非常之低。这肯定会产生不同的激励效应，具体见假说2和假说4的讨论。

---

① 遵循吕冰洋、郭庆旺（2011），用劳动年龄人口占总人口的比重（%）表示人口红利。遵循罗长远、张军（2009）的研究，用非国有部门的就业占比（%）表示民营化。遵循陆铭、陈钊（2004）的研究，用非农业人口占总人口的比重（%）表示城市化。遵循现有文献的一般做法，用进出口之和占GDP比重（%）表示开放度，用CPI的增长率（%）表示通货膨胀。

表 6-1　净流出和净流入地区分类（1995—2007）

净流出地区	所有年份都是净流出的地区	北京、天津、辽宁、上海、江苏、浙江、福建、山东、广东
	样本期内净流出之和大于0的地区	河北、山西、黑龙江、云南
净流入地区	所有年份都是净流入的地区	内蒙古、江西、广西、贵州、甘肃、青海、宁夏、新疆
	样本期内净流入之和大于0的地区	吉林、安徽、河南、湖北、湖南、陕西

6.3.2　渠道检验

前面假说中提到，税收征管效率和高税行业的发展是其两个重要渠道，但到底哪个更重要？为了考证这一问题，我们想到了 Acemoglu 等（2003）识别渠道的方法。在应用这个方法之前，我们还需找到至少一个渠道的代理变量。考虑到税收征管效率面临严重的度量问题（王剑锋，2008；吕冰洋、郭庆旺，2011；周黎安等，2012），我们试图借鉴现有文献的讨论来为"高税行业的发展"这一渠道寻找一个相对合适的代理变量。据我们所知，现有文献常提起的"高税行业的发展"的原出处是曹广忠等（2007）的文章。该文章的一个主要观点是地方政府大力发展第二和第三产业，特别是工业（或制造业）和房地产业，导致三大主体税种（增值税、营业税和企业所得税）的超GDP增长，进而导致税收超GDP增长。在随后的一篇文章中，陶然等（2009）意识到地方政府在大力发展制造业中所获好处不仅限于制造业投产后所产生的较稳定的增值税收入，而且还包括本地制造业发展对服务业部门的推动及与之相关的营业税和土地等收入。他们将后者称为制造业发展的"溢出效应"。然而，实际上被曹广忠等（2007）所强调并为陶然等（2009）重点分析过的房地产业的发展也会产生显著的溢出效应，即它不仅能带动制造业的发展，而且能带动建筑业及其他服务业部门的发展并由此派生出更多的税收收入。至此，这些文献提醒我们，为更好地度量"高税行业的发展"这一渠道，我们不能只考虑制造业和房地产业这两个高税行业本身，还应考虑这两个行业彼此间的相互作用及其对建筑业和服务业部门强大的溢出效应。那么哪个指标能较好地满足这两点呢？我们认为非农产业化（即二、三产业增加值之和与农业增加值之比）应是一个不错的选择。

当我们确定好非农产业化（*Pnonagri*）这一指标后，就可应用Acemoglu等（2003）的方法了。具体而言，我们可以先将*Pnonagri*放进6.1式，然后观察Rgh_{it}、Rhh_{it}和$Rgh_{it} \times Rhh_{it}$的显著性与系数的变化，并根据如下规则来对两个渠道的相对重要性进行讨论。

（1）如果这些变量由显著变为不显著，或其显著性和（或）系数有明显的下降，而*Pnonagri*显著，那么*Pnonagri*是其作用于税收占GDP比重的一个主要渠道。

（2）如果这些变量显著而*Pnonagri*不显著，那么*Pnonagri*不是其作用于税收占GDP比重的一个渠道。在此情形下，这些变量只能通过其他渠道（如提高税收征管效率）起作用。

（3）如果这些变量和*Pnonagri*都显著，且前者的显著性和系数并没有明显的下降，那么这些变量作用于税收占GDP比重的主要渠道是税收征管效率的提高而非*Pnonagri*。

6.4 实证结果

6.4.1 财政收入集权、转移支付与中国税收超 GDP 增长

表6-2是用系统GMM方法估计6.1式的结果。模型1是未引入控制变量集的结果，我们发现：（1）被解释变量的滞后1期具有小于1的显著正系数，这表明中国税收占GDP比重具有收敛性质；（2）真实财政收入集权（*Rgh*）和真实转移支付（*Rhh*）具有显著正的直接效应，而真实财政收入集权和真实转移支付的交互项（*Rgh × Rhh*）具有显著的负效应，这意味着假说1和3得到证实。

模型2在模型1的基础上引入了控制变量，以便考察模型1的稳健性。我们发现模型1的结果相当稳健。对于控制变量，我们发现：（1）人均实际GDP（*Pgdp*）为正，但不显著。曹广忠等（2007）发现显著为负。（2）人口红利（*Popbonus*）具有显著的负效应，这似乎与吕冰洋、郭庆旺（2011）的假说不一致。他们认为总人口中的劳动年龄人口越高（即人口红利），税收增长得越快。

表 6-2　财政收入集权、转移支付与中国税收超 GDP 增长

被解释变量	Taxshare		
模型	模型1	模型2	模型3
Taxshare_1	0.945*** （0.000）	0.864*** （0.000）	0.854*** （0.000）
Rgh	0.141*** （0.001）	0.171*** （0.002）	0.192*** （0.000）
Rhh	0.102** （0.023）	0.128** （0.021）	0.130** （0.017）
Rgh × Rhh	− 0.003** （0.035）	− 0.003** （0.021）	− 0.003** （0.014）
Pgdp		0.0002 （0.258）	0.0001 （0.437）
Popbonus		− 0.209** （0.050）	− 3.192** （0.020）
Popbonus2			0.022** （0.020）
Privatization		− 0.072* （0.067）	− 0.069** （0.039）
Urban		− 0.047 （0.285）	− 0.043 （0.281）
Open		0.039** （0.041）	0.023 （0.143）
Inflation		− 0.030 （0.557）	0.027 （0.657）
Cons	− 3.44 （0.110）	12.187 （0.155）	112.02** （0.024）
Year Dummy	Yes	Yes	Yes
AR(1)	0.031	0.063	0.029
AR(2)	0.164	0.249	0.197
Hansen test	0.556	0.998	0.958
Obs	324	324	324

注：a.参考付文林、沈坤荣（2012）的研究，在系统GMM估计中，我们只将年份虚拟变量视为外生变量，而其他解释变量被视为内生变量；内生变量的工具变量主要为其滞后两期；b.所有模型都通过了 Hansen 过度识别约束检验和 Arellano-Bond 自相关检验；c.括号内是 P 值，*、**、***分别表示在10%、5%和1%水平上显著。

其背后的逻辑是，一方面，人口红利会导致低的劳动力报酬和高的企业利润率，进而导致企业所得税快速增长；另一方面，人口红利会提高整个经济的储蓄率，使"高储蓄—高投资—高增长"的增长过程得以持续。在具有税收放大器功能的间接税设计下，人口红利会通过高投资诱导出高的间接税增长。（3）民营化（*Privatization*）会对税收占GDP的比重产生显著的不利效应。一个可能的解释是，尽管民营经济有利于经济成长，但由于其企业规模相对较小，财务制度缺乏规范，监管难度大（周黎安等，2012），因而其税收增长的速度赶不上GDP的增长速度，从而导致税收占GDP比重的下降。（4）城市化（*Urban*）的系数为负，但不显著，这与Oates（1985）的发现一致。（5）开放度（*Open*）的系数显著为正，这与较多文献一致（Leuthold，1991；Davoodi & Grigorian，2007）。（6）通货膨胀率（*Inflation*）为负但不显著，这与Davoodi和Grigorian（2007）的发现一致。周黎安等（2012）发现为正，但不显著。

模型3在模型2的基础上再引入了人口红利的平方（*Popbonus*^{2}），我们猜测被解释变量与人口红利很可能存在非线性关系。我们发现：（1）核心解释变量依然稳健。（2）税收占GDP比重与人口红利呈现U形关系，其临界点为72.55%。这表明，在我们的样本中，当人口红利大于72.55%时，吕冰洋、郭庆旺（2011）的假说才成立。（3）对于其他控制变量，除开放度变得不再显著外，其余没有根本性变化。

根据以上分析，我们可知，我们所提的假说1和3得到了很好的验证。进一步，基于模型3，还得到如下有趣的发现：（1）当真实转移支付（*Rhh*）小于64%时，中央政府提高真实财政收入集权的力度会有助于提高税收占GDP比重，反之则降低税收占GDP比重。[1]这表明，中央政府要想发挥好财政收入集权对于地方政府的正面激励效应，一定要控制好对地方政府转移支付的力度。观察数据结构，我们发现中央政府的转移支付有5.13%的观察值落在不利于真实财政收入集权发挥正面激励效应的区间内。（2）当真实财政收入集权（*Rgh*）小于43.33%时，中央政府提高真实转移支付的力度会有助于提高税收占GDP比重，反之则降低税

---

[1]　我们根据模型设定（1）讨论了临界值的算法。读者若有需要，可向我们索取。

收占GDP比重。这表明，中央政府要想发挥好转移支付对于地方政府的正面激励效应，一定要相应控制好对地方政府的财政收入集权的力度。观察数据结构，我们发现中央政府的财政收入集权有23.65%的观察值落在不利于真实转移支付发挥正面激励效应的区间内。（3）根据核心解释变量的系数、核心解释变量1996年和2007年的均值和税收占GDP比重，我们可以推算出核心解释变量对税收占GDP比重提高的贡献度为51.76%。[1]

6.4.2 财政收入集权、转移支付与中国税收超 GDP 增长：渠道检验

表6-3是渠道检验结果。模型1和2是考察核心解释变量是否对非农产业化产生显著影响。我们发现，无论有无控制变量，中央政府的财政收入集权对于非农产业化的正面推动作用都会随其转移支付而显著减弱。同样，中央政府的转移支付对于非农产业化的正面推动作用也会随其财政收入集权而显著减弱。这很符合我们假说背后的逻辑。进一步，我们还发现：（1）当中央政府的转移支付小于36%时，中央政府提高财政收入集权的力度会有助于激励地方政府大力发展高税行业。（2）当中央政府的财政收入集权小于30%时，中央政府提高转移支付的力度会有助于激励地方政府大力发展高税行业。

表6-3　财政收入集权、转移支付与中国税收超 GDP 增长：渠道检验

被解释变量	Pnonagri		Taxshare	
模型	模型1	模型2	模型3	模型4
Taxshare_1			0.854^{***} （0.000）	0.585^{***} （0.000）
Pnonagri_1	1.097^{***} （0.000）	1.112^{***} （0.000）		
Pnonagri				0.176^{***} （0.003）
Rgh	0.025^{**} （0.021）	0.018^{**} （0.013）	0.192^{***}	0.198^{***} （0.001）

---

[1] 遵循白重恩、钱震杰（2009）的研究，我们可以先根据核心解释变量1996年和2007年这两年的均值算出核心解释变量在这两年间的变动量，然后再乘以核心解释变量各自的系数算出核心解释变量的贡献量。最后，用这个贡献量除以被解释变量（即税收占GDP比重）在这两年间的均值变动量，就可以算出核心解释变量的贡献度。

被解释变量	Pnonagri		Taxshare	
Rhh	0.015** （0.021）	0.0149** （0.026）	0.130** （0.053）	0.086* （0.053）
Rgh*Rhh	− 0.00056** （0.015）	− 0.0005** （0.012）	− 0.003** （0.014）	− 0.003** （0.014）
Year Dummy	Yes	Yes	Yes	Yes
AR(1)	0.086	0.088	0.029	0.035
AR(2)	0.888	0.856	0.197	0.182
Hansen test	1.000	1.000	0.958	1.000
Obs	324	324	324	324

注：a.参考付文林、沈坤荣（2012），在系统GMM估计中，我们只将年份虚拟变量视为外生变量，而其他解释变量都被视为内生变量；内生变量的工具变量为其滞后两期；b.除年度虚拟变量外，模型1没有其他控制变量；模型2的控制变量同表2中的模型2，模型3、4的控制变量略；c.所有模型都通过了两个检验；d.括号内是P值，*、**、***分别表示在10%、5%和1%水平上显著。

接下来的问题是非农产业化是否是一个比税收征管效率更为重要的渠道？为回答这一问题，我们在模型3的基础上引入了非农产业化（Pnonagri），得到模型4。我们发现，Pnonagri非常显著且为正，此外在核心解释变量方面，相比于模型3，模型4中只有转移支付（Rhh）的系数和显著性有明显的下降。根据规则，可以推断：（1）中央政府的转移支付是将非农产业化作为其推高税收占GDP比重的一个主要渠道，税收征管效率仅是次要渠道；（2）财政收入集权及其与转移支付的交互项是将税收征管效率作为其提高税收占GDP比重的一个主要渠道，非农产业化仅是次要渠道。

6.4.3 财政收入集权、转移支付与中国税收超GDP增长（分地区）

下面考察分地区的情形（见表6-4）。模型1是没引入控制变量的结果。我们发现：对于税收净流出地区而言，只有中央政府的真实财政收入集权对税收占GDP比重产生预期的正冲击。交互项的符号尽管为负，但是不再显著。此外，转移支付尽管为正，但不显著。而对于税收净流入地区而言，核心解释变量的性质同全样本，并且财政收入集权的系数要高于税收净流出地区的系数，这意味着假说2和假说4被证实。

表6-4 财政收入集权、转移支付与中国税收超 GDP 增长（分地区）

被解释变量	Taxshare		
模型	模型1	模型2	模型3
Taxshare_1	0.920***	0.890***	0.868*** （0.000）
Rgh*Flow	0.175*** （0.001）	0.160*** （0.004）	0.183*** （0.002）
Rhh*Flow	0.121 （0.186）	0.095 （0.221）	0.111 （0.212）
Rgh*Rhh*Flow	− 0.003 （0.168）	− 0.002 （0.248）	− 0.003 （0.168）
Rgh*Inflow	0.242*** （0.002）	0.194** （0.014）	0.194*** （0.003）
Rhh*Inflow	0.107* （0.072）	0.082* （0.067）	0.089* （0.065）
Rgh*Rhh*Inflow	− 0.004*** （0.005）	− 0.003** （0.027）	− 0.003** （0.016）
YearDummy	Yes	Yes	Yes
AR(1)	0.036	0.055	0.028
AR(2)	0.186	0.254	0.210
Hansen test	0.371	1.000	1.000
Obs	324	324	324

注：a.模型2、3的控制变量同表6-2中的模型2、3；b.其他注释同表6-3。

模型2、3是引入控制变量后的结果，我们发现模型2、3关于核心解释变量的结果同模型1，这表明假说2和4得到较好的证实。考虑到模型3是一个相对完备的模型，因此我们下面将基于该模型做分析。对于税收净流出地区，真实财政收入集权的力度每提高1点，将导致税收占GDP比重提高0.183点。对于税收净流入地区而言，当真实转移支付小于64.67%时，提高真实财政收入集权的力度将导致税收占GDP比重的提高，否则将导致下降。进一步看，在我们的样本中，只有4.84%的样本大于64.67%。当真实财政收入集权小于29.67%时，提高真实转移支付的力度将导致税收占GDP比重的提高，否则导致下降。进一步看，在我们的样本中，高达65.52%的样本高于29.67%。这表明对于净流入地区而言，真实财政收入集权的力度还是存在比较大的问题。

最后，根据核心解释变量的分类系数、核心解释变量1996年和2007年两年的分类均值和税收占GDP比重在1996年和2007年的均值，可以推算出核心解释变量对税收占GDP比重提高的贡献度为88.62%。

6.4.4　财政收入集权、转移支付与中国税收超GDP增长：渠道检验（分地区）

我们还进行了分地区的渠道检验。我们发现，无论有无控制变量，对于净流出地区，只有中央政府的财政收入集权对非农产业化有显著的正向作用，而对于净流入地区，核心解释变量的性质同全样本。这与假说2和假说4背后的逻辑完全一致。进一步，对于净流入地区，我们还发现：（1）当中央政府的转移支付小于42%时，中央政府提高财政收入集权的力度会有助于激励地方政府大力发展高税行业。（2）当中央政府的财政收入集权小于24%时，中央政府提高转移支付的力度会有助于激励地方政府大力发展高税行业。

下面的问题是在不同的地区，两个渠道的相对重要性是否与全样本有别？观察模型3和4，我们发现，当将非农产业化引入模型3以后，在模型4中，非农产业化具有显著的正效应。与此同时，我们还发现，对于净流出地区，中央政府的财政收入集权的显著性没有任何变化，且系数没有明显下降。这表明，在净流出地区，税收征管效率是中央政府的财政收入集权作用于税收占GDP比重的主要渠道，非农产业化只是次要渠道。对于税收净流入地区，中央政府的财政收入集权及其与转移支付的交互项的显著性有明显的下降，且系数有较大的下降。这表明，在净流入地区，非农产业化是其作用于税收占GDP比重的主要渠道，税收征管效率是次要渠道，这与净流出地区有明显的差异。此外，中央政府的转移支付变得不再显著，且系数有非常明显的下降。这也表明，在净流入地区，非农产业化同样是中央政府转移支付作用于税收占GDP比重的主要渠道，税收征管效率是次要渠道。这意味着，在税收净流入地区，无论是中央政府的财政收入集权还是转移支付，在提高其税收占GDP比重方面都主要通过大力发展高税行业来实现。

6.5　本章小结

分税制改革后，中央政府采取了财政收入集权和转移支付两种方式共同治理整个中国经济的模式，然而这种治理模式并不怎么被看好。比如，一些经济学家就认为中央政府的财政收入集权势必会降低地方政府发展经济与培育税源的积极性，而转移支付又会导致道德风险问题，最佳的治理模式应是支出责任和收入权力同时下放（Weingast，2000；Careaga & Weingast，2002）。可是，考虑到中国是一个发展极不平衡的大国，那些适用于较为均衡发展的国家的高度分权的治理模式不怎么适用于中国，否则必然危及中国的政治与经济稳定（Boadway & Tremblay，2011；王绍光，2002）。因此，中央政府选择两种方式共同治理模式肯定是经过慎重权衡的结果。问题是这样的治理模式果真会导致中国地方政府无心发展经济与培育税源吗？通过改进新财政收入集权理论，我们提出了新兴财政收入集权理论来对"中国税收持续超GDP增长"之谜进行了深入的剖析。基于被证实的新兴财政收入集权理论，答案显然是否定的，即尽管两种方式共同治理模式有许多问题，但是对于中国高税行业的发展及其税收超GDP增长现象而言，总体上还是表现为积极的正面推动作用。具体而言，第一，尽管财政收入集权和转移支付有时会相互抑制，但是两种方式共同治理的模式对于中国税收持续超GDP增长现象具有正向推动作用，而且其解释力至少为52%。第二，尽管在提高税收净流出地区的税收占GDP比重方面，主要渠道是税收征管效率而非高税行业的发展，但是两种方式共同治理模式的确调动起了地方政府大力发展高税行业的积极性。第三，与税收净流出地区不同，在提高税收净流入地区的税收占GDP比重方面，两种方式共同治理模式是将高税行业的发展而非税收征管效率的提高作为其主要渠道的。

尽管我们发现两种方式共同治理模式总体上有非常积极的正面作用，但是也应看到，该模式的确存在不少问题，需要加以完善。一是制度方面。虽然政府之间的激烈竞争有助于约束政府的行为（Oates，2008），并因此提高援助资金的配置效率和技术效率，但是不规范、不透明、缺乏很好监督的转移支付制度势必会降低援助效率（Boyne，1996；Weingast，2000；袁飞等，2008；范子英、张军，2010a；付文林、沈坤荣，2012；李永友、沈玉平，2009、2010）。因此，构造一个良好的转移支付制度也是确保援助效率的重要保障。二是财政收入集权和转移支付的匹配方面。对于税收净流入地区，如果中央政府将转移支付和财政收入集权的真实力度分别控制在42%和24%以下，那么提高财政收入集权和转移支付的力度不仅有利于推动高税行业的发展，而且还有利于促进税收持续超GDP增长。如果中央政府将转移支付的真实力度控制在42%~65%，而将财政收入集权的真实力度控制在24%~30%，那么提高转移支付和财政收入集权的力度虽都有利于促进税收持续超GDP增长，但是并不利于地方政府推动高税行业的发展。这意味着为更好地提升两种方式共同治理模式在税收净流入地区的治理效果，中央政府应将财政收入集权和转移支付的力度控制在合理的区间之内，因为财政收入集权和转移支付在该地区存在着明显的彼此抑制现象。而对于税收净流出地区，考虑到财政收入集权和转移支付并不存在明显的彼此抑制，因此中央政府只要通过改进转移支付制度就可进一步提升财政收入集权和转移支付两种方式共同治理模式在该地区的治理效果。

7

财政收入集权、转移支付与企业税负

7.1 引　言

　　本章是新兴财政收入集权理论在企业税负方面的重要拓展。本章试图将财政收入集权和转移支付相结合，通过理论分析和实证分析，来考察其对制造业企业税收负担和服务业企业税收负担的影响。分税制改革决定了地方财政所拥有和支配的财力，为了最小化财政压力，税收工具是政府间横向竞争的主要手段。考虑到税收收入很大部分是由地方政府组织征收的，这种横向竞争行为势必会影响企业的税收负担。但目前尚未有将财政收入集权和转移支付纳入同一个分析框架来研究两者对企业税负的影响的。

　　本章的学术价值主要体现在以下两方面：第一，新财政收入集权理论忽视了地方政府受到中央转移支付的影响，本章通过引入转移支付而拓展了新财政收入集权理论。具体而言，本章建立了一个以财政收入集权和转移支付为双内核的旨在解释两者对企业税负影响的新兴财政收入集权理论。第二，本章注重研究的异质性。当考察企业异质性时，相比于国有企业，计量结果验证了财政收入集权和转移支付对企业税收负担的影响在民营企业中更显著。当考察地区异质性时，计量结果验证了财政收入集权和转移支付对企业税负的影响在净流入和净流出地区有所不同。

7.2 研究假说

7.2.1 理论假说

以陶然等（2009）为代表提出的新财政收入集权理论认为，分税制改革显著地向上集中了财政收入，但并未调整不同级别政府的支出责任，地方政府由于实际支出责任增加，需要大力增加本地的财源。由于制造业能够带来稳定的税收收入流，地方政府会致力于通过招商引资来争夺制造业的投资。该理论还提出，地方政府为了最大化财政收入，会努力提高地方第一大税种营业税的税收征管效率，服务业则是营业税最主要的课税对象。基于该理论，财政收入集权对制造业企业的税收负担和服务业企业的税收负担会造成不同的影响。

具体而言，制造业缺乏"区位黏性"，这类企业并不仅仅是为本地消费者进行生产，还为其他地区生产可贸易品，由于制造业企业对生产成本很敏感，也比较容易调整生产区位，国内各地区都在吸引制造业来生产投资。地方政府面对制造业的高流动性和财政收入集权带来的财政压力，不得不提供包括廉价出让工业用地、给予企业税收优惠、减轻企业税收负担的优惠政策包，这一系列的措施将使制造业企业的税收负担下降。然而，服务业具有"区位黏性"，地方政府基本垄断了本地商住用地一级市场，可以高价出让商住用地。并且地方政府为了增加税收收入，会加强对服务业带来的营业税的税收征管效率，所以会使服务业的税收负担增加。因此，我们认为财政收入集权使地方政府更有动机通过一系列优惠政策降低制造业税收负担来吸引流动性较高的制造业企业，依靠制造业的稳定税源来保持税收收入；而服务业具有非流动性，地方政府可能会加重本辖区内服务业的税收负担，使服务业带来的营业税收入增加。

但是，新财政收入集权理论忽视了中央转移支付的影响，如果能得到比较多的转移支付，财政收入集权造成的财政压力在一定程度上就能得到缓解。单独考虑转移支付对企业税负的影响，其对制造业和服务业税收负担的影响不确定。部分文献（乔宝云等，2006；胡祖铨等，2013）认为总量性的转移支付给地方政府增加了额外的财政收入，可能导致地方政府用额外的财政拨款代替执行成本较高的税收收入，从而降低地方征税努力，企业税收负担由此下降。部分文献（魏福成、胡洪曙，2015）提出一般性的转移支付对地方政府征税努力也存在正向增强作用。

一方面，由于"粘蝇纸效应"，转移支付的增加使公共支出增加，地方政府会提高征税努力、加大税收入来支持支出。另一方面，当地区经济产出在地方政府效用函数中的重要性程度越高时，地方政府提高经济产出的动力就越大，更高的经济产出意味着提高征税努力带来的边际税收收入也会提高，所以地方政府有动力提高征税努力，导致企业的税收负担增加。这说明转移支付既可能降低又可能提高征税努力，其对征税努力的最终影响由降低程度和提高程度的大小决定，所以转移支付对企业税收负担的影响也由减轻效应和增加效应的大小最终决定。

将财政收入集权对制造业企业和服务业企业的不同效应结合转移支付的影响来考虑时，额外财政收入的增加将使地方政府没有迫切的对外招商引资的需求，可能导致其没有动力减轻制造业企业税负，所以财政收入集权对制造业企业税收负担的影响可能因转移支付的存在而被削弱。同样地，额外财政收入的增加可能使地方政府加大营业税收入的动力下降，所以财政收入集权对服务业企业税收负担的影响也可能会被转移支付所削弱。

基于上述分析，我们提出如下假说1和假说2。

假说1：财政收入集权会激励地方政府降低制造业企业的税收负担，且这种影响会被转移支付所削弱。

假说2：财政收入集权会激励地方政府增加服务业企业的税收负担，且这种影响会被转移支付所削弱。

7.2.2 异质性假说

（1）企业异质性假说

由于上述假说的提出以财政收入集权导致地方政府对流动性不同的制造业和服务业有不同的税负影响为基础，可以将企业样本进一步分为国有企业和民营企业分别进行更深入的研究。就制造业而言，国有企业的流动性一般较低，而民营企业的迁移更为容易，且民营企业基于经济效益最大化会倾向于选择税收优惠较多的地区，因此地方政府出于招商引资和横向竞争的需求，为了吸引更多的民营制造业在本地区发展，会更大程度地给民营制造业企业提供税收优惠或适当降低对民营制造业的征税努力。就服务业而言，不论是国有服务业还是民营服务业都具有区位黏性。而国有服务业企业由于政府关联等原因，更容易寻求税收优惠，也更有游说能力减少政府对其进行税收攫取，对比之下，政府对国有服务业的增税效应可能不显著，更可能对民营服务业企业进行税收攫取。由此，本章对假说1和假说2进行拓展，提出假说3和假说4。

假说3：相比于国有企业，财政收入集权对制造业企业税收负担的减轻效应在民营企业中更大，且这种影响会被转移支付所削弱。

假说4：相比于国有企业，财政收入集权对服务业企业税收负担的增加效应在民营企业中更大，且这种影响会被转移支付所削弱。

（2）地区异质性假说

当考虑地区之间的异质性时，需要区分税收净流出地区和税收净流入地区。税收净流出＝中央税收＋地方上解－含税收返还的中央补助收入，如果某年某地区的税收净流出大于0，则该地区为税收净流出地区。如果某年某地区的税收净流出小于0，则该地区为税收净流入地区。相比于税收净流入地区，税收净流出地区一般都是经济更发达的地区。

相比于净流入地区，一方面，净流出地区的财力更雄厚，面临的财政压力稍微小一些，因此可能会更多地降低制造业企业税收负担，以期吸引更多的制造业投资。另一方面，净流出地区作为经济更发达的地区，为了率先推进制造业向价值链中高端转型升级，更加可能会降低企业的税收负担，使企业本身能够留住资金进行研发投入，毕竟竞争力变强的制造业企业能带来更多更稳定的税收收入。这意味着，相比于净流入地区，财政收入集权对制造业企业的减税效应在净流出地区可能更大。拉弗曲线表明，税收收入不一定完全会随着税率的提高而增加，合适的低税率反而能促进税收收入的增长。更多的制造业投资不仅可以带动增值税收入的增长、带来稳定的增值税未来收入流，还会间接对商业、房地产等服务业有强大的"溢出效应"，推动服务业部门的发展，使营业税收入增加。

就服务业而言，相比于净流入地区的服务业，净流出地区的服务业发展得更为充分，使服务业贡献的税收收入会更大，也意味着净流出地区提高服务业的税收征管水平获得的边际税收收入会比净流入地区更大。而且净流出地区作为经济更发达的地区，获得的转移支付较净流入地区要少，地方政府更有动力增加税收收入以保证财政收入。所以财政收入集权对净流出地区服务业的增税效应会比净流入地区更大。而结合上文有关转移支付对企业税负的理论，转移支付在税收净流出地区和净流入地区对企业税收负担既有增加效应又有减轻效应，也要比较增加程度和减轻程度的大小之后才能得出，同样，财政收入集权对企业税收负担的影响会受到转移支付的扭曲。

基于地区异质性的分析，提出假说5和假说6。

假说5：相比于净流入地区，财政收入集权对制造业企业税收负担的减轻效应在净流出地区更大，且该效应会被转移支付所削弱。

假说6：相比于净流入地区，财政收入集权对服务业企业税收负担的增加效应在净流出地区更大，且该效应会被转移支付所削弱。

7.3 经验策略与数据来源

7.3.1 模型设定

为了检验假说1至假说4，构造如下计量模型7.1；为了检验假说5至假说6，将模型7.1改变为模型7.2。借鉴方红生、张军（2014）构建的计量模型，本章进行回归的计量模型如下：

$$Taxburden_{ijt} = \alpha_1 TC_{ijt} + \alpha_2 TF_{ijt} + \alpha_3 TC_{ijt} \times TF_{ijt} + \beta X_{ijt} + u_j + u_t + \varepsilon_{ijt} \quad (7.1)$$

$$Taxburden_{ijt} = \alpha_1 TC_{ijt} \times Flow_{ijt} + \alpha_2 TF_{ijt} \times Flow_{iijt} + \alpha_3 TC_{it} \times TF_{ijt} \times Flow_{iijt} + \alpha_4 TC_{it}$$
$$\times Inflow_{ijt} + \alpha_5 TC_{it} \times TF_{ijt} \times Inflow_{ijt} + \alpha_6 TF_{ijt} \times Inflow_{ijt} + \beta X_{ijt} + u_j + u_t$$
$$+ \varepsilon_{ijt} \quad (7.2)$$

上述变量中，*Taxburden* 为企业税收负担，*TC* 表示财政收入集权，*TF* 表示转移支付，*TC*×*TF* 表示财政收入集权和转移支付的交互项，用来检验财政收入集权对企业税负的正向或负向效应是否会受到转移支付的影响。*Flow* 代表税收净流出地区，*Inflow* 代表税收净流入地区。模型7.2将净流入和净流出地区放在一个方程中，考察不同地区的差异。

下标 *i*、*j* 和 *t* 分别表示第 *i* 个企业、第 *j* 个地区和第 *t* 年，X_{it} 是控制变量集，μ_j 是省际效应，μ_t 是时间效应，ε_{ijt} 是误差项。参考Fang 等（2017）的研究，引入企业规模（*Size*）、资产回报率（*ROA*）、企业总负债与总资产的比率（*LEV*）作为控制变量。

（1）被解释变量

模型7.1的被解释变量为企业总体税收负担（Taxburden，以 *TB* 表示）。以往文献多使用有效税率作为企业所得税负担的代理变量，但其只衡量了企业所得税，没有考虑企业的流转税。参考Fang 等（2017）对企业总税负的衡量方法，使用企业总税额/营业收入来衡量企业总体税收负担。企业总税额为流转税与企业所得税之和。由于城市维护建设税和教育费附加基本都是基于企业的流转税计算的，参考童锦治等（2015）和陈钊、王旸（2016）等的做法，可以利用城市维护建设税和教育费附加来倒推企业的流转税。另外，被解释变量还使用企业所得税税收负担（*ETB*）、企业流转税税收负担（*TOB*）作为补充检验，验证财政收入集权和转移支付是否通过影响所得税或流转税来对总税负产生影响。企业所得税税收负担用企业所得税/营业收入来衡量，企业流转税税收负担用企业流转税/营业收入来衡量。

（2）解释变量

财政收入集权（*TC*）采用税收集权程度衡量，而税收集权有名义税收集权和真实税收集权之分。参考现有文献（陈志勇、陈莉莉，2011；汤玉刚，2011），名义税收集权可以用中央税收收入占总税收收入的比例来衡量，反映了中央政府名义上占有的国家总税收收入的比重。由于中央税收中包含税收返还，税收返还最终会返还给地方政府。参考方红生、张军（2014）对真实税收集权的衡量方法，本章的税收集权采用（中央税收收入＋地方上解－税收返还）/总税收收入来衡量。

转移支付（*TF*）的衡量也有名义和真实之分。袁飞等（2008），范子英、张军（2010b）使用含税收返还的中央补助/本级地方财政支出来衡量名义转移支付。参考方红生、张军（2014）的研究，本章使用真实转移支付，真实转移支付用不含税收返还的中央补助/本级地方财政支出来衡量，该公式反映的是中央政府实际上对地方政府支出的援助程度。

税收净流出地区（*Flow*）：税收净流出＝中央税收＋地方上解－含税收返还的中央补助收入，如果某年某地区的税收净流出大于0，则该地区为税收净流出地区。*Inflow*代表税收净流入地区，如果某年某地区的税收净流出小于0，则该地区为税收净流入地区。

（3）控制变量

根据现有研究，主要选取了企业层面的*Size*，*ROA*和*LEV*指标作为控制变量。

企业规模（*Size*）：定义为总资产的自然对数。一些研究认为（Watts & Zimmerman，1986；Tybout，2000），规模较大的公司比规模小的公司更加容易受到政府的强化监督。当政府的执法资源有限时，税收法规在大公司中被实行得更好。另一些研究认为（Kim & Limpaphayom，1998；Derashid & Zhang，2003），大公司可能由于规模经济效应而使其实际税收负担较低。因此，企业规模对企业税收负担的影响仍不确定。

资产回报率（*ROA*）：定义为净利润与总资产的比值。部分文献认为（Spooner，1986；刘行、叶康涛，2014），具有较高盈利能力的公司可以通过避税来节省更多的利润，导致较低的税收负担。部分文献提出（Gupta & Newberry，1997），具高盈利能力的公司会有更高的有效税率。

资产负债率（*LEV*）：定义为总负债/总资产。大部分文献认为资产负债率与企业税收负担负相关，因为有可扣税的利息支付。

表7-1 变量说明与定义

变量类型	变量简称	变量含义	度量方法说明
被解释变量	*Taxburden*	企业税收负担	（企业所得税＋企业流转税）/营业收入，企业所得税由所得税费用扣除递延所得税得出；利用教育费附加或城市维护建设税倒推企业的流转税税额
解释变量	*TC*	财政收入集权	（中央税收收入－税收返还＋地方上解）/总税收收入
	TF	转移支付	不含税收返还的中央补助/本级地方财政支出
	TC×TF、TC×Flow、TF×Flow、TC×Inflow、TF×Inflow、TC×TF×FlowTC×TF×Inflow	交互项，税收净流出＝中央税收＋地方上解－含税收返还的中央补助收入，如果某年某地区的税收净流出大于0，则该地区为税收净流出地区；如果某年某地区的税收净流出小于0，则该地区为税收净流入地区
控制变量	*Size*	企业规模	总资产的自然对数
	ROA	资产回报率	净利润/总资产
	LEV	资产负债率	总负债/总资产

7.3.2 数据来源

企业的所得税由企业财务报表中的所得税费用扣除递延所得税计算得出。企业的流转税通过手工收集数据计算得出。城市维护建设税的税率市级为7%，县镇为5%，其余地区为1%。教育费附加税率为3%，地方教育附加税率为1%或2%，具体征收率由各省地方税务机关自行制定。城建税、教育费附加及地方教育费附加的相应税额及税率均在财务报表附注中的"营业税金及附加"中列报。如果城建税、教育费附加或地方教育费附加在年报、半年报中只有单一税率，我们则通过如下公式倒推企业流转税：

企业流转税＝城建税税额/城建税税率＝教育费附加税额/教育费附加税率＝地方教育附加税额/地方教育附加税率

部分企业财务报表的"税项"中列出了教育费附加、地方教育附加的税率，但"营业税金及附加"的披露中只显示了教育费附加的税额，结合城建税的数据综合来看，这些企业的教育费附加中已经包含了地方教育附加，因此我们使用4%或者5%作为税率。如果报表中的城建税与教育费附加都有多个税率，例如5%~7%、3%~5%等，则使用其平均税率计算流转税。

一般而言，企业缴纳税费的基础通常为营业收入，因此企业税收负担的分母为营业收入。营业收入的数据来自于利润表。

解释变量的数据部分来源于《中国财政年鉴》《中国统计年鉴》，部分来源于方红生、张军（2014）的研究。被解释变量和控制变量的数据均来源于国泰安（CSMAR）数据库，并经过处理得到。根据所得数据按照前文所述衡量方法进行测算，表7-2列出了2003—2007年的税收净流出和税收净流入地区。如表7-2所示，所有年份都是净流出的地区都处于东部地区，经济更为发达；所有年份都是净流出的地区除海南外，基本都来自中西部地区，经济发展程度比净流出地区弱一些。制造业和服务业企业变量的描述性统计见表7-3、表7-4。

表7-2　净流出、净流入地区分类（2003—2007）

净流出地区	所有年份都是净流出的地区	北京、天津、辽宁、上海、江苏、浙江、福建、山东、广东
净流入地区	所有年份都是净流入的地区	湖北、吉林、黑龙江、安徽、江西、河南、内蒙古、四川、海南、甘肃、贵州、陕西、西藏、重庆、青海、广西、宁夏、新疆
混合地区	既有净流出也有净流入的地区	河北、山西、云南

表7-3　制造业企业变量的描述性统计

变量	观察值	均值	标准差	最小值	最大值
企业总税负	1855	0.0609	0.0496	0.0003	0.4483
财政收入集权	1855	0.4290	0.0919	0.0401	0.6608
转移支付	1855	0.2898	0.2191	0.0150	1.0160
企业规模	1855	21.4346	0.9656	18.9683	25.9614
资产回报率	1855	0.0273	0.1220	−3.6729	1.7563
资产负债率	1855	0.5061	0.2089	0.0352	3.3313

表7-4　服务业企业变量的描述性统计

变量	观察值	均值	标准差	最小值	最大值
企业总税负	915	0.0632	0.0546	0.0010	0.7303
财政收入集权	915	0.4573	0.1015	0.2350	0.6612
转移支付	915	0.1886	0.1979	0.0150	0.7716
企业规模	915	21.3401	0.8678	19.2028	24.4081
资产回报率	915	0.0250	0.1189	−3.1550	0.2180
资产负债率	915	0.5181	0.2463	0.0081	3.3617

7.4　实证结果

7.4.1　基准结果

由于2008年企业所得税改革规定一般企业所得税的税率由33%降为25%，原享受低税率优惠政策的企业在新税法施行后5年内逐步过渡到法定税率，该项政策导致的企业税率变动对本章的研究内容会有较大影响。2009年以后的税收返还数据无法获取导致解释变量的数据无法得到。国泰安数据库中2003年之前的数据需剔除较多有缺失值的企业，企业数较少会导致结果不够稳健。因此综合考虑，选取2003—2007年上市公司的面板数据作为样本，以求得更精确的结果。稳健性检验中将会加入2008—2011年的分样本，并利用名义税收集权和名义转移支付进行回归。

剔除了以下企业样本：（1）国泰安数据库中城市维护建设税、教育费附加和地方教育附加数据都缺失的企业；（2）样本期间内所得税费用和控制变量的数据缺失的企业；（3）样本期间内不同税种倒推出的流转税之间差异较大的企业；（4）样本期间内企业总税额为负的企业。最终得到制造业企业371家，服务业企业183家。

模型7.1和模型7.2均在Stata13.0中进行面板数据的回归。考虑到所建立的模型可能在固定效应回归方法下存在自相关、异方差等问题，采用Driscoll和Kraay（1998）提出的方法对模型回归进行修正，在一定程度上可以有效处理面板数据中存在的截面相关、自相关、异方差等问题。模型7.1的估计结果见表7–5至表7–9。

表7–5显示了模型7.1中对制造业企业（包括国有和民营企业）税收负担的回归结果。第（1）栏是对企业总税负（TB）的影响未引入控制变量的结果，第（2）栏是对企业总税负的影响引入控制变量的结果，第（3）、（4）栏估计了财政收入集权和转移支付对企业总税负的两大组成部分——所得税税负（ETB）和流转税税负（TOB）的影响。首先，就企业总税负而言，财政收入集权（TC）的系数符号显著为负，财政收入集权与转移支付的交互项（TC×TF）的系数符号为正且显著，这一结果有效地验证了假说1。所以基于全样本而言，财政收入集权对制造业企业税负的影响总体上表现为减税效应，且这种影响会被转移支付所削弱。转移支付（TF）的系数符号为负但不显著，说明转移支付的增加对流动性税基征税努力的影响最终表现为降低效应，进而减轻制造业企业的税收负担，且转移支付对制造业企业税负的影响会被财政收入集权所削弱。其次，回归结果显示企业所得税税负的系数显著，财政收入集权对所得税税负的减轻效应大于对流转税税负的减轻效应，即意味着前文观察到的财政收入集权对制造业企业总税负的减轻效应主要来源于对制造业企业所得税税负的减轻效应。

表7–5　财政收入集权、转移支付对制造业企业税负的影响（全样本）

变量	（1） TB	（2） TB	（3） ETB	（4） TOB
TC	-0.0366^{**} （0.045）	-0.0374^{**} （0.042）	-0.0414^{***} （0.000）	-0.0092 （0.460）
TF	-0.0229 （0.231）	-0.0290 （0.155）	-0.0354^{**} （0.030）	-0.0039 （0.794）
TC×TF	0.0792^{*} （0.071）	0.1006^{**} （0.039）	0.0735^{*} （0.070）	0.0134 （0.570）
Size		-0.0009 （0.332）	0.0004 （0.213）	-0.0037^{**} （0.032）
ROA		0.0245 （0.415）	0.0189 （0.214）	0.0329^{*} （0.093）
LEV		-0.0428^{**} （0.038）	-0.0131^{*} （0.054）	-0.0036 （0.171）
Cons	0.0779^{***} （0.000）	0.1166^{***} （0.002）	0.0333^{***} （0.002）	0.1272^{***} （0.000）

续表

变量	（1） TB	（2） TB	（3） ETB	（4） TOB
Year FE		Yes	Yes	Yes
Province FE		Yes	Yes	Yes
Obs	1855	1855	1855	1855

注：括号内为 P 值，***、**、* 分别表示在 1%、5%、10%的水平上显著。

以第（2）栏为例，我们对核心解释变量做进一步的分析。根据模型7.1中各核心解释变量前的系数求偏导，可以发现，当转移支付程度小于37.2%时，财政收入集权将显著激励地方政府减轻制造业企业的税收负担。换言之，财政收入集权对制造业企业税负的效应受到转移支付程度的影响。结合数据结构而言，税收净流出地区的转移支付程度在样本年份期间均小于37.2%，净流入地区部分省份的转移支付在部分年份大于该临界值，所以可以预期财政收入集权对制造业的减税效应在净流出地区比净流入地区更显著，这也间接印证了下文关于制造业的地区异质性假说是合理的。

观察控制变量的结果，资产回报率（ROA）的系数均为正，这与Gupta和Newberry（1997）的结论一致，即具有较高绩效的公司有效税率更高。资产负债率（LEV）的系数均为负而且显著，验证了债务融资可以作为企业的税盾使企业的税负减轻。企业规模（Size）的系数不显著，企业规模对企业税负的影响不确定。

表7-6显示了模型7.1中分别对民营制造业企业和国有制造业企业税收负担的回归结果，用来检验假说3。第（1）、（4）栏是对企业总税负（TB）的估计结果，第（2）、（3）、（5）、（6）栏分别估计了财政收入集权和转移支付对企业总税负的两大组成部分——所得税税负（ETB）和流转税税负（TOB）的影响。观察第（1）栏和第（4）栏的估计结果，财政收入集权对民营制造业的减税效应确实比国有制造业显著，并且这种减税效应受到了转移支付的削弱，这与假说3的预期完全一致。可见地方政府出于大规模招商引资的需求和横向竞争的动机，会对流动性更强的民营制造业更多地降低税收负担。

表 7-6 财政收入集权、转移支付对制造业企业税负的影响：分样本

企业性质	民营企业			国有企业		
	（1）	（2）	（3）	（4）	（5）	（6）
	TB	ETB	TOB	TB	ETB	TOB
TC	−0.0214***	−0.0146***	−0.0248**	−0.0125	−0.0197	−0.0071
	（0.003）	（0.005）	（0.031）	（0.757）	（0.178）	（0.833）
TF	−0.0896***	−0.0336**	−0.0374*	0.0307	−0.0113	0.0420
	（0.007）	（0.021）	（0.072）	（0.704）	（0.855）	（0.235）
TC×TF	0.0114***	0.0240**	0.0738***	0.1772	0.0439	0.1332
	（0.000）	（0.021）	（0.001）	（0.128）	（0.370）	（0.133）
Size	0.0008	0.0023***	−0.0015	−0.0059	−0.0018	−0.0041
	（0.713）	（0.004）	（0.374）	（0.118）	（0.571）	（0.220）
ROA	0.0505***	0.0313***	0.0191**	0.0116*	0.0026	0.0089
	（0.002）	（0.000）	（0.025）	（0.078）	（0.200）	（0.151）
LEV	−0.0136	−0.0109*	−0.0045	−0.0174	−0.0057	−0.0117
	（0.169）	（0.099）	（0.404）	（0.250）	（0.348）	（0.216）
Cons	0.0740*	0.0168*	0.0951**	0.1974***	0.0770	0.1204*
	（0.097）	（0.098）	（0.038）	（0.003）	（0.250）	（0.086）
Year FE	Yes	Yes	Yes	Yes	Yes	Yes
Province FE	Yes	Yes	Yes	Yes	Yes	Yes
Obs	1398	1398	1398	457	457	457

注：括号内为 p 值，***、**、*分别表示在 1%、5%、10% 的水平上显著。

表7-7显示了模型7.1中对服务业企业（包括国有和民营企业）税负影响的回归结果。第（1）栏是对企业总税负（TB）的影响未引入控制变量的结果，第（2）栏是对企业总税负的影响引入控制变量的结果，第（3）、（4）栏估计了财政收入集权和转移支付对企业总税负的两大组成部分——所得税税负（ETB）和流转税税负（TOB）的影响。首先，就企业总税负而言，财政收入集权（TC）的系数符号显著为正，财政收入集权与转移支付的交互项（TC×TF）的系数符号为负，并且显著性水平很接近10%，表明财政收入集权增加了服务业的税收负担，并且在一定程度上被转移支付削弱，这与假说2的预期相一致。转移支付（TF）的系数符号为正但不显著，说明就总体样本而言，转移支付对服务业企业税负的增加效应超过了减轻效应，且转移支付对服务业企业税负的影响被财政收入集权削弱。

其次，企业所得税税负的系数显著，财政收入集权对所得税税负的增加效应大于流转税税负的增加效应，即意味着财政收入集权对服务业企业总税负的增加效应主要来源于对企业所得税税负的增加效应。

表7-7　财政收入集权、转移支付对服务业企业税负的影响（全样本）

	（1） *TB*	（2） *TB*	（3） *ETB*	（4） *TOB*
TC	0.0912** （0.021）	0.1001** （0.021）	0.0817** （0.015）	0.0180 （0.104）
TF	0.1003 （0.206）	0.0984 （0.152）	0.0803 （0.220）	0.0186 （0.168）
TC×TF	−0.1100 （0.102）	−0.1090 （0.102）	−0.0617 （0.238）	−0.0470** （0.021）
Size		−0.0027 （0.294）	−0.0012 （0.626）	−0.0014 （0.330）
ROA		0.0323 （0.172）	0.0334 （0.126）	0.0014 （0.562）
LEV		−0.0076 （0.453）	−0.0066 （0.493）	−0.0004 （0.628）
Cons	0.0111 （0.187）	0.0687* （0.099）	0.0150 （0.668）	0.0527* （0.090）
Year FE		Yes	Yes	Yes
Province FE		Yes	Yes	Yes
Obs	915	915	915	915

注：括号内为 *P* 值，***、**、* 分别表示在 1%、5%、10%的水平上显著。

以第（2）栏为例，可以对核心解释变量做进一步的分析。根据模型7.1中各核心解释变量前的系数求偏导，可以发现，当转移支付程度小于91.8%时，财政收入集权将激励地方政府增加服务业企业的税收负担。换言之，财政收入集权对服务业企业税负的效应受到转移支付程度的影响。结合数据结构而言，中央政府只有对净流入地区中的西藏的转移支付程度超过91.8%，对其余净流出和净流入省份的转移支付程度均小于91.8%。这意味着基于全样本，财政收入集权对服务业企业的税收负担总体上表现为增税效应。而且可以预期财政收入集权对服务业企业的增税效应在净流出地区比净流入地区更显著，这也间接呼应了下文关于服务业的地区异质性假说。

表7-8显示了模型7.1中分别对民营服务业企业和国有服务业企业税收负担的回归结果，用来检验假说4。第（1）、（4）栏是对企业总税负（TB）的结果，第（2）、（3）、（5）、（6）栏分别估计了财政收入集权和转移支付对企业总税负的两大组成部分——所得税税负（ETB）和流转税税负（TOB）的影响。观察第（1）栏和第（4）栏的估计结果，财政收入集权对民营服务业的增税效应确实比国有服务业显著，虽然交互项的系数不显著，但符号为负，也表示这种增税效应在一定程度上受到了转移支付的削弱，这验证了假说4。另外，国有服务业财政收入集权前的系数虽不显著但为负，也从一定意义上说明了国有服务业企业由于政府关联等原因，更容易寻求税收优惠，政府对国有服务业企业甚至可能不会加重税收负担。对比之下，政府倾向于对民营服务业企业提高征税努力进行税收攫取。

表 7-8 财政收入集权、转移支付对服务业企业税负的影响（分样本）

企业性质	民营企业			国有企业		
	（1） TB	（2） ETB	（3） TOB	（4） TB	（5） ETB	（6） TOB
TC	0.0757* （0.100）	0.0547* （0.083）	0.0210* （0.047）	−0.0210 （0.490）	−0.0259 （0.175）	0.0049 （0.820）
TF	0.1000 （0.215）	0.0846 （0.176）	0.0154 （0.747）	−0.0609 （0.175）	−0.0694 （0.107）	−0.0010 （0.984）
TC×TF	−0.0739 （0.103）	−0.1018 （0.115）	−0.0278 （0.211）	0.0217 （0.693）	0.0506 （0.535）	−0.0195 （0.791）
Size	−0.0049 （0.124）	−0.0035 （0.243）	−0.0013 （0.665）	0.0074 （0.404）	0.0113 （0.080）	−0.0037 （0.242）
ROA	0.2016 （0.119）	0.1954 （0.133）	0.0062 （0.262）	0.0127 （0.320）	0.0162 （0.207）	−0.0014 （0.725）
LEV	−0.0488*** （0.000）	−0.0451*** （0.003）	−0.0036 （0.184）	0.0128 （0.154）	0.0145 （0.161）	−0.0040* （0.060）
Cons	0.1636** （0.028）	0.1085* （0.092）	0.0551 （0.455）	0.0870* （0.091）	−0.2007 （0.132）	0.1116 （0.144）
Year FE	Yes	Yes	Yes	Yes	Yes	Yes
Province FE	Yes	Yes	Yes	Yes	Yes	Yes
Obs	650	650	650	265	265	265

注：括号内为P值，***、**、*分别表示在 1%、5%、10%的水平上显著。

7.4.2 异质性结果

对引入净流出地区和净流入地区按照模型7.2进行回归，考察财政收入集权和转移支付对企业税负的影响是否在净流出和净流入地区有所差异，估计结果见表7-9至表7-12。

表7-9显示了模型7.2中对制造业企业（包括国有和民营企业）税收负担在净流出地区和净流入地区的不同回归结果。第（1）栏是对企业总税负（TB）的影响未引入控制变量的结果，第（2）栏是对企业总税负的影响引入控制变量的结果，第（3）、（4）栏估计了财政收入集权和转移支付对企业总税负的两大组成部分——所得税税负（ETB）和流转税税负（TOB）的影响。第一，就企业总税负而言，财政收入集权与净流出的交互项（$TC \times Flow$）的系数符号显著为负，财政收入集权、转移支付与净流出的交互项（$TC \times TF \times Flow$）的系数符号显著为正，核心解释变量的估计结果验证了假说5。在税收净流出所代表的经济更发达地区，财政收入集权对制造业企业税负的减轻效应比净流入地区显著要大，并且该影响会被转移支付所削弱。净流出地区会更多地降低制造业企业税收负担，以期吸引更多的制造业投资，也使企业本身能够留住资金进行研发投入。净流出地区作为经济更发达的地区，需要加快推进制造业向价值链中高端转型升级，竞争力变强的制造业企业才能带来更多更稳定的税收收入。另外，可以看出净流入地区的转移支付的符号为负且显著，说明转移支付降低了地方政府对制造业企业的税收努力，净流入地区更倾向于用额外的财政补助替代执行成本较高的税收收入。第二，回归结果显示在净流出地区，财政收入集权对制造业企业总税收负担的减轻效应也主要来源于对制造业企业所得税税收负担的减轻效应。第三，由于中央政府对净流出地区所有省份的转移支付程度在样本期间都小于37.2%，中央对净流入地区部分省份的转移支付程度在样本期间大于37.2%，所以财政收入集权对净流出地区制造业企业税收负担的减轻效应比净流入地区显著要大，这与表7-5得出的结果相呼应。

表7-9 财政收入集权、转移支付对制造业企业税负的影响（全样本）

	（1） TB	（2） TB	（3） ETB	（4） TOB
TC×Flow	−0.0751** （0.031）	−0.0739** （0.034）	−0.0436*** （0.005）	−0.0040 （0.742）
TF×Flow	−0.2957 （0.184）	−0.3134 （0.118）	−0.0665 （0.249）	−0.0669 （0.947）
TC×TF×Flow	0.7308** （0.026）	0.7480** （0.020）	0.1555 （0.210）	0.1249 （0.102）
TC×Inflow	−0.0525 （0.256）	−0.0644 （0.173）	−0.0402 （0.123）	−0.0040 （0.854）
TF×Inflow	−0.0351** （0.044）	−0.0430** （0.039）	−0.0353*** （0.002）	−0.0012* （0.084）
TC×TF×Inflow	0.0580 （0.495）	0.1097 （0.199）	0.0666* （0.055）	0.0068 （0.838）
Size		−0.0012 （0.214）	−0.0004 （0.144）	−0.0037 （0.103）
ROA		0.0232 （0.434）	0.0193 （0.220）	0.0067* （0.094）
LEV		−0.0430** （0.036）	−0.0132* （0.050）	−0.0034*** （0.003）
Cons	0.0896*** （0.001）	0.1356*** （0.003）	0.0332*** （0.003）	0.1230*** （0.001）
Year FE		Yes	Yes	Yes
Province FE		Yes	Yes	Yes
Obs	1855	1855	1855	1855

注：括号内为P值，***、**、*分别表示在 1%、5%、10%的水平上显著。

就控制变量而言，资产回报率（ROA）、资产负债率（LEV）的回归结果的意义基本与表7-5的结果一致。在企业规模（SIZE）方面的估计结果体现出了规模越大、税负越轻的特点，这与 Kim 和 Limpaphayom（1998）及 Derashid 和 Zhang（2003）的研究结果相似，即大公司可能由于规模经济或工业化原因以较低的实际税率缴税。

表7-10　财政收入集权、转移支付对服务业企业税负的影响（全样本）

	（1） TB	（2） TB	（3） ETB	（4） TOB
TC×Flow	0.0784** （0.035）	0.0824** （0.035）	0.0673** （0.029）	0.0142 （0.204）
TF×Flow	−0.1560* （0.076）	−0.2036** （0.040）	−0.1187* （0.058）	−0.0860* （0.094）
TC×TF×Flow	−0.0295 （0.174）	−0.0398 （0.182）	−0.0311 （0.159）	−0.0094 （0.255）
TC×Inflow	0.0033 （0.918）	0.0049 （0.850）	0.0407 （0.184）	0.0347 （0.155）
TF×Inflow	0.0925 （0.167）	0.0881 （0.102）	0.0789 （0.154）	0.0101 （0.499）
TC×TF×Inflow	−0.0197 （0.674）	−0.0304 （0.671）	−0.0054 （0.958）	−0.0335 （0.291）
Size		−0.0028 （0.275）	−0.0014 （0.593）	−0.0014 （0.345）
ROA		0.0337 （0.167）	0.0342 （0.123）	0.0009 （0.744）
LEV		−0.0057 （0.549）	−0.0059 （0.551）	−0.0002 （0.826）
Cons	0.0231 （0.234）	0.0841 （0.185）	0.0256 （0.723）	0.0577* （0.084）
Year FE		Yes	Yes	Yes
Province FE		Yes	Yes	Yes
Obs	915	915	915	915

注：括号内为P值，***、**、*分别表示在 1%、5%、10%的水平上显著。

表7-10显示了模型7.2中对服务业企业（包括国有和民营企业）税收负担在净流出和净流入地区的不同回归结果。第（1）栏是对企业总税负的影响未引入控制变量的结果，第（2）栏是对企业总税负的影响引入控制变量的结果，第（3）、（4）栏估计了财政收入集权和转移支付对企业总税负的两大组成部分——所得税税负（ETB）和流转税税负（TOB）的影响。首先，就企业总税负而言，在净流出地区，财政收入集权（TC）的系数显著为正，转移支付（TF）对服务业企业的

税收负担表现为减轻效应超过了增加效应，使得财政收入集权对服务业的增税效应在一定程度上被转移支付削弱了，交互项（$FC \times TF \times Flow$）的系数变小。而净流入地区的估计结果均不显著，这与假说6的预期相一致。相比于净流入地区，经济更发达的净流出地区的GDP中第三产业服务业占据了最多的比重。净流出地区的服务业相比于净流入地区的服务业发展得更为充分，使得服务业贡献的税收收入会更大，地方政府为了最大化财政收入，会倾向于提高服务业的税收征管水平、获得更多的税收收入。转移支付在税收净流入地区并不显著，但符号显示为增加服务业企业的税收负担，可能的解释是，欠发达的地区转移支付占地方财政支出的比重越高，说明该地区自主财力越弱，地方政府为了获得更多的营业税收入，需要加强税收征管，从而在净流入地区转移支付对服务业企业税负表现为增加效应。其次，回归结果显示，在净流出地区，财政收入集权对服务业企业总税收负担的增加效应也主要来源于对服务业企业所得税税收负担的增加效应。最后，表7-7中提出，当中央政府对省份的转移支付程度均小于91.8%时，财政收入集权对服务业企业的税收负担总体上表现为增税效应。在样本期间内，中央政府只有对西藏的转移支付程度超过了91.8%，所以净流出地区和净流入地区的财政收入集权变量前的系数均为正，且净流出地区受到的转移支付程度更小，在净流出地区服务业的增税效应更显著。

控制变量虽然并不显著，但从其符号中也能看出对企业税收负担的一些影响。大公司可能由于规模经济或工业化原因，以较低的实际税率缴税，资产回报率更高的企业会有更高的实际税负，同时债务税盾减轻企业税负的作用也在结果中有所体现。

当同时考虑地区异质性和企业异质性时，可以对假说5和假说6进行分样本的拓展研究。前文中提到，由于民营制造业企业的流动性相较国有制造业企业更好，地方政府会更倾向于也更能成功地用降低税负的做法吸引民营制造业企业。同时结合假说5，则可以预期，相比于净流入地区，财政收入集权对民营制造业企业的减税效应在净流出地区更大，而对国企制造业的减税效应在净流出和净流入地区都不如民营企业显著。同理，国有服务业企业由于政府关联等原因，更容易寻求税收优惠，也更有游说能力来减少政府对其进行税收攫取，对比之下，政府更可能对民营服务业企业进行税收攫取。同时结合假说6，预期相比于净流入地区，财政收入集权对民营服务业企业的增税效应在净流出地区更大，而对国企服务业的增税效应在净流出和净流入地区都不如民营企业显著。表7-11和表7-12的回归结果对预期进行了验证。

表7-11显示了模型7.2中分别对民营制造业企业和国有制造业企业税收负担的回归结果。第（1）、（4）栏是对企业总税负（TB）的估计结果，第（2）、（3）、（5）、（6）栏分别估计了财政收入集权和转移支付对企业总税负的两大组成部分——所得税税负（ETB）和流转税税负（TOB）的影响。我们主要观察第（1）栏和第（4）栏的估计结果。首先，民营制造业企业相比于国有制造业企业在税收净流出和净流入地区都显示出更多的减税效应，财政收入集权对国有制造业的减税效应并不显著。其次，第（1）栏中财政收入集权与净流出的交互项（ $TC \times Flow$ ）的符号显著为负，财政收入集权、转移支付与净流出的交互项（ $TC \times TF \times Flow$ ）的符号显著为正，民营制造业企业在税收净流出地区比在税收净流入地区的减税效应更大，且减税效应被转移支付削弱。这与前文的预期相一致。可见净流出地区的地方政府为了吸引更多流动性强的民营企业及为了推动制造业转型升级为先进制造业，更有能力也更有动机对制造业提供减税支持。

表7-11　财政收入集权、转移支付对制造业企业税负的影响（分样本）

企业性质	民营企业			国有企业		
	（1） TB	（2） ETB	（3） TOB	（4） TB	（5） ETB	（6） TOB
$TC \times Flow$	−0.0241*** （0.001）	−0.0291* （0.086）	−0.0181** （0.019）	−0.0112 （0.740）	−0.0056 （0.738）	−0.0056 （0.841）
$TF \times Flow$	−0.1663** （0.012）	−0.0601** （0.016）	−0.0018 （0.924）	0.3061 （0.185）	0.2145 （0.111）	0.0915 （0.464）
$TC \times TF \times Flow$	0.2183** （0.011）	0.0860*** （0.009）	−0.0407 （0.237）	0.3780 （0.161）	0.4284** （0.044）	0.0503 （0.743）
$TC \times Inflow$	−0.0659 （0.116）	−0.0059 （0.197）	−0.0368 （0.181）	−0.1536 （0.208）	−0.0413 （0.679）	−0.1123* （0.063）

企业性质	民营企业			国有企业		
TF×Inflow	−0.1006***	−0.1645***	−0.0404	0.0924	0.0094	0.0829
	（0.002）	（0.006）	（0.060）	（0.356）	（0.857）	（0.143）
TC×TF×Inflow	0.1779**	0.2591***	0.0919**	0.4232*	−0.1310	−0.2922
	（0.014）	（0.010）	（0.031）	（0.059）	（0.181）	（0.154）
Size	0.0007	0.0022**	0.0015	−0.0075	−0.0021	−0.0053
	（0.735）	（0.025）	（0.381）	（0.008）	（0.517）	（0.146）
ROA	0.0503***	0.0312***	0.0190**	0.0187	0.0025	0.0094
	（0.002）	（0.000）	（0.025）	（0.075）	（0.222）	（0.128）
LEV	−0.0135	−0.0085*	−0.0050	0.0120	0.0056	0.0131
	（0.173）	（0.098）	（0.365）	（0.245）	（0.398）	（0.185）
Cons	0.0824*	0.0126**	0.0951**	0.2015***	0.0709	0.1305*
	（0.088）	（0.037）	（0.030）	（0.001）	（0.345）	（0.096）
Year FE	Yes	Yes	Yes	Yes	Yes	Yes
Province FE	Yes	Yes	Yes	Yes	Yes	Yes
Obs	1398	1398	1398	457	457	457

注：括号内为 P 值，***、**、*分别表示在 1%、5%、10%的水平上显著。

表7-12显示了模型7.2中分别对国有服务业和民营服务业税收负担的回归结果。第（1）、（4）栏是对企业总税负（TB）的估计结果，第（2）、（3）、（5）、（6）栏分别估计了财政收入集权和转移支付对企业总税负的两大组成部分——所得税税负（ETB）和流转税税负（TOB）的影响。我们主要观察第（1）栏和第（4）栏的估计结果。民营服务业企业相比于国有服务业企业，在税收净流出和净流入地区都显示出了更多的增税效应。第（1）栏中财政收入集权与净流出的交互项（TC × Flow）的符号显著为正，财政收入集权、转移支付与净流出的交互项（TC × TF × Flow）虽然不显著但系数变小，说明民营服务业企业在税收净流出地区比在税收净流入地区的增税效应更大，且在一定程度上减税效应受到了转移支付的削弱。这与前文的预期相一致。财政收入集权对国有服务业还在一定程度上表现为减税效应。

表 7-12　财政收入集权、转移支付对服务业企业税负的影响（分样本）

企业性质	民营企业			国有企业		
	（1） TB	（2） ETB	（3） TOB	（4） TB	（5） ETB	（6） TOB
TC×Flow	0.0696** （0.046）	0.0407*** （0.009）	0.0068 （0.183）	−0.0147 （0.419）	−0.0338 （0.110）	0.0178 （0.273）
TF×Flow	−0.4391** （0.018）	−0.3334** （0.017）	−0.2196** （0.020）	−0.2550 （0.388）	−0.3381 （0.174）	0.0623 （0.657）
TC×TF×Flow	−0.0617 （0.130）	−0.0352 （0.105）	−0.0302 （0.046）	0.0182 （0.977）	0.3970 （0.390）	−0.3362 （0.169）
TC×Inflow	0.1577 （0.109）	0.1986 （0.324）	0.0307 （0.472）	−0.2362 （0.152）	−0.1643 （0.182）	−0.0700 （0.177）
TF×Inflow	0.0680 （0.458）	0.1541 （0.110）	0.0142 （0.841）	−0.1248 （0.174）	−0.1090*** （0.007）	−0.0245 （0.710）
TC×TF×Inflow	−0.3918 （0.114）	−0.5031 （0.121）	−0.0359 （0.796）	0.3620* （0.069）	0.2665** （0.016）	0.1016 （0.424）
Size	−0.0026 （0.513）	−0.0035 （0.232）	−0.0015 （0.628）	0.0076 （0.398）	0.0113 （0.170）	−0.0035 （0.311）
ROA	0.2084 （0.112）	0.1963 （0.130）	0.0071 （0.199）	0.0148 （0.270）	0.0177 （0.174）	−0.0036 （0.186）
LEV	−0.0505 （0.000）	−0.0464 （0.003）	−0.0028 （0.257）	−0.0160* （0.099）	0.0165 （0.127）	−0.0003 （0.952）
Cons	0.1261 （0.164）	0.1355 （0.110）	0.0684 （0.386）	−0.0702* （0.073）	−0.1839 （0.137）	0.1119 （0.141）
Year FE	Yes	Yes	Yes	Yes	Yes	Yes
Province FE	Yes	Yes	Yes	Yes	Yes	Yes
Obs	650	650	650	265	265	265

注：括号内为 P 值，***、**、* 分别表示在 1%、5%、10% 的水平上显著。

7.4.3　稳健性检验

　　前文的样本选取时间受真实财政收入集权与真实转移支付数据在 2009 年以后不可获得的限制，但名义财政收入集权与名义转移支付的数据均可获得。名义财政收入集权（NTC）＝中央税收收入/总税收收入；名义转移支付（NTF）＝含税收返还的中央补助/本级地方财政支出。由于 2008 年开始企业所得税税率改革，税率基础不一样，因此不能将2008年及之后年份的数据与2008年之前的数据混合在一起回归。而2012年开始部分省份施行"营改增"试点，使不同省份服务业使用的税率不一致，故选择2003—2007年及2008—2011年分时间样本回归。从表7-13与表7-14的回归结果可见，将样本扩展到2011年，估计结果与上文的估计结果的意义也基本一致，即与预期假说一致。

表 7-13　名义财政收入集权、名义转移支付对企业税负的影响（全样本）

	（1）2003—2007 制造业 *TB*	（2）2008—2011 制造业 *TB*	（3）2003—2007 服务业 *TB*	（4）2008—2011 服务业 *TB*
NTC	−0.0494* （0.053）	−0.0764** （0.032）	0.0239** （0.028）	0.0329** （0.016）
NTF	−0.0170 （0.234）	−0.0925 （0.208）	0.0314 （0.107）	0.0400 （0.106）
NTC×NTF	0.0585* （0.057）	0.1321** （0.017）	−0.0510** （0.025）	−0.0821** （0.019）
Controls	Yes	Yes	Yes	Yes
Cons	0.1190*** （0.000）	0.0046 （0.77）	−0.3326*** （0.002）	0.2888 （0.123）
Year FE	Yes	Yes	Yes	Yes
Province FE	Yes	Yes	Yes	Yes
Obs	1855	1472	915	732

注：括号内为 *P* 值，***、**、*分别表示在 1%、5%、10%的水平上显著。

表 7-14　名义财政收入集权、名义转移支付对企业税负的影响（全样本）

	（1）2003—2007 制造业 *TB*	（2）2008—2011 制造业 *TB*	（3）2003—2007 服务业 *TB*	（4）2008—2011 服务业 *TB*
NTC×Flow	−0.0705*** （0.005）	−0.0515** （0.058）	0.0453* （0.097）	0.0522** （0.021）
NTF×Flow	−0.1198** （0.036）	−0.0907 （0.125）	−0.1137 （0.163）	0.1009* （0.069）
NTC×NTF×Flow	0.2717** （0.013）	0.0961** （0.042）	−0.2242** （0.021）	−0.1614** （0.027）
NTC×Inflow	−0.0623* （0.059）	−0.0420* （0.062）	0.0437 （0.151）	0.0376 （0.105）

续表

	（1）2003—2007 制造业 *TB*	（2）2008—2011 制造业 *TB*	（3）2003—2007 服务业 *TB*	（4）2008—2011 服务业 *TB*
NTF×Inflow	−0.0926** （0.019）	−0.0530 （0.125）	0.0073 （0.848）	0.0696 （0.108）
NTC×NTF×Inflow	0.1350** （0.031）	0.0483* （0.082）	−0.0593 （0.407）	−0.0961* （0.068）
Controls	Yes	Yes	Yes	Yes
Year FE	Yes	Yes	Yes	Yes
Province FE	Yes	Yes	Yes	Yes
Obs	1855	1472	915	732

注：括号内为 *P* 值，***、**、* 分别表示在 1%、5%、10% 的水平上显著。

7.5 本章小结

本章评估了财政收入集权、转移支付对企业税收负担的影响，并进行了理论和实证两个层面的分析。基于新财政收入集权理论，财政收入集权会减轻制造业企业的税收负担，但会增加服务业企业的税收负担。财政收入集权对企业的减税或增税效应会受到转移支付的影响，转移支付对企业的减税或增税效应也会受到财政收入集权的影响。通过对 2003—2007 年的面板数据进行实证回归，使用真实财政收入集权与真实转移支付的数据，本章对所提出的假说进行了验证，在稳健性检验中使用名义财政收入集权与名义转移支付的数据，还增加了 2008—2011 年的公司数据，结果依然稳健。

具体而言，本章的研究结果主要有以下几点：第一，就全样本而言，财政收入集权对制造业企业税收负担有减轻效应、对服务业企业税收负担有增加效应，且这些影响都会被转移支付所削弱。第二，从分样本来看，相比于国有企业，财政收入集权对制造业税负的减轻效应和对服务业税负的增加效应都表现为在民营企业中更显著，且这些影响都会被转移支付所削弱。第三，加入地区异质性的考量因素，就全样本而言，相比于净流入地区，财政收入集权对制造业企业的减税效应和对服务业企业的增税效应都表现为在净流出地区更显著，且这些效应都可能受到转移支付的削弱。

8

财政收入集权、转移支付与地方政府支出结构

8.1　引　言

自1994年分税制改革以来，中国的财政收入集权程度不断增强，分税制改革前，中央财政收入占全国财政收入的比重持续下降，到1993年，该值仅为22.0%；而1994年实行分税制改革后，中央政府一方面将增值税和消费税作为主要收入来源，提升自身的税收分成比例；另一方面建立了国税系统，强化了中央政府的税收征管权，一系列措施使分税制改革后中央财政收入在全国财政收入中比重迅速提升，1994年该比重已由1993年的22.0%跃升到55.7%。2002年进一步将企业所得税纳入中央地方共享范围，2003年企业所得税中中央的增量分享比例从50%提升到60%，财政收入集权程度进一步增强，地方政府从经济增长中获取财政收入的能力进一步下降，这就意味着地方政府大力发展经济、培育税源的激励可能会降低（Weingast，2000），地方政府会将更多的财政资金投入行政管理或者扩大财政供养人口等对经济增长激励作用较弱的支出项目上（袁飞等，2008）。而实际情况并非如此，地方政府发展经济的积极性并没有受到显著抑制，相反，地方政府更加倾向于将资金投入经济建设，即便是分税制改革后，1994年一般预算支出中的经济建设费占比也高达41.32%，而社会文教费支出仅占25.92%，经济建设费指标甚至略高于分税制改革前1993年的39.52%，之后几年也基本上维持在40%以上。虽然近年来中国越来越重视科学文化等软实力层面的发展，比如在教育上对教育经费比重有新的要求，科教兴国战略强调对科教文卫的投入，但这些并未改变经济建设支出在政府财政支出中占比最大的事实，即我国财政支出存在经济建设支出结构偏向（张恒龙、陈宪，2006；陶然等，2007；傅勇、张晏，2007；尹恒、朱虹，2011）。

在财政收入集权不断增强，地方政府税收分成比例下降时，地方政府发展经济的积极性非但没有减弱，反而出现了明显的经济建设支出结构偏向，那么地方政府的结构偏向究竟是受到了财政收入集权的强化，还是由财政收入集权之外的因素造成的？本章的研究重点在于识别出地方政府经济建设支出结构偏向是否受到了财政收入集权的正面激励。

8.2　研究假说

8.2.1　理论假说

（1）财政收入集权对地方政府支出结构的影响

1994年分税制改革后，中央政府税收分成比例显著提高，从1994年分税制改革、2002年企业所得税分享改革、2006年取消农业税改革再到营改增，每一次税制改革都伴随着财力都在向中央集中，相对地，地方政府本级税收减少，可支配财力下降。然而，与此同时，由于地方政府具有信息优势，能够更好地了解当地经济发展状况、民众需求和有效利用当地资源，进而提升经济运行效率（Oates，1972），地方政府的事权并未相应上移，财权的逐级向上集中和事权的逐级下移，导致地方政府财政压力加剧（Huang & Chen，2012；袁飞，2008）。即便改革后地方政府获得的分成比例下降，巨大的财政压力也会强化地方政府财政收入最大化的动力，使其有足够的激励发展地方经济以培养税源。

此外，地方政府官员主要向上级政府负责，中央政府有足够的权力对地方政府的经济发展状况及地方官员的政绩进行奖惩（Blanchard & Shleifer，2001），而GDP增长率是考核地方政府官员晋升条件的重要因素（周黎安，2004；Li & Zhou，2005；张军，2007），所以在晋升锦标赛机制的激励下，随着财政收入集权，地方政府税收收入分成比例下降，地方政府更会致力于发展地方经济（周黎安，2007；尹恒、朱虹，2011）。

经济的增长主要依赖于生产要素投入的增加，主要表现为资本积累和劳动投入。为了吸引资本、拉动当地经济增长，地方政府可以采用的策略一般有两种，一是税收策略，即通过降低税率或者提供其他税收优惠来吸引资本流入；二是支出策略，即在财政支出结构上做出调整，通过扩大经济建设投资，改善当地投资和发展环境，拉动经济增长（Hauptmeier et al.，2012；李永友，2015）。鉴于中国实质上实行的是财政收入集权和财政支出分权的财政体制，地方政府享有税收的部分征管权和收益权但不具备税收立法权，尤其是在分税制改革后，地方政府运用税收工具，通过降低税率或提供税收优惠吸引资本的能力有限，而相比之下，地方政府对财政支出结构的可控力度较大，所以地方政府更加倾向于通过改变支出结构偏向，运用支出工具，将财政资金投入到更能促进地方经济发展的项目上。在地方政府的各类支出项目中，经济建设支出能够改善投资环境、吸引投资（张恒龙、陈宪，2006；李永友、沈坤荣，2008）、拉动经济增长（Arrow & Kurz，1970；郭庆旺、贾俊雪，2006），所以在财政收入集权下，受财政收入最大化目标激励的政府为了发展本地经济、培养税源，可能选择一个具有经济建设偏向的财政支出结构（李婉，2007），即财政收入集权对地方经济建设支出比例具有正效应。考虑到转移支付会使由于财政收入集权带来的巨大的财政压力得以缓解，所以转移支付会抑制财政收入集权对地方政府支出结构的正效应，由此提出以下假说：

假说1：财政收入集权对地方政府经济建设支出结构偏向的正效应会随着中央政府转移支付的增强而减弱。

（2）转移支付对地方政府支出结构的影响

税收收入向中央集权的同时，地方政府的支出责任并未减轻，直接的后果是地方政府财政压力加剧并导致中央与地方政府之间财政的纵向收支不平衡（Huang & Chen，2012）。为了缓解这一状况，与分税制改革相伴的是逐年提高的转移支付水平，即在中央、地方政府间按照既定比例分成税收之后对其进行再分配。

转移支付作为中央政府调节全国各地财政能力的重要工具，其主要的功能是均衡地区间财政能力、公共服务及其他相应的政策目标（Oates，1999；付文林、沈坤荣，2012）。但是鉴于转移支付的两大效应——黏蝇纸效应及可替代效应，转移支付对地方政府财政支出的影响往往会与政策预期背道而驰。由于地方政府获得转移支付所需耗费的财政成本往往低于获得税收收入的成本，地方政府财政支出对转移支付的弹性会远超对税收收入的弹性，对转移支付的利用率低于对本级税收收入的利用率，因此转移支付可能会产生粘蝇纸效应，导致地方政府财政支出规模过度膨胀（Oates，1999；李永友、沈玉平，2009；范子英、张军，2010a；付文林、沈坤荣，2012）。另一方面，由于中国目前的转移支付制度并不完善，大量的转移支付存在透明度较差且随意性较强的缺陷，因而具有较强的可替换性，地方政府很容易将其投入到与该项转移支付无关的项目。考虑到地方政府财政压力较大，地方政府官员存在经济绩效考核下的晋升激励，转移支付可能被挪用，更多地被投入经济建设当中去，而其原有的在公共服务上的均等化目标则很难实现（张军等，2007；伏润民等，2008；尹恒、朱虹，2011；付文林、沈坤荣，2012）。所以转移支付可能会使地方政府的财政支出产生基本建设结构偏向，同时转移支付导致的地方政府支出规模过度膨胀又会倒逼中央政府拨付更多的补助资金，使该支出结构偏向进一步强化。根据假说1，财政收入集权和转移支付的交互项为负，所以转移支付对地方政府经济建设支出结构偏向的正效应也会受财政收入集权削弱，由此提出以下假说：

假说2：中央政府转移支付对地方政府经济建设支出结构偏向的正效应会随着财政收入集权的增强而减弱。

8.2.2 异质性假说

为了研究财政收入集权、转移支付对地方政府支出结构在不同税负地区的异质性影响，我们构建了一个衡量不同地区税负高低的指标，将各省本级税收收入/GDP作为衡量该地区税负高低的指标，税负高于均值的地区为高税负地区，税负低于均值的地区为低税负地区。

从图8-3可以看出，高税负地区财政收入集权整体高于低税负地区，所以高税负地区财政压力加剧情况受财政收入集权影响程度较大，并且由于高税负地区从经济增长中获取财政收入的能力高于低税负地区，所以高税负地区有更大的激励发展当地经济，财政收入集权对经济建设的正效应也就越强，由此得到以下假说。

假说3： 相比于低税负地区，财政收入集权对地方政府经济建设支出结构偏向的正效应在高税负地区更加显著，且会随着中央政府转移支付的增强而减弱。

从图8-4中可以看出，高税负地区的转移支付水平整体低于低税负地区，此外由于高税负地区具有从经济发展中获取更高税收收入的优势，当预期可获得的转移支付比较少时，会更加倾向于增大经济建设支出，发展本地经济，从经济增长中获取更多的财政收入以弥补转移支付水平较低的劣势，由此得出以下假说。

假说4： 相比于低税负地区，中央政府转移支付对地方政府经济建设支出结构偏向的正效应在高税负地区更显著，且会随着财政收入集权的增强而减弱。

8.3　经验策略与数据来源

8.3.1　模型设定

为了检验假说1和假说2，我们构建如下动态面板模型：

$$Structure_{it} = \alpha_1 Structure_{it-1} + \alpha_2 TC_{it} + \alpha_3 TC_{it} \times TP_{it} + \alpha_4 TP_{it} + \beta X_{it} + u_i + u_t + \varepsilon_{it} \quad (8.1)$$

为了检验假说3和假说4，我们对模型8.1进行扩展，构建模型8.2：

$$Structure_{it} = \alpha_1 Structure_{it-1} + \alpha_2 TC_{it} \times UP_{it} + \alpha_3 tc_{it} \times TP_{it} \times UP_{it} + \alpha_4 TP_{it} \times UP_{it} +$$
$$\alpha_5 tc_{it} \times Below_{it} + \alpha_6 TC_{it} \times TP_{it} \times Below_{it} + \alpha_7 TP_{it} \times Below_{it} + \beta X_{it} + u_i +$$
$$u_t + \varepsilon_{it} \quad (8.2)$$

其中下标 i 和 t 分别表示第 i 个地区和第 t 年，u_i 和 u_t 分别为不可观测的省级效应和年份效应。$Structure_{it}$ 为地方政府财政支出中经济建设支出比例，用当年地方政府经济建设支出除以当年地方政府本级财政支出计算得到。由于2007年以后关于地方政府支出的分类标准发生了较大的变化，而2010年以后关于税收集权的省级数据可得性较差，为了保证数据的可比性，我们选用1997—2006年为样本区间，运用西藏以外的30个省的数据进行研究。根据2007年以前中国财政年鉴支出功能分类标准，经济建设支出主要为基本建设支出、企业挖掘潜造资金、地质勘探费、科技三项费用、农业水利气象部门事业费、工业交通部门事业费、流通部门事业费、城市维护费，$Structure_{it-1}-1$为滞后一期的经济建设支出比例。TC_{it}为财政收入集权，采用税收集权衡量。该项前的系数就表示财政收入集权会激励地方政府加大经济建设支出力度。税收集权有名义和真实之分，名义税收集权的衡量方式为中央税收/总税收（Oates，1985；陈志勇、陈莉莉，2011；汤玉刚，2011），参考方红生、张军（2013）的研究，用（中央税收＋地方上解－税收返还）/总税收反映各省份的真实税收集权程度。图8-1列示了中国1997—2006年真实税收集权以及名义税收集权的变动趋势，分别由全国各省的真实税收集权和名义税收集权的算术平均获得。中国税收集权程度在分税制改革后逐渐增强，名义税收集权高于真实税收集权。

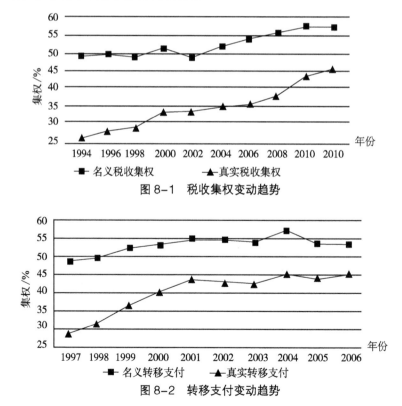

图 8-1　税收集权变动趋势

图 8-2　转移支付变动趋势

TP_{it}是转移支付，表示中央政府的转移支付会激励地方政府加大经济建设支出力度。转移支付同样可以有名义和真实两种衡量方式，名义转移支付的衡量方式为含税收返还的中央补助／本级地方政府财政支出（袁飞等，2008；范子英、张军，2010b），考虑到税收返还是为了维护地方政府的既有利益，本质上属于地方政府本级财政收入，因此我们参考范子英、张军（2010b）和方红生、张军（2013）的研究，用不含税收返还的中央补助／本级地方政府财政支出反映各个省份的真实转移支付程度。图8-2列示了中国1997—2006年真实转移支付和名义转移支付变动趋势，分别由全国各省的真实转移支付和名义转移支付算术平均得到。中国转移支付水平在分税制改革后稳步上升，名义转移支付高于真实转移支付，且差距逐渐缩小。

X_{it}为一系列控制变量，我们主要选取城市化水平$City_{it}$，固定资产投资比例Fix_{it}，GDP增长率$Gdps_{it}$，此外，由于地方政府官员从不同类型支出中可获得贿赂的难易程度不同，腐败的政府更有可能提升在经济建设上的支出比重（Mauro，1998），因此腐败程度$Corruption_{it}$是我们选取的另一个控制变量。其中城市化水平以城镇人口与总人口的比例度量，固定资产投资比例以各省份全社会固定资产投资与地区生产总值之比度量，GDP增长率以（本年GDP－上年GDP）／上年GDP度量，腐败程度以人民检察院每年立案侦查的贪污贿赂、渎职案件的涉案人数占当地公职人员数的比例（人／万人）度量。

模型8.2中，UP_{it}代表高税负地区，即如果当年该地区本级税收收入与GDP之比高于当年全国平均值，则$UP_{it}=1$，否则$UP_{it}=0$。$Below_{it}$代表低税负地区，即如果当年该地区本级税收收入与GDP之比低于全国平均值，则$Below_{it}=1$，否则$Below_{it}=0$。我们对所有年份都属于高税负组的省份和所有年份都属于低税收组的省份的财政收入集权和转移支付分别进行描述性统计。其中高税负地区为所有年份本级税收收入与GDP比重均高于全国均值的省份，低税负地区为所有年份本级税收收入与GDP比重均低于全国均值的省份，混合地区为本级税收与GDP比重既有高于全国均值、又有低于全国均值年份的省份。根据上述定义，全国除西藏外的30个地区中，高税负地区有7个，低税负地区共15个，混合地区8个。

表8-1　1997—2006年全国各省高税负地区及低税负地区分类

高税负地区（7个）	低税负地区（15个）	混合地区（8个）
北京、天津、辽宁、上海、广东、贵州、云南	河北、内蒙古、吉林、黑龙江、安徽、福建、江西、山东、河南、湖北、湖南、重庆、四川、甘肃、青海	山西、江苏、浙江、广西、海南、陕西、宁夏、新疆

图8-3反映了1997—2006年高税负地区和低税负地区税收集权的变动趋势，如图，两类地区的真实税收集权和名义税收集权均有明显上升，且高税负地区的真实税收集权及名义税收集权均高于低税负地区。

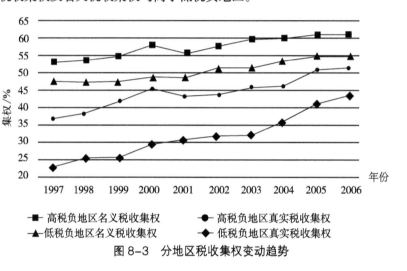

图 8-3　分地区税收集权变动趋势

图8-4反映了两类地区1997—2006年转移支付的变动趋势，两类地区真实转移支付水平及名义转移支付水平都有所上升，但上升速度有所减缓，低税负地区的转移支付水平显著高于高税负地区，且两者之间的差距在不断扩大。

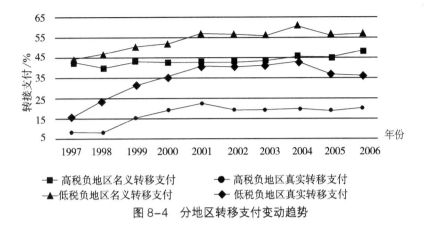

图 8-4　分地区转移支付变动趋势

　　表8-2和表8-3分别是对高税负和低税负地区真实税收集权、名义税收集权、真实转移支付、名义转移支付的描述性统计。高税负地区中，真实税收集权程度最高的省份是天津，为55.91%，最低的省份是贵州，为28.92%；真实转移支付水平最高的省份是贵州，为48.83%，最低的省份是广东，为2.32%。而在低税负地区中，真实税收集权程度最高的省份是福建，为58.86%，最低的省份是甘肃，为18.44%，低于高税负地区中最低的省份是贵州；真实转移支付程度最高的省份是青海，为72.07%，远高于高税地区中最高的省份是天津，最低的省份是福建，为9.27%，高于高税负地区中最低的省份是广东。总体来说，高税负地区财政收入集权程度高于低税负地区，而转移支付程度低于低税负地区。

表 8-2　高税负地区描述性统计

指标	真实税收集权/%			名义税收集权/%		
	平均值	最小值	最大值	平均值	最小值	最大值
北京	51.67	36.40	63.52	57.26	44.73	66.73
天津	55.91	47.53	66.09	64.05	56.34	71.54
辽宁	38.84	29.23	46.22	52.17	47.74	57.57
上海	54.26	50.41	60.34	60.11	56.56	64.43
广东	44.61	40.40	48.49	56.19	51.90	58.43
贵州	28.92	17.01	42.69	53.30	48.94	57.69
云南	38.09	33.63	44.99	64.91	62.06	67.63

续表

指标	真实转移支付/%			名义转移支付/%		
	平均值	最小值	最大值	平均值	最小值	最大值
北京	8.49	4.90	15.21	27.76	17.69	40.16
天津	14.45	11.79	18.59	42.47	33.37	49.78
辽宁	25.05	3.00	32.22	48.35	37.56	53.70
上海	5.58	1.50	10.44	34.38	20.70	49.73
广东	2.32	1.95	2.97	23.20	19.11	29.85
贵州	43.83	21.00	54.58	61.42	52.13	67.60
云南	27.18	7.90	38.91	55.74	47.65	60.82

表 8-3　低税负地区描述性统计

指标	真实税收集权/%			名义税收集权/%		
	平均值	最小值	最大值	平均值	最小值	最大值
河北	33.47	25.60	45.99	50.54	45.79	57.14
内蒙古	27.21	12.73	46.81	48.04	41.71	56.87
吉林	34.13	23.00	46.83	56.78	50.79	63.57
黑龙江	46.00	35.11	55.64	59.26	53.35	65.43
安徽	30.11	23.09	41.02	47.75	43.34	55.21
福建	58.86	19.04	36.00	47.18	43.34	51.80
江西	22.88	8.62	37.18	43.95	37.20	50.22
山东	39.96	33.46	49.02	52.61	48.05	56.97
河南	32.78	25.24	42.34	50.39	46.48	54.39
湖北	36.20	27.82	47.82	51.31	43.06	58.34
湖南	32.98	25.83	41.93	54.70	52.71	56.22
重庆	36.79	34.02	43.01	48.90	46.31	52.02
四川	25.01	16.59	36.28	46.54	43.74	50.36
甘肃	18.44	7.04	36.89	52.86	48.56	58.78
青海	26.66	15.18	45.20	50.20	46.74	58.18
指标	真实转移支付/%			名义转移支付/%		
	平均值	最小值	最大值	平均值	最小值	最大值
河北	26.56	8.72	39.01	47.06	38.26	53.86
内蒙古	50.58	33.98	64.63	63.26	55.30	75.03

续表

指标	真实税收集权 /%			名义税收集权 /%		
	平均值	最小值	最大值	平均值	最小值	最大值
吉林	44.59	22.85	55.34	62.27	49.52	71.87
黑龙江	41.36	17.06	54.57	56.82	42.88	65.49
安徽	34.51	10.90	46.37	51.45	36.37	58.86
福建	9.27	1.95	15.58	30.81	26.38	37.68
江西	41.79	17.05	52.91	55.94	38.84	63.39
山东	12.22	7.78	18.50	31.78	27.74	34.70
河南	30.75	10.20	44.85	49.70	39.25	56.47
湖北	34.71	13.34	49.26	54.85	47.16	62.66
湖南	35.23	9.66	49.85	55.74	42.29	63.77
重庆	42.04	24.19	53.57	59.83	54.61	68.22
四川	34.74	10.90	47.38	51.64	37.87	60.28
甘肃	44.30	17.72	62.26	65.23	43.47	78.18
青海	72.07	50.35	85.76	81.44	68.09	93.01

我们构建的模型为动态面板模型，由于在模型中引入了滞后解释变量，与随机误差项相关，存在内生性问题，使用传统的估计方法进行估计可能产生参数估计的有偏性和非一致性，因此我们采用可处理内生性的系统 GMM 估计方法，将时间虚拟变量以外的其他解释变量均视作内生变量，取滞后两期作为工具变量对模型 8.1 和模型 8.2 进行估计。

8.3.2　数据来源

为了保证数据的可比性，我们选用 1997—2006 年为样本区间，运用西藏以外的 30 个省份的面板数据研究进行研究。地方政府经济建设支出占本级财政支出比重数据来源于《中国财政年鉴》（1998—2007 年），财政收入集权和转移支付 TP_{it} 数据来源于《地方财政分析资料》（2004）、地方财政统计资料（2005—2007）、《中国财政年鉴》（1998—2007）、《中国税务年鉴》（1998—2007）；城市化水平、固定资产投资比例、GDP 增长率数据来源于中国国家统计局网站，腐败程度来源于方红生、张军（2014）的研究。

8.4 实证结果

8.4.1 基准回归

表8-4是运用系统GMM方法对模型1进行估计的结果，模型1是未加入任何控制变量的基本模型，模型2在模型1的基础上加入了控制变量。从模型1的回归结果可以看出，在未加入任何控制变量的情况下，地方政府经济建设支出比例滞后一期数与本期数显著正相关，说明地方政府的该指标存在时间黏性。观察解释变量的系数，财政收入集权 TC 的系数显著为正，这说明财政收入集权会对地方政府经济建设支出偏向产生正向的影响，说明财政收入集权虽然使得地方政府的税收分成比例下降，但为了最大化财政收入，地方政府仍然有足够的激励去发展地方经济，从而提高财政支出在经济建设上的投入比例；财政收入集权与转移支付的交叉项 $TC \times TP$ 系数显著为负，说明财政收入集权对地方政府经济建设支出结构偏向的正效应会随着转移支付的增强而显著减弱，这与我们的预期是相符的，假说1得到验证。

转移支付 TP_{it} 的系数显著为正，说明转移支付会对地方政府经济建设支出偏向产生正向的影响，转移支付由于具有可替换效应，也会对经济建设支出结构偏向的形成起促进作用；财政收入集权与转移支付的交叉项 $TC_{it} \times TP_{it}$ 系数显著为负，说明转移支付对地方政府经济建设支出结构偏向的正效应会随着财政收入集权的增强而显著减弱，假说2得到验证。

模型2是加入了控制变量的回归结果，对于主要解释变量 TC_{it}、TP_{it} 及其交叉项 $TC_{it} \times TP_{it}$，其回归结果与模型1未加入控制变量的基本模型的回归结果保持一致，进一步验证了假说1和假说2，说明核心解释变量对经济建设支出结构偏向的影响有足够的稳健性。控制变量的回归结果中，虽然城市化水平 $City_{it}$、固定资产投资比例 fix_{it} 和腐败程度 $Corruption_{it}$ 系数均为正，但是并不显著。而GDP增长率 $Gdps_{it}$ 的系数显著为正，说明经济增长速度越快的地区，地方政府的经济建设支出结构偏向越强。

表 8-4　财政收入集权、转移支付对地方政府支出结构的影响

被解释变量	$Structure_{it}$	
模型	模型 1	模型 2
$Structure_{it-1}$	0.701*** （11.0）	0.732*** （10.03）
TC_{it}	0.163*** （3.60）	0.126*** （2.97）
TP_{it}	0.189*** （5.54）	0.163*** （5.51）
$TC_{it} \times TP_{it}$	−0.427*** （−4.14）	−0.378*** （−4.34）
$City_{it}$		0.014 （0.55）
Fix_{it}		0.046 （1.03）
$Gdps_{it}$		0.117** （2.12）
$Corruption_{it}$		0.002 （0.63）
Year FE	yes	yes
AR(1)	0.001	0.001
AR(2)	0.156	0.137
Hansen J	0.274	0.421
Obs	270	270

注：括号内是 t 值，*、**、***分别表示在10%、5%、1%的水平上显著；解释变量中，除了时间变量为严格外生变量外，将其他变量均视为内生变量，其工具变量为滞后两期，下同。

8.4.2　异质性结果

表8-5是对式8.2运用系统GMM方法进行估计的结果，与表8-4一样，模型1是不加控制变量的回归结果，模型2中加入了控制变量。我们发现，按照税收占GDP比重将全国各省区分为高税负地区和低税负地区之后，两组样本回归系数的显著性与符号均与全样本回归时一致，说明不论是在高税负地区还是低税负地区，财政收入集权都对地方政府经济建设支出结构偏向具有显著的正效应，且正

效应会随着转移支付的增强而显著降低，同时转移支付也会使地方政府增大经济
建设支出比例，且正效应随着财政收入集权的增强而减弱。

表8-5　财政收入集权、转移支付对地方政府支出结构的影响（分地区考察）

被解释变量	$Structure_{it}$	
模型	模型 1	模型 2
$Structure_{it-1}$	0.751^{***} （12.17）	0.744^{***} （12.03）
$TC_{it} \times UP_{it}$	0.152^{***} （3.82）	0.107^{**} （2.21）
$TP_{it} \times UP_{it}$	0.202^{***} （5.18）	0.193^{***} （5.51）
$TC_{it} \times TP_{it} \times UP_{it}$	-0.466^{***} （-4.15）	-0.453^{***} （-3.94）
$TC_{it} \times Below_{it}$	0.127^{***} （3.04）	0.094^{**} （2.29）
$TP_{it} \times Below_{it}$	0.154^{***} （5.12）	0.133^{***} （4.49）
$TC_{it} \times TP_{it} \times Below_{it}$	-0.325^{***} （-3.55）	-0.300^{***} （-3.48）
Controls	No	Yes
Year FE	Yes	Yes
AR(1)	0.001	0.002
AR(2)	0.123	0.127
Hansen J	0.516	0.119
Obs	270	270

回归结果显示，高税负地区财政收入集权 TC 的回归系数大于低税负地区的
该系数，说明财政收入集权对地方政府经济建设支出结构偏向的正效应在高税负
地区比在低税负地区更为显著，即高税负地区受财政收入集权激励发展经济的效
应更大，两类地区财政收入集权 TC 和转移支付 TP 交叉项的系数都显著为负，说
明两类地区财政收入集权对地方政府经济建设支出结构偏向的正效应都会随着转
移支付的增强而显著减弱，这与我们的预期相符，假说3得到验证。此外，高税

负地区转移支付 *TP* 的回归系数也大于低税负地区的该系数，说明转移支付对高税负地区地方政府支出结构偏向的正效应也要高于低税负地区，且都会随着财政收入集权的增强而显著减弱，假说4得到验证，说明预期获得转移支付较少且从经济增长中获取税收能力高的高税负地区，其转移支付对经济建设支出结构偏向的正效应更为显著。

8.4.3　稳健性检验

为了检验回归结果的稳健性，我们在保持其他条件不变的条件下，分别用名义财政收入集权和名义转移支付来度量财政收入集权和转移支付，名义财政收入集权为中央税收/总税收，名义转移支付为含税收返还的中央补助收入除以本级地方政府财政支出（见表8-6）。

表8-6　稳健性检验：用名义指标衡量财政收入集权和转移支付

被解释变量	$Structure_{it}$	
模型	模型1	模型2
$Structure_{it-1}$	0.725*** （12.32）	0.726*** （9.63）
TC_{it}	0.357** （2.59）	0.300*** （2.98）
TP_{it}	0.421*** （3.29）	0.375*** （3.81）
$TC_{it} \times TP_{it}$	−0.759*** （−3.09）	−0.637*** （−3.41）
Controls	No	Yes
Year FE	Yes	Yes
AR(1)	0.001	0.001
AR(2)	0.184	0.147
Hansen J	0.163	0.120
Obs	270	270

表8-6的结果显示，在更换了财政收入集权和转移支付的衡量指标之后，核心解释变量系数依旧显著，且其符号与使用真实转移支付与真实财政收入集权为

度量指标对模型1进行回归时的方向一致，说明核心解释变量对地方政府经济建设支出结构偏向的影响是稳健的，进一步验证了假说1和假说2。

8.5 本章小结

本章提出了一个以财政收入集权和转移支付为双内核的解释我国经济建设支出结构偏向的新兴财政收入集权理论，运用1997—2006年的省级面板数据并区分高税负和低税负地区，通过系统GMM回归方法对提出的假说进行了验证，得出以下结论：第一，财政收入集权对地方政府的经济建设支出结构偏向具有显著的正效应，且其正效应会随着转移支付的增加而减弱；第二，财政收入集权对地方政府经济建设支出结构偏向的正效应在高税负地区更强；第三，转移支付对地方政府经济建设支出结构偏向的正效应随着财政收入集权增强而减弱；第四，转移支付对地方政府经济建设支出结构偏向的正效应在高税负地区高于低税负地区。

9

财政收入集权、转移支付和县域经济增长

9.1　引　言

省以下政府间财政关系是央地关系的延伸，是国家治理体系的基本制度安排，对社会稳定、经济发展具有重大影响。党的十九届四中全会提出"构建从中央到地方权责清晰、运行顺畅、充满活力的工作体系"，"更好发挥政府作用，推动有效市场和有为政府更好结合"。可见，构建和完善能够充分发挥中央和地方两个积极性的体制机制至关重要。现有大量研究都将改革开放之后中国经济持续高速增长归功于政府间财政关系的重构（Zhang & Zou，1998；Lin & Liu，2000；张晏、龚六堂，2005；沈坤荣、付文林，2005；张军，2007；张军等，2007）。借鉴以 Weingast（1995）、Qian & Weingast（1997）、Qian & Roland（1998）为代表的第二代财政分权理论（孙群力，2009），他们认为财政分权能够促使地方政府承担经济发展的责任，激发地区间横向竞争，并约束地方政府的行为，形成"中国式财政联邦制"。然而，"市场保护型"的联邦财政主义却难以解释以动态变化的财政收入集权为特征的分税制改革之后中国经济依然保持高速增长的现象。众所周知，1994年分税制改革本质上是财政收入集权的改革，并没有就事权在各级政府间的划分进行有效改革（方红生、张军，2013）。既有文献都对财政分权的激励效应产生了质疑。他们重新检验了财政分权的激励效应，发现了大量周期性差异、跨期差异、地区间差异、行业间差异等异质性特征，并且强调了分税制改革对财政分权激励效应的抑制作用（乔宝云等，2005；张晏、龚六堂，2005；周业安、章泉，2008；王文剑、覃成林，2008；范子英、张军，2009）。

1994年分税制改革之后，中央政府的"财政收入集权"力度不断提升，然而中国地方政府仍然有很强的激励去发展经济。新财政收入集权理论对此做了非常好的解释，强调了以动态变化的财政收入集权为特征的分税制改革对地区经济增长、地区间横向竞争的激励效应（曹广忠等，2007；陶然等，2009；汤玉刚、苑程浩，2010；Su et al.，2012；张军，2012）。该理论认为，财政收入集权对地方政府造成的财政压力塑造了地方政府追求财政收入最大化的目标。在给定要素流动的条件下，激励地方政府为资本展开横向竞争。然而，该理论并没有考虑到中央政府的"援助之手"的影响。中央政府将财政收入集权所筹集到的大量资金以转移支付的形式在地区之间进行再分配（李永友、沈玉平，2009）。方红生、张军（2013、2014）将中央政府的"援助之手"引入新财政收入集权理论的分析框架中，同时考察中央政府攫取和援助两只手对地方政府行为的影响，揭示了中央政府实质上是以攫取和援助两只手来实现对中国经济的宏观调控。

本章旨在既有文献的基础上，将研究对象推进到省以下的县级层面，同时考察上级政府的财政收入集权和转移支付对县域经济增长的影响。一方面，中央政府的财政收入集权迫使地方政府面临巨大的财政压力，而财政压力又通过以任务层层下达和指标逐级分解为特征的行政发包制（周黎安，2014），逐级下沉到县级政府；另一方面，中央政府的转移支付也通过省对下转移支付的形式，在不同县域间进行再分配。在县级层面考察分税、省对下转移支付对经济增长的影响，对理解分税制改革后中国经济持续高速增长具有重要启示意义。本章主要贡献有两点：第一，构造了一个包含分税、转移支付和经济增长的政府间竞争模型，论证了上级政府同时运用收入分成和省对下转移支付"两只手"调控县域经济增长，首次提出了一个以财政收入集权和转移支付为双内核的旨在解释县域经济增长的新兴财政收入集权理论。第二，不同于既有文献局限于中央和地方财政关系，本章将研究对象推进到省以下的县级层面，考察上级政府的收入分成和省对下转移支付"两只手"对县域经济增长的影响。

9.2　理论模型

借鉴 Cai & Treisman（2005）的地方政府竞争模型和吕冰洋、台航（2018）中央和地方政府目标与行为差异性分析框架，我们构造了包括分税、转移支付和经济增长的理论模型。

9.2.1　基本假定

假设一个省份或地级市（地级区域）存在 N 个县（市），即存在一个上级政府和 N 个县级政府（每个地区仅有一个县级政府，标记为 i）。县级政府承担提供公共服务的支出责任。政府的公共支出分为生产性支出和民生性支出，生产性支出直接进入企业生产函数，而民生性支出直接促进代表性消费者效用水平。假设民生性支出比例为 $1-\delta$，则生产性支出比例为 δ。整个经济体共有 K 单位资本，资本可以跨地区自由流动。

（1）企业生产函数

假设每个县级政府地区存在一个代表性企业，企业生产函数形式为 Cobb-Douglas 型：

$$y_i A_i k_i^a = (\delta g_i)^\beta \qquad (9.1)$$

其中，y_i 是人均产出，k_i 是人均资本投入，g_i 是人均公共支出，δg_i 是人均生产性支出，是每个地区的资源禀赋和技术水平，禀赋差异会影响当地企业的生产率。产出弹性 α 和 β 满足 $\alpha>0$、$\beta>0$、$\alpha+\beta<1$，其中，表明资本投入和生产性公共支出投入存在规模报酬递减，这是因为在生产过程中还需要考虑其他生产要素的投入，诸如土地、人力资本等固定投入。

根据 Cai 和 Treisman（2005）的假设，每个地区相对于整个省份或者地级市（地级区域）而言，都是相对很小的单位，完全竞争条件使得不同地区资本回报率相同，满足均衡条件：

$$r = (1-t)\frac{\delta y_i}{\delta k_i} \qquad (9.2)$$

其中 r 是税后资本回报率。

（2）地方政府偏好

现有众多研究（吕冰洋等，2016；吕冰洋等，2018；马光荣等，2019）通常都将地方政府的偏好设定为两个：一是辖区内总产出最大化，抑或是辖区内税后总产出最大化；二是关注辖区内社会福利的改善，从而推导出财政分权对于经济增长的激励效应。然而如前述，1994年分税制改革以来，中央政府利用行政控制主导央地政府财政关系的调整，不断形成有利于中央政府的游戏规则（陶然等，2009）。在"政治上集权，经济上分权"的央地财政管理体制下，地方政府实际上只能接受规则，并在既有的财政管理体系下做出对自身最优的行动决策，甚至呈现层层加码、主动迎合的特征（吴敬琏、刘吉瑞，1988）。中央政府财政收入集权迫使地方政府面临着巨大的财政压力。这种财政压力通过以任务层层下达和指标逐级分解为特征的行政发包制（周黎安，2014），逐级下沉到县级政府。县级政府在面对上级政府指派的巨大财政压力下，即使只能获得更少的财政收入分成，也不得不参与"竞次"式的地方政府横向投资竞争，否则税基流失后县级政府将一无所获。新财政收入集权理论非常好地解释了这种现象，财政收入集权给地方政府造成的财政压力塑造了地方政府财政收入最大化的目标。给定要素流动，财政收入集权将激励追求财政收入最大化的地方政府为资本而展开蒂伯特式的竞争（方红生、张军，2013）。因此，为了明确反映县级政府由于上级政府的财政收入集权所面临巨大的财政压力和追求地方政府财政收入最大化，将吕冰洋、台航（2018）上级政府追求财政剩余最大化的目标设定引入 Cai 和 Treisman（2005）关于地方政府效用函数的假设。因而，县级政府效用函数可设定为：

$$u_i = (1 - s_i)ty_i + \lambda(1 - \delta)g_i \qquad (9.3)$$

其中，t 是无差异税率，$(1 - \delta)g_i$ 是人均民生性支出。λ 反映了县级政府关心辖区内社会福利改善的偏好程度，其取值范围为（0，∞）。

县级政府的财政收入来自于自身财政收入和上级政府的转移支付补助，其预算约束为：

$$g_i = s_i ty_i + \sigma y_i + m_i \delta g_i + n_i(1 - \delta)g_i \qquad (9.4)$$

其中 s_i 是上级政府和下级政府之间的财政收入分配比例，表示县级政府在全部财政收入中所获得的分成比例；相应地，$1-s_i$ 则表示上级政府在全部财政收入中所获得的分成比例。我们假定上下级政府间转移支付补助包括两类：其一是财力性转移支付，σ_i 表示财力性转移支付系数，反映了转移支付的均等化力度。对于任意一个地区，给定 σ_i，其经济发展水平 y_i 越高，该地区得到的财力性转移支付越多；给定 y_i，其财力性转移支付系数 σ_i 越高，该地区得到的财力性转移支付越多。其二是专项转移支付，配套于生产性支出的收入为 $m_i\delta g_i$，配套于民生性支出的收入为 $n_i(1-\delta)g_i$。

9.2.2　模型推导

结合9.1和9.2式可得到企业最优资本投入和生产性支出之间的关系：

$$k_i(A_i, r, g_i) = \{\frac{1}{r}(1-t)A_i\alpha(\delta g_i)^\beta\}^{\frac{1}{1-\alpha}} \tag{9.5}$$

在给定资本投资回报率和预算约束的条件下，地方政府决定公共支出水平以实现地方政府目标函数最大化。将9.4式代入9.3式可得：

$$u_i = (1-s_i)ty_i + \lambda(1-\delta)(s_ity_i+\sigma_i)y_i + \lambda(1-\delta)[m_i\delta g_i+n_i(1-\delta)g_i] \tag{9.6}$$

求解可得到如下一阶条件：

$$\frac{\delta y_i}{\delta g_i} + \frac{\delta y_i}{\delta k_i}\frac{\delta k_i}{\delta g_i} = \frac{-\lambda(1-\delta)[(m_i-n_i)\delta+n_i]}{(1-s_i)t+\lambda(1-\delta)(s_it+\sigma_i)} \tag{9.7}$$

结合9.1、9.5和9.7式可求解得到最优人均公共支出规模：

$$g_i = \{(\frac{\beta}{1-\alpha})^{1-\alpha}A_i\delta^\beta(\frac{1-t}{r})^\alpha\alpha^\alpha[\frac{(1-s_i)t+\lambda(1-\delta)(s_it+\sigma_i)}{-\lambda(1-\delta)(m_i-n_i)\delta+n_i}]^{1-\alpha}\}$$
$$\frac{1}{1-\alpha-\beta} \tag{9.8}$$

结合9.1、9.8式可最优人均公共支出水平下的人均产出水平：

$$y_i = A_i^{\frac{1}{1-\alpha-\beta}}\delta^{\frac{\beta}{1-\alpha-\beta}}(\frac{1-t}{r})^{\frac{\alpha}{1-\alpha-\beta}}\alpha^{\frac{\alpha}{1-\alpha-\beta}}(\frac{\beta}{1-\alpha})^{\frac{\beta}{1-\alpha-\beta}}$$
$$[\frac{(1-s_i)t+\lambda(1-\delta)(s_it+\sigma_i)}{-\lambda(1-\delta)[(m_i-n_i)\delta+n_i]}]^{1-\alpha}]^{\frac{\beta}{1-\alpha-\beta}} \tag{9.9}$$

$$\frac{\delta y_i}{\delta s_i} = c\frac{1}{1-\alpha-\beta}[\frac{(1-s_i)t+\lambda(1-\delta)(s_it+\sigma_i)}{-\lambda(1-\delta)[(m_i-n_i)\delta+n_i]}]^{\frac{\alpha+2\beta-1}{1-\alpha-\beta}}$$

$$\frac{[(1 - \lambda (1 - \delta)]t}{\lambda (1 - \delta)[(m_i\delta + n_i (1 - \delta)]} \qquad (9.10)$$

式9.10即反映了税收分成对县域经济增长的影响[①]。其他部分符号为负，只需要考虑分子$[1 - \lambda (1 - \delta) t]$。当县级政府非常关注辖区内社会福利改善时，系数$\lambda$趋向于很大，此时有$[1 - \lambda (1 - \delta) t] < 0$，即有$\delta y^*_i / \delta s_i > 0$；当县级政府不关注辖区内社会福利改善而更为关注能否实现地方政府财政收入最大化目标时，系数λ更接近于0，此时有$[1 - \lambda (1 - \delta) t] > 0$，即有$\delta y^*_i / \delta s_i < 0$。结合中国地方官员行为特征，无论是地方政府为了应对财政压力进行横向竞争的新财政收入集权理论，还是地方官员晋升和政治锦标赛模型（Li & Zhou, 2005），都强调了地方政府与上级政府保持一致。张军（2012）还发现，就地方官员的策略性选择而言，地方政府在两个模型中的选择其实是一致的。不言而喻，1994年分税制改革以来，中央政府财政收入集权迫使各级地方政府不得不追求财政收入最大化的目标，而更多地忽视了辖区内社会福利改善的偏好。因此，系数λ更接近于0，即$\delta y^*_i / \delta s_i < 0$，上级政府财政收入集权会促进县域经济增长，而税收分成则会抑制县域经济增长。

假说1：县级政府税收分成提高会抑制县域经济增长。

然而，地区间"竞次性"发展模式，不具备经济发展、社会稳定和环境保护的可持续性（陶然等，2009）。为了尽量缓解这种发展模式的弊端，省级政府将财政收入集权所筹集到的大量资金以省为单位对下转移支付的形式在县域之间进行再分配。省级政府实质上也是以攫取和援助两只手来试图实现对不同县域经济的宏观调控。

$$\frac{\delta y_i}{\delta s_i} = C \times \frac{1}{1 - \alpha - \beta}\left[\frac{(1 - s_i) t + \lambda (1 - \delta)(s_i t + \sigma_i)}{-\lambda (1 - \delta)[(m_i - n_i)\delta + n_i]}\right]^{\frac{\alpha + 2\beta - 1}{1 - \alpha - \beta}}$$
$$\times \frac{-1}{[(m_i\delta + n_i (1 - \delta)]} \qquad (9.11)$$

---

① $C - A_1^{\frac{1}{1-\alpha-\delta}} \delta^{\frac{\delta}{1-\alpha-\delta}} \left(\frac{1-t}{r}\right)^{\frac{\alpha}{1-\alpha-\delta}} \alpha^{\frac{\alpha}{1-\alpha-\delta}} \left(\frac{\beta}{1-\alpha}\right)^{\frac{\delta}{1-\alpha-\delta}} > 0。$

式9.11即反映了财力性转移支付对地区经济增长的影响[①]，$\partial y^*_i / \partial s_i > 0$，而 $\partial y^*_i / \partial m_i$ 与 $\partial y^*_i / \partial n_i$ 则不确定。上级政府的转移支付会促进县域经济增长。这是因为当追求财政收入最大化的地方政府面对不规范的转移支付制度时，都会选择一个偏向于基本建设的财政支出结构（方红生、张军，2013；马光荣等，2019）。上级政府的财政收入集权导致地方政府面临巨大的财政增收或财政收入增长压力，而上级政府的转移支付则会缓解财政收入集权给地方政府所造成的压力（方红生、张军，2013）。这也意味着新财政收入集权理论所强调的上级政府的财政收入集权所导致的地方政府税收分成对县域经济增长的负向抑制效应将受到省对下转移支付的抑制。

假说2：税收分成对县域经济增长的负向抑制效应会随省对下转移支付提高而减弱。

9.3　经验策略和数据说明

9.3.1　经验策略

为了检验上述两个理论假说，考察分税、省对下转移支付对县域经济增长的影响，我们构造了如下计量模型：

$$Growth_{it} = \alpha + \beta_1 Share_{it} + \beta_2 Share_{it} \times TF_{it} + \beta_3 TF_{it} + u_i + \lambda_t + \varepsilon_{it} \qquad (9.12)$$

其中下标 i 和 t 分别表示第 i 个县（市）和第 t 年。被解释变量 $Growth_{it}$ 是县域经济增长率；两个核心解释变量：$Share_{it}$ 是县级政府税收分成比例及省对下转移支付收入，为了具体区分财力性转移支付收入和专项转移支付收入，还分别设置了 GT_{it} 和 ST_{it}，以及交互项 $Share_{it} \times GT_{it}$ 和 $Share_{it} \times ST_{it}$；$X_{it}$ 是影响县域经济增长率的其他控制变量；U_i 是不可观察的县级固定效应，λ_t 是时间固定效应，ε_{it} 是随机扰动项。

参考既有文献的做法，本章采用两种统计口径来衡量被解释变量 $Growth_{it}$：县域人均实际GDP增长率和县域实际GDP增长率。利用各省统计年鉴公布的GDP

---

① 具体推导过程不再详述，有兴趣的读者可以向作者索取。

指数平减县级名义GDP，以1978年为基期，获得县级实际GDP，结合总人口数据即可计算获得。

$$Prgdpg_{it} = \frac{(rgdp_{it}/pop_{it}) - (rgdp_{it-1}/pop_{it-1})}{rgdp_{it-1}/pop_{it-1}};$$

$$rgdpg_{it} = \frac{rgdp_{it} - rgdp_{it-1}}{rgdp_{it-1}}$$

解释变量为第i个县（市）第t年的税收分成比例。参考吕冰洋等（2018）和马光荣等（2019）的研究，我们使用县级政府的增值税分成率来代表县级政府税收分成比例。一方面，增值税是央地分享税，是中国第一大税种，该税种的分成率能够较好地反映政府间税收分成；另一方面，利用现有数据，可以较准确地计算县级政府的增值税分成率。计算公式可表示为：

增值税分成比例＝县级政府自有的增值税收入／县级地区实际缴纳的增值税总额

解释变量为第i个县（市）第t年的转移支付。参考刘勇政等（2019）的研究，使用省对下的转移支付收入与一般公共预算支出的比值来衡量转移支付。

借鉴既有文献（方红生、张军，2013、2014；吕冰洋等，2018；马光荣等，2019；刘勇政等，2019），其他控制变量包括：经济发展水平[ln（$prgdp$）]，采用人均实际GDP取对数；工业化程度（$Indus$），采用第二产业值/GDP；第三产业程度（$Serve$），采用第三产业值/GDP；城市化（$Urban$），采用非农业人口／总人口；人口密度[ln（dop）]，取对数；城镇固定资产投资（$Fixedinvest$），采用城镇固定资产投资/GDP；人均在校中学生人数（$Student$）；人均医院卫生院床位数（$Medical$）；人均财政供养人口（$Fiscalpop$）；县（市）乡镇数取对数（$Town$）。

9.3.2 内生性问题

潜在的内生性问题会影响上述双向固定效应模型的估计结果。一般而言，潜在的内生性问题主要有三个来源：遗漏变量、解释变量和被解释变量之间存在联立性、度量误差。本章的被解释变量可能存在自相关性，即上一期的经济增长率会影响当期经济增长率。在解决被解释变量滞后期作为解释变量时导致的内生性问题，Arellano 和 Bond（1991）的动态面板数据模型是通用的计量方法。因此，我们在式9.12中控制了县域经济增长率滞后一期。

$$Growth_{it}= \alpha+\beta_1 Share_{it-1}+\beta_2 Share_{it}+\beta_3 Share_{it} \times TF_{it}+\beta_4 TF_{it}+\beta X_{it}+u_i+\lambda_t+\varepsilon_{it} \quad（9.13）$$

式9.13在控制了被解释变量滞后一期遗漏可能造成的内生性问题之后，如果理论假说依然成立，即考察依然是否显著为负，依然是否显著为正，那么我们还必须关注被解释变量滞后期的估计系数。该系数如果显著，表明被解释变量确实存在自相关性，我们建立动态面板数据的计量模型是有必要的。具体而言，我们使用SYSY-GMM估计方法，对式9.13进行回归估计。此外，其他由于无法被观察到而没有进入回归估计的遗漏变量也可能导致估计值有偏。解决这种遗漏变量问题的办法之一是收集尽可能多的信息，然而这在任何时候都是难以实现的。面板数据的固定效应在解决由不随时间变化的遗漏变量导致的内生性上起着决定性作用。

9.3.3　数据说明

本章采用了1999—2007年中国1930个县（市）的非平衡面板数据，由于数据缺失严重，剔除了西藏自治区所辖所有县（市）的样本。县级经济增长数据来源于《全国地市县财政统计资料》、《中国区域统计年鉴》和《县域经济统计资料》。县级政府财政收入、财政支出、转移支付收入、增值税收入、增值税上缴（75%）、财政供养人口数据来源于《全国地市县财政统计资料》。县（市）第二产业增加值、第三产业增加值、行政区划面积、总人口、乡村人口、乡镇数、城镇居民固定资产投资、在校中学生人数、医院卫生院床位数来源于历年《县域经济统计资料》《中国区域统计年鉴》《全国分县市人口统计资料》。为避免极端值残留在样本中对估计造成影响，我们使用winsor命令剔除所有变量上下1%的极端值。

为了考察分税、省对下转移支付对县域经济增长的影响的地区间异质性，本章选择了三种地区间差异区分方式：民族县与贫困县；税收净流出地区和净流入地区；东中西部三类地区①。其中民族县与贫困县数据来源于《县域经济统计资料》和国务院扶贫开发领导小组办公室信息公开目录。税收净流出地区和净流入地区参考方红生、张军（2013）的1995—2007年净流出地区和净流入地区分类表格。

表 9-1　描述性统计

变量	定义	Obs	Mean	S. D.	Min	Max
Share	县级自有的增值税收入/县级地区实际缴纳的增值税总额	17024	0.216	0.053	0.05	0.32
TF	县级转移支付收入/县级一般公共预算支出	17023	0.593	0.227	0.026	1.084
GT	县级财力性转移支付收入/县级一般公共预算支出	16710	0.334	0.226	−0.236	0.857
ST	县级专项转移支付收入/县级一般公共预算支出	17021	0.157	0.107	−0.143	0.492
ln(prgdp)	ln[实际GDP（以1978年为基期）/总人口]	17024	7.399	0.672	5.886	9.301
Urban	非农人口/总人口	17025	0.179	0.127	0.012	0.786
ln(dop)	ln（总人口/行政区划面积）	17021	5.118	1.28	0.387	7.003
Indus	第二产业增加值/GDP	17024	0.368	0.148	0.077	0.783
Serve	第三产业增加值/GDP	17024	0.32	0.088	0.033	0.658
Fixedinvest	城镇居民固定资产投资/GDP	17022	0.219	0.205	0.012	1.272
Student	人均在校中学生人数	17022	0.061	0.016	0.011	0.104
Medical	人均医院卫生院床位数	17021	0.002	0.001	0.001	0.006
Fiscalpop	人均财政供养人口	17023	0.032	0.012	0.016	0.097
Fown	ln（乡镇数）	17370	2.678	0.524	0	5.03
Minority	少数民族县	17370	0.287	0.452	0	1
Poverty	贫困县	17370	0.298	0.458	0	1

---

① 东部：河北、辽宁、江苏、浙江、福建、山东、广东和海南；中部：山西、吉林、黑龙江、安徽、江西、河南、湖北、湖南；西部：四川、贵州、云南、陕西、甘肃、青海、宁夏、新疆、广西、内蒙古。

9.4　实证结果

9.4.1　基准回归结果

表9-3是运用双向固定效应估计方法（FE）对式9.12进行估计的回归结果。其中，第（1）～（4）列被解释变量为县级人均实际GDP增长率，第（5）～（8）列被解释变量为县级实际GDP增长率。第（1）（3）（5）（7）列是没有添加控制变量的回归结果。第（3）～（4）列和第（7）～（8）列为区分考察财力性转移支付和专项转移支付的回归结果。

表9-3　基准回归结果

独立变量	人均实际GDP增长率				实际GDP增长率			
	(1)	(2)	(3)	(4)	(5)	(6)	(7)	(8)
Share	-0.72^{***}	-0.35^{***}	-0.57^{***}	-0.34^{***}	-0.65^{***}	-0.28^{***}	-0.55^{***}	-0.32^{***}
	(0.12)	(0.13)	(0.07)	(0.07)	(0.11)	(0.10)	(0.08)	(0.06)
Share×TF	0.75^{***}	0.46^{**}			0.66^{***}	0.34^{**}		
	(0.20)	(0.22)			(0.19)	(0.14)		
TF	-0.24^{***}	-0.02			-0.22^{***}	-0.00		
	(0.05)	(0.05)			(0.05)	(0.04)		
Share×GT			0.83^{***}	0.56^{***}			0.71^{***}	0.53^{***}
			(0.14)	(0.20)			(0.18)	(0.13)
GT			-0.26^{***}	-0.06			-0.24^{***}	-0.05
			(0.03)	(0.05)			(0.04)	(0.03)
Share×ST			0.63^{**}	0.66^{*}			0.80^{**}	0.61^{**}
			(0.30)	(0.39)			(0.39)	(0.29)
ST			-0.16^{**}	-0.02			-0.22^{**}	-0.04
			(0.07)	(0.10)			(0.09)	(0.07)
Controls	No	Yes	No	Yes	No	Yes	No	Yes
Year FE	Yes	Yes	Yes	Yes	Yes	Yes	Yes	Yes
County FE	Yes	Yes	Yes	Yes	Yes	Yes	Yes	Yes
$\bar{R}^2$	0.056	0.197	0.064	0.207	0.059	0.182	0.069	0.191

续表

独立变量	人均实际GDP增长率				实际GDP增长率			
	(1)	(2)	(3)	(4)	(5)	(6)	(7)	(8)
Obs	16368	14320	15772	13835	16368	14307	15769	13823

注:a.*、**、***分别表示在10%、5%、1%的水平上显著,括号内是标准误,标准误均聚类(cluster)在地级市层面;b.控制变量包括人均实际GDP取对数(lprgdp)、工业化程度(indus)、第三产业程度(serve)、城市化(urban)、人口密度(ldop)、城镇固定资产投资(fixedinvest)、人均在校中学生人数(student)、人均医院卫生院床位数(medical)、人均财政供养人口(fiscalpop)、县(市)乡镇数(town),限于篇幅原因不再展示,有兴趣的读者可以向作者索取。

表9-3的回归结果显示:其一,在各种模型的设定下,县级政府增值税分成提高对县域经济增长均有显著的负向效应。根据第(2)(4)(6)(8)列的结果,县级政府增值税分成率提高1%,县域经济增长率会降低0.3%左右。换言之,上级政府增值税分成率提高1%,县域经济增长率会提高0.3%左右。这意味着上级政府的财政收入集权会促进县域经济增长,而税收分成会抑制县域经济增长,假说1得到验证。其二,在各种模型的设定下,县级政府增值税分成率与省对下转移支付的交互项均对县域经济增长具有显著的正向效应,假说2得到验证。根据第(4)(8)的结果,区分财力性转移支付规模和专项转移支付规模,两者均能减弱税收分成对县域经济增长的负向抑制效应,假说2依然成立。

9.4.2 稳健性检验

表9-4是运用SYS-GMM估计方法对式9.13进行估计的回归结果。其中,第(1)(2)列被解释变量为县级人均实际GDP增长率,第(3)(4)列被解释变量为县级实际GDP增长率。第(2)列和第(4)列分别考察财力性转移支付和专项转移支付的回归结果。根据Hansen检验值和残差序列相关的检验结果,式9.13系统广义矩估计方程是合理的。

表9-4 SYS-GMM 回归结果

独立变量	人均实际GDP增长率		实际GDP增长率	
	(1)	(2)	(3)	(4)
L.Growth	−0.16***	−0.16***	−0.15***	−0.15***

独立变量	人均实际GDP增长率		实际GDP增长率	
	(1)	(2)	(3)	(4)
	(0.02)	(0.01)	(0.02)	(0.01)
Share	-2.39^{**}	-1.14^{***}	-2.36^{*}	-0.76^{***}
	(0.99)	(0.23)	(1.24)	(0.23)
Share×TF	3.21^{**}		3.14^{*}	
	(1.36)		(1.74)	
TF	-1.15^{**}		-1.00	
	(0.45)		(0.61)	
Share×GT		1.03^{*}		1.12^{*}
		(0.57)		(0.67)
GT		-0.41^{**}		-0.20
		(0.16)		(0.17)
Share×ST		3.93^{***}		3.13^{**}
		(1.34)		(1.42)
ST		-1.16^{***}		-0.82^{**}
		(0.35)		(0.39)
Controls	Yes	Yes	Yes	Yes
Year FE	Yes	Yes	Yes	Yes
County FE	Yes	Yes	Yes	Yes
AR(1)	0.000	0.000	0.000	0.000
AR(2)	0.619	0.808	0.585	0.664
Hansen J	0.135	0.151	0.210	0.124
Obs	12613	12503	12602	12492

注：a.*、**、***分别表示在10%、5%、1%的水平上显著，括号内是稳健标准误；b.控制变量与表9-3一致；c.所有模型都通过了Hansen过度识别约束检验和Arellano-Bond自相关检验。

表9-4的回归结果与表9-3保持高度一致，结果表明：其一，在各种模型的设定下，县级政府增值税分成提高对县域经济增长均有显著的负向效应。县级政府增值税分成率提高1%，县域经济增长率会降低2%左右。换言之，上级政府增值税分成率提高1%，县域经济增长率会提高2%左右。这意味着上级政府财政收

入集权会促进县域经济增长，而税收分成会抑制县域经济增长，假说1依然得到验证。其二，在各种模型的设定下，县级政府增值税分成率与省对下转移支付的交互项均对县域经济增长具有显著的正向效应，假说2依然得到验证。根据第（2）（4）列的结果，区分财力性转移支付规模和专项转移支付规模，假说2依然成立。

9.4.3 异质性分析

分税、省对下转移支付对县域经济增长的影响在不同类型的地区可能存在巨大差异。如前述，本章选择了三种不同地区分类方法进行分地区回归考察：民族县和贫困县、税收净流入地区和净流出地区以及东中西部三类地区。所有分地区回归结果均采用SYS-GMM估计方法。

（1）民族县和贫困县

表9-5是民族县与贫困县SYS-GMM回归结果。其中，第（1）～（4）列是民族县回归结果，第（5）～（8）列是贫困县回归结果。被解释变量区分了县级人均实际GDP增长率、县级实际GDP增长率。解释变量区分了财力性转移支付和专项转移支付。

表9-5的回归结果显示：税收分成、省对下转移支付对县域经济增长的影响在民族县和贫困县有显著差异。根据第（1）～（4）列的结果，民族县的回归结果与表9-4保持高度一致。在各种模型的设定下，县级政府增值税分成提高对民族县经济增长均有显著的负向效应。上级政府财政收入集权会促进民族县经济增长，而税收分成会抑制民族县经济增长，假说1依然得到验证。增值税分成率与省对下转移支付的交互项对民族县经济增长具有显著的正向效应，这意味着假说2得到验证。根据第（5）～（8）列的结果，在各种模型的设定下，县级政府增值税分成提高对贫困县经济增长没有显著的影响。上级政府财政收入集权不能促进贫困县经济增长，假说1不再成立。增值税分成率与省对下转移支付的交互项对贫困县经济增长也没有显著的影响。可见，分税制改革后，上级政府财政收入集权的激励效应对于贫困县经济发展是失效的。贫困县可能由于其糟糕的资源禀赋

和低效的企业生产率直接退出了为争夺资本而开展的地区间横向竞争，上级政府无法通过财政收入集权和省对下转移支付制度来调控贫困县经济发展。

表 9-5 民族县和贫困县 SYS-GMM 回归结果

独立变量	民族县				贫困县			
	人均实际GDP增长率		实际GDP增长率		人均实际GDP增长率		实际GDP增长率	
	(1)	(2)	(3)	(4)	(5)	(6)	(7)	(8)
L.Growth	−0.16***	−0.15***	−0.13***	−0.14***	−0.18***	−0.18***	−0.19***	−0.16***
	(0.03)	(0.03)	(0.03)	(0.02)	(0.04)	(0.05)	(0.06)	(0.03)
Share	−6.16***	−5.38**	−3.29**	−3.63**	−1.98	−2.06	−1.86	−0.45
	(1.78)	(2.72)	(1.63)	(1.52)	(3.60)	(1.71)	(3.02)	(2.18)
Share×TF	7.20***		3.46★		2.12		1.82	
	(2.15)		(1.96)		(4.32)		(3.74)	
TF	−2.00***		−1.10*		−0.22		−0.24	
	(0.56)		(0.60)		(1.49)		(1.32)	
Share×GT		6.86*		3.60*		1.86		0.19
		(3.70)		(2.00)		(2.18)		(2.86)
GT		−1.38		−1.04**		−0.15		0.10
		(0.92)		(0.52)		(0.53)		(0.62)
Share×ST		17.07*		9.86*		6.55*		2.52
		(9.46)		(5.78)		(3.76)		(3.69)
ST		−3.73		−2.40*		−1.32		−0.36
		(2.27)		(1.39)		(0.91)		(1.14)
Controls	Yes	Yes	Yes	Yes	Yes	Yes	Yes	Yes
Year FE	Yes	Yes	Yes	Yes	Yes	Yes	Yes	Yes
County FE	Yes	Yes	Yes	Yes	Yes	Yes	Yes	Yes
AR(1)	0.000	0.000	0.000	0.000	0.005	0.000	0.000	0.011
AR(2)	0.592	0.403	0.999	0.548	0.841	0.398	0.898	0.423
Hansen J	0.289	0.974	0.274	0.177	0.714	0.264	0.599	0.312
Obs	3341	3314	3337	3310	3718	3675	3713	3670

注：a.*、**、***分别表示在10%、5%、1%的水平上显著，括号内是稳健标准误；b.控制变量与表9-3一致；c.所有模型都通过了Hansen过度识别约束检验和Arellano-Bond自相关检验。

（2）税收净流入地区和净流出地区

表9-6是税收净流入和净流出地区SYS-GMM回归结果。其中，第（1）～（4）列是税收净流出地区的县（市）回归结果，第（5）～（8）列是税收净流入地区的县（市）回归结果。被解释变量区分了县级人均实际GDP增长率、县级实际GDP增长率。解释变量区分了财力性转移支付和专项转移支付。

表9-6的回归结果显示：税收分成、省对下转移支付对县域经济增长的影响在税收净流入和净流出地区有显著差异。根据第（1）～（4）列的结果，税收净流出地区的回归结果与表9-4完全相反。在税收净流出地区，税收分成对经济增长有显著的正向效应，税收分权会促进县域经济增长。同时，税收分成率与省对下转移支付的交互项对县域经济增长具有显著的负向效应。这意味着税收分权对县域经济增长的正向激励效应会随转移支付而减弱，假说1和假说2均不再成立。不过，根据第（5）～（8）列的结果，税收净流出地区的回归结果与表9-4保持高度一致，假说1和假说2均依然成立。上述回归结果能够与方红生、张军（2013、2014）的研究结论相互印证：第一，相较于净流出地区，分税制改革后，上级政府的财政收入集权导致净流入地区的县级政府财政压力更大，结果必然倒逼净流入地区的县级政府投入更大的努力争夺资本和推动高税产业的发展。第二，相比于净流入地区，分税制改革后，上级政府的财政收入集权并没有给净流出地区造成那么强烈的财政压力，税收分权的正向激励效应反而显现。

表9-6　税收净流入地区和净流出地区 SYS-GMM 回归结果

独立变量	净流出地区				净流入地区			
	人均实际GDP增长率		实际GDP增长率		人均实际GDP增长率		实际GDP增长率	
	(1)	(2)	(3)	(4)	(5)	(6)	(7)	(8)
$L.Growth$	-0.21^{***}	-0.20^{***}	-0.20^{***}	-0.19^{***}	-0.14^{***}	-0.17^{***}	-0.13^{***}	-0.13^{***}
	(0.04)	(0.03)	(0.04)	(0.03)	(0.02)	(0.03)	(0.03)	(0.03)
$Share$	4.21^{**}	2.74^{***}	3.66^{**}	2.42^{***}	-2.57^{**}	-3.74^{**}	-3.83^{***}	-3.10^{*}
	(1.65)	(0.90)	(1.56)	(0.73)	(1.01)	(1.78)	(1.22)	(1.64)
$Share×TF$	-3.79^{**}		-3.33^{*}		3.28^{**}		5.67^{***}	
	(1.73)		(1.95)		(1.36)		(2.22)	
TF	1.45^{**}		1.24^{*}		-0.89^{***}		-1.47^{***}	

独立变量	净流出地区				净流入地区			
	人均实际GDP增长率		实际GDP增长率		人均实际GDP增长率		实际GDP增长率	
	(1)	(2)	(3)	(4)	(5)	(6)	(7)	(8)
	(0.58)		(0.65)		(0.33)		(0.49)	
$Share×GT$		-3.16^{**}		-3.05^{***}		5.43^{**}		4.01^{*}
		(1.22)		(1.01)		(2.67)		(2.40)
GT		0.56		0.57^{**}		-1.12^{**}		-0.67
		(0.35)		(0.29)		(0.52)		(0.45)
$Share×ST$		-1.28		-1.96		12.25^{*}		12.75^{*}
		(2.03)		(1.75)		(6.92)		(6.63)
ST		0.06		0.17		-2.81^{*}		-2.88^{*}
		(0.54)		(0.47)		(1.54)		(1.49)
$Controls$	Yes	Yes	Yes	Yes	Yes	Yes	Yes	Yes
$Year FE$	Yes	Yes	Yes	Yes	Yes	Yes	Yes	Yes
$County FE$	Yes	Yes	Yes	Yes	Yes	Yes	Yes	Yes
$AR(1)$	0.000	0.000	0.000	0.000	0.000	0.000	0.000	0.000
$AR(2)$	0.981	0.130	0.934	0.132	0.142	0.543	0.141	0.189
$Hansen J$	0.705	0.245	0.838	0.291	0.434	0.596	0.151	0.738
Obs	5315	5289	5310	5284	7298	7214	7292	7208

注：a.*、**、***分别表示在10%、5%、1% 的水平上显著，括号内是稳健标准误；b.控制变量与表9-3一致；c.所有模型都通过了Hansen过度识别约束检验和Arellano-Bond自相关检验。

上述差异表明，以动态变化为特征的分税制改革后，新财政收入集权理论的财政收入激励效应和第二代财政分权理论的税收分权激励效应同时存在。两种效应都是中国经济持续高速增长的引擎。在税收净流出地区，由于没有巨大的财政压力和相对发达的经济发展水平，税收分权激励效应促使县级地方政府展开横向竞争，促进县域经济增长。转移支付则会减弱税收分权的正向激励效应。在税收净流入地区，由于上级政府的财政收入集权造成的巨大财政压力，财政收入集权的激励效应促使地方政府追求财政收入最大化，为资本而竞争，促进县域经济增长。转移支付则会减弱财政收入集权的正向激励效应。

（3）东中西部三类地区

表9-7是东中西部三类地区SYS-GMM回归结果。其中，第（1）~（3）列的被解释变量为县级人均实际GDP增长率，第（4）~（6）列的被解释变量为县级实际GDP增长率。

表9-7　东中西部三类区 SYS-GMM 回归结果

独立变量	人均实际GDP增长率			实际GDP增长率		
	东部	中部	西部	东部	中部	西部
	(1)	(2)	(3)	(4)	(5)	(6)
L.Growth	−0.16***	−0.08**	−0.17***	−0.11**	−0.10***	−0.12***
	(0.03)	(0.03)	(0.02)	(0.05)	(0.04)	(0.02)
Share	2.04***	−1.00	−3.86***	2.52**	−1.36	−2.89***
	(0.73)	(1.04)	(1.10)	(1.15)	(1.07)	(1.02)
Share×TF	−2.88***	0.82	4.70***	−4.07**	1.17	3.64***
	(1.02)	(1.79)	(1.35)	(1.69)	(1.85)	(1.27)
TF	0.76**	−0.36	−1.30***	1.09**	−0.43	−1.06***
	(0.30)	(0.61)	(0.32)	(0.50)	(0.63)	(0.31)
Controls	Yes	Yes	Yes	Yes	Yes	Yes
Year FE	Yes	Yes	Yes	Yes	Yes	Yes
County FE	Yes	Yes	Yes	Yes	Yes	Yes
AR(1)	0.000	0.000	0.000	0.024	0.000	0.000
AR(2)	0.557	0.291	0.831	0.115	0.550	0.382
Hansen J	0.135	0.389	0.319	0.968	0.185	0.166
Obs	3472	4157	4984	3474	4153	4981

注：a.*、**、*** 分别表示在10%、5%、1% 的水平上显著，括号内是稳健标准误；b.控制变量与表9-3一致；c.所有模型都通过了 Hansen 过度识别约束检验和 Arellano-Bond 自相关检验。

表9-7的回归结果显示：税收分成、省级对下转移支付对县域经济增长的影响在东中西部三类地区有显著差异。根据第（1）和（4）列的结果，东部地区的回归结果与税收净流出地区的回归结果保持一致。在东部地区，税收分成对经济增长有显著的正向效应，税收分权会促进县域经济增长。税收分成率与省对下转

移支付的交互项对县域经济增长具有显著的负向效应。这意味着税收分权对县域经济增长的正向激励效应会随转移支付而减弱。根据第（2）和（5）列的结果，中部地区的回归结果与贫困县的回归结果保持一致。在中部地区，税收分成对经济增长没有显著的影响，税收分成率与省对下转移支付的交互项对县域经济增长也没有显著的影响。根据第（3）和（6）列的结果，西部地区的回归结果与民族县、税收净流入地区及表9-4的回归结果保持一致。在西部地区，税收分成对经济增长有显著的负向效应，上级政府的财政收入集权会促进县域经济增长。税收分成率与省对下转移支付的交互项均对县域经济增长具有显著的正向效应。这意味着上级政府的财政收入集权对县域经济增长的正向激励效应会随其"援助之手"而减弱。

三类地区回归结果能够与王文剑、覃成林（2008）及乔宝云等（2005）的研究结论相互印证：税收分权在东部富裕地区能够促进经济增长，在中西部贫困地区则会抑制经济增长。三类地区回归结果也能够与前述分地区回归结果相互印证：东部地区更倾向于税收净流出地区，中西部地区则更倾向于税收净流入地区；西部地区更倾向于少数民族县，中部地区则更倾向于贫困县。上述差异表明，1994年分税制改革后，新财政收入集权理论的财政收入集权的激励效应和第二代财政分权理论的税收分权激励效应在东中西部三类地区是同时存在的。在东部地区、富裕地区和税收净流出地区，税收分权激励效应会促进县域经济增长，转移支付则会减弱税收分权的正向激励效应；在中部地区，特别是贫困县，税收分权的激励效应和财政收入集权的激励效应都会失效；在西部地区、少数民族县、税收净流入地区，财政收入集权的激励效应会促进县域经济增长，转移支付则会减弱财政收入集权的正向激励效应。

9.5　本章小结

省级以下政府间财政关系是国家治理体系和治理能力的柱石，是省市县三级政府在新时期、新形势下发挥有为政府作用，促进县域经济发展取得新成效的重要抓手。借鉴 Cai 和 Treisman（2005）的地方政府竞争模型和吕冰洋、台航（2018）中央和地方政府目标与行为差异性分析框架，本章将转移支付引入新财政收入集权理论的分析框架，论证了分税制改革后上级政府通过财政收入集权和转移支付调控县域经济增长，为新财政收入集权理论提供了坚实的理论基础。本章采用1999—2007年中国县级面板数据实证检验了分税、省对下转移支付对县域经济增长的影响，并选择了民族县与贫困县、税收净流入地区和净流出地区、东中西部三类地区三种分地区方式进行异质性分析。运用处理内生性的SYS–GMM估计方法进行回归分析，研究发现：（1）上级政府的财政收入集权会促进县域经济增长，而税收分成会抑制县域经济增长。（2）上级政府的财政收入集权对县域经济增长的正向激励作用会随省对下转移支付提高而减弱，即税收分成对县域经济增长的负向抑制作用会随省对下转移支付提高而减弱。（3）财政收入集权的激励效应和税收分权的激励效应在不同地区是同时存在的。在东部地区、富裕地区、税收净流出地区，由于相对发达的经济发展水平，上级政府的财政收入集权没有对县级政府造成巨大财政压力，税收分权激励效应促使县级地方政府展开横向竞争，促进县域经济增长。转移支付则会减弱税收分权的正向激励效应。在中部地区，尤其是贫困县，财政收入集权的激励效应是失效的。贫困县可能由于其糟糕的资源禀赋和低效的企业生产率直接就退出了为争夺资本而展开的地区间横向竞争，上级政府无法通过财政收入集权和转移支付来调控贫困县经济发展。在西部地区、税收净流入地区，尤其是民族县，由于上级政府的财政收入集权造成的巨大财政压力，财政收入集权的激励效应促使地方政府追求财政收入最大化，为资本而竞争，促进县域经济增长。转移支付则会减弱财政收入集权的正向激励效应。

10

研究结论与政策建议

本书在探讨中国中央财政收入集权是否过高的基础上，将转移支付纳入新财政收入集权理论，提出了新兴财政收入集权理论。基于这个理论及其实证框架，本书对财政收入集权对非预算内收入与预算内收入之比、中国税收超GDP增长、企业税负、地方政府支出结构、县域经济增长的激励效应进行了全面而科学的再评估，有效回应了对分税制改革的持久质疑。

10.1 研究结论

（1）第3章的研究证伪了中国中央财政收入集权过高说。本书首次从公共财政收入和全口径财政收入两个方面对中央名义财政收入集权和真实政收入集权进行了测算，发现了以下三点重要结论：第一，以公共财政名义集权指标衡量中央财政收入集权的传统方法已大大高估了中国中央财政收入集权；第二，虽然分税制改革后的公共财政（全口径）名义集权大大高于1990—1993年间的财政包干时期的名义集权，但是公共财政（全口径）真实集权则明显低于前期；第三，公共财政和全口径财政收入集权在2007年后都表现出显著的下降趋势。本书选取了IMF的GFS数据库中所有发达国家和发展中国家作为样本进行了国际比较，发现了以下两点令人惊讶的重要结论：第一，从国际可比的角度看，中国是财政收入集权程度最低的国家；第二，从作为改革风向标的名义集权来看，全球有高达

93.2%的国家的名义集权在60%以上。基于上述五大典型事实，本书对中国中央财政收入集权过高说提出严重质疑。然而要证伪中国中央财政收入集权过高说，还需要考察中国中央收支集权的非对称性程度。为此，本书创新性地提出了四个可判断中国中央财政收入集权是否过高的中央收支集权非对称性指标，结果发现：第一，中国中央财政收入集权偏低了；第二，与中央公共财政名义和真实收支集权的非对称性程度相比，中央全口径名义和真实收支集权的非对称性程度更严重，表明中央全口径名义和真实收入集权偏低。由此，本书不仅证伪了中国中央财政收入集权过高说，而且还发现了中国中央财政收入集权，特别是中国全口径财政收入集权偏低。进一步的国际比较发现：第一，中国中央收支集权程度集权非对称性的严重程度排在全球第三位，而中国中央承担本级全口径财政支出责任的能力全球最低。第二，全球中央收支集权的非对称性程度低于1的国家高达70.4%，这表明这些国家应该考虑提高中央财政收入集权。第三，全球中央收支集权的非对称性程度高于1的国家占29.6%，这表明这些国家可以考虑降低中央财政收入集权。

（2）陈抗等（2002）发表了一项至今仍被广泛接受的研究成果，即财政收入集权将激励地方政府伸出"攫取之手"而不是"援助之手"。本书第4章对此表示了质疑，并重新评估了财政收入集权的激励效应。通过改进新近发展起来的新财政收入集权理论，我们提出了一个以财政收入集权和转移支付为双内核的旨在解释非预算内收入与预算内收入之比的理论框架，并提出了4个研究假说。通过构造1999—2009年间的财政收入集权与转移支付的省际面板数据并界定净流出、入地区，证实了所提的假说。具体而言，我们有以下重要发现：第一，使用全样本，尽管财政收入集权直接的激励效应表现为"援助之手"行为，但是这种"援助之手"行为有可能被中央政府的转移支付扭曲成"攫取之手"。第二，在净流出地区，财政收入集权将激励地方政府伸出"援助之手"行为，而在净流入地区，财政收入集权所表现出来的"援助之手"行为有可能被中央政府的转移支付扭曲成"攫取之手"。第三，使用全样本，中央政府的转移支付所表现出来的"援助之手"行为有可能被财政收入集权扭曲成"攫取之手"。第四，相比于净流出地区，中央政府的转移支付更能激励净流入地区的地方政府伸出"援助之手"，不过这种"援助之手"行为有可能被财政收入集权扭曲成"攫取之手"。

基于上述重要发现，我们通过观察数据结构对财政收入集权的激励效应进行了再评估。研究发现，财政收入集权将激励净流出地区的地方政府伸出"援助之手"，而在净流入地区，虽然中央政府的转移支付对财政收入集权的这一效应有所抑制，但总体上还不足以改变其"援助之手"的性质。因此，这一发现就证伪了陈抗等（2002）至今仍被广泛接受的一个"攫取之手"的观点，而对新近发展起来的新财政收入集权理论提供了有力支持。这表明，就其总体上有利于激励地方政府伸出"援助之手"行为而言，中国1994年财政再集权的努力应该说是成功的。我们没有必要采用所谓只有收入权力和支出责任同时下放（或财权和事权相匹配）才是好的治理模式（Weingast，2000；Careaga & Weingast，2002），否则必然危及中国的政治与经济稳定（Boadway & Tremblay，2011；王绍光，2002），因为中国是一个发展极不平衡的大国，这样那些适用于较为均衡发展的国家的高度分权的治理模式就不怎么适用于中国（方红生、张军，2013）。对此，我们务必要保持高度警惕。

（3）第5章从产业结构的角度出发，对财政集权的激励效应进行了再评估。在不同产业，财政收入集权化后，由于收入自主权的限制和支出需求上的扩张，地方政府面临日益增加的财政压力，而在政府收入和支出活动上展开竞争，这激励地方政府对第二产业伸出"援助之手"，而对第三产业伸出了有损经济效率的"攫取之手"。同时，转移支付存在弱化财政收入集权激励效应的作用，使两个产业上的"援助之手"或"攫取之手"受到一定程度的弱化，甚至扭曲为"攫取之手"或转变为"援助之手"。对于不同产业结构地区，在第二产业占比较高的地区（S地区），财政收入集权和转移支付对于地方政府的激励倾向于表现为更高程度的"援助之手"，且财政收入集权与转移支付的交互作用不显著；而在第三产业占比较高的地区（T地区），财政收入集权对地方政府的激励倾向于表现为更低程度的"援助之手"，交互激励效应显著。

（4）第6章的研究表明，中国税收的持续超GDP增长是财政收入集权和转移支付两种方式共同作用的结果。分税制改革后，中央政府采取了财政收入集权和转移支付两种方式共同来治理整个中国经济，然而这种治理模式并不怎么被看好。比如，一些经济学家就认为中央政府的财政收入集权势必会降低地方政府发展经济与培育税源的积极性，而转移支付又会导致道德风险问题，最佳的治理模式应是支出责任和收入权力同时下放（Weingast，2000；Careaga & Weingast，2002）。可是，考虑到中国是一个发展极不平衡的大国，那些适用于较为均衡发展的国家的高度分权的治理模式就不怎么适用于中国，盲目借鉴必然危及中国的政治与经济稳定（Boadway & Tremblay，2011；王绍光，2002）。因此，中央政府选择两种方式共同治理模式肯定是经过慎重权衡的结果。问题是这样的治理模式果真会导致中国地方政府无心发展经济、培育税源吗？通过拓展新财政收入集权理论，我们提出了4个假说来对"中国税收持续超GDP增长"之谜进行了深入的剖析。基于被证实的4个假说，答案显然是否定的，即尽管两种方式共同治理模式有许多问题，但是其对于中国高税行业的发展及其税收超GDP增长现象而言，总体上都还表现为积极的正面推动作用。具体而言：第一，尽管财政收入集权和转移支付有时会相互抑制，但是两种方式共同治理模式对于中国税收持续超GDP增长现象具有正向推动作用，而且其解释力至少为52%。第二，尽管在提高税收净流出地区的税收占GDP比重方面，主要渠道是税收征管效率而非高税行业的发展，但是两种方式共同治理模式的确调动起了地方政府大力发展高税行业的积极性。第三，与税收净流出地区不同，在提高税收净流入地区的税收占GDP比重方面，两种方式共同治理模式是将高税行业的发展而非税收征管效率的提高作为其主要渠道的。

（5）第7章评估了财政收入集权、转移支付对企业税收负担的影响。通过对2003—2007年的面板数据进行实证回归，使用真实税收集权与真实转移支付的数据，对所提出的假说进行了验证，并且还加入了企业异质性和地区异质性的检验。具体而言，研究结果主要有以下几点：第一，就全样本而言，财政收入集权对制造业企业税收负担有减轻效应，对服务业企业税收负担有增加效应，且这些影响都会被转移支付所削弱。第二，从分样本来看，相比于国有企业，财政收入集权对制造业税负的减轻效应和对服务业税负的增加效应都表现为在民营企业中更显著，且这些影响都会被转移支付所削弱。尽管转移支付对制造业和服务业企业税收负担的影响并非全部是显著的，但是在一定程度上仍能从系数符号中解释转移支付对企业税负的影响。第三，加入地区异质性的考量因素，就全样本而言，相比于净流入地区，财政收入集权对制造业企业的减税效应和对服务业企业的增税效应都表现为在净流出地区更显著，且这些效应都可能受到转移支付的削弱。

（6）第8章研究发现，财政收入集权没有抑制地方政府发展经济的积极性。我们构建了一个包括财政收入集权和转移支付在内的解释我国经济建设支出结构偏向形成的理论框架，运用1997—2006年的省级面板数据并区分高税收和低税负地区，通过系统GMM回归方法对提出的假说进行了验证，研究发现：第一，财政收入集权对地方政府的经济建设支出结构偏向具有显著的正效应，且其正效应会随着转移支付的增加而减弱。第二，财政收入集权对地方政府经济建设支出结构偏向的正效应在高税负地区更强。第三，转移支付对地方政府经济建设支出结构偏向的正效应随着财政收入集权增强而减弱。第四，转移支付对地方政府经济建设支出结构偏向的正效应在高税负地区高于低税负地区。

（7）在第9章的研究中，我们进一步发现，财政收入集权对县域经济增长的正向激励效应及其异质性。我们采用1999—2007年中国县级面板数据实证检验了分税、省对下转移支付对县域经济增长的影响。运用处理内生性的SYS–GMM估计方法进行回归分析，研究发现：第一，上级政府的财政收入集权会促进县域经济增长，而税收分成会抑制县域经济增长。第二，上级政府的财政收入集权对县域经济增长的正向激励作用会随省对下转移支付提高而减弱。第三，财政收入集权的激励效应存在地区差异。在东部地区、富裕地区、税收净流出地区，上级政府的财政收入集权会抑制县域经济增长，而转移支付则会减弱财政收入集权的负向激励效应。在中部地区，尤其是贫困县，财政收入集权的激励效应不显著。在西部地区、税收净流入地区尤其是民族县，财政收入集权会促进县域经济增长，而转移支付则会减弱财政收入集权的正向激励效应。

10.2　政策建议

（1）中央可以考虑提高公共财政收入集权，特别是提高全口径财政收入集权。具体建议有：第一，提高中央在服务业中的财政收入集权。1994年开启的分税制改革以东部工业经济为基础（朱镕基，2011），中央在工业中的财政收入集权高，在服务业中的财政收入集权低，而这些年，东部地区已成为以服务业为主导的经济体，这直接导致了中央财政收入集权近年来的大幅下降。第二，提高中央政府在企业所得税中的分享比例。作为主体税种的企业所得税由于税基流动性较强、地区间分布不均衡、年度间波动性较强等特征，出于促进公平和效率的考虑，成熟市场经济国家一般将其作为中央税，即便规定地方政府参与分享，分享比例也相对较低（李萍等，2010）。2005年OECD国家的中央政府在企业所得税中的平均分享比例高达84%（李萍等，2010）。第三，将作为中央税的消费税的征收范围扩大至高耗能、高污染产品以及高档服务业，让消费税在充分发挥其调节功能的同时提高中央财政收入集权的程度。第四，取消税收返还，在更好地发挥分税制功能的同时提高中央真实收入集权。虽然税收返还对于推动分税制改革曾起过积极的作用，但是它导致资金大量流向发达地区，不利于缩小地区间的财力差距，不利于公共服务的均等化（高培勇、杨志勇，2014），应予以取消。第五，提高中央在政府性基金收入中的份额。第六，在条件成熟的时候，实施社会保障费改税，并将社会保障税划入中央税，以实现社保的全国统筹。第七，将所有非金融类和金融类中央企业纳入中央国有资本经营预算，并分垄断性和竞争性两类进一步提高其收益上缴比例（高培勇、杨志勇，2014）。

（2）中央政府应注意财政收入集权和转移支付的合理搭配。第一，为了让财政收入集权可以更好地激励地方政府做出"援助之手"行为，中央政府很有必要将对净流入地区的转移支付的程度控制在67%以内，而为了将中央政府的转移支付在净流入地区的激励效应由"攫取之手"变为"援助之手"，中央政府应将净流入地区的财政收入集权的程度控制在30%以内。第二，为使财政收入集权在两个产业均表现为"援助之手"，中央政府应将转移支付控制在55%~72%，而为防止转移支付激励地方政府在第二产业上的"援助之手"扭曲为"攫取之手",财政收入集权本身也应控制在76%以内。第三,对于第三产业占比较高的地区,为使财政收入集权和转移支付都表现为"援助之手"行为,要求真实转移支付和真实财政收入集权匹配区间分别在77%和87%以内。第四,对于税收净流入地区,如果中央政府将转移支付和财政收入集中度的真实力度分别控制在42%和24%以下,那么提高两者的共同作用不仅有利于推动高税行业的发展,而且还有利于促进税收持续超GDP增长。如果中央政府将转移支付的真实力度控制在42%~65%,而将财政收入集权的真实力度控制在24%~30%,那么提高两者的力度虽都有利于促进税收持续超GDP增长,但是并不利于地方政府推动高税行业的发展。这意味着为更好地提升两种方式共同治理模式在税收净流入地区的治理效果,中央政府应将财政收入集中度和转移支付的力度控制在合理的区间之内,因为两者在该地区存在着明显的彼此抑制现象。而对于税收净流出地区,考虑到财政收入集中度和转移支付并不存在明显的彼此抑制,因此中央政府只要通过改进转移支付制度就可进一步提升两种方式共同治理模式在该地区的治理效果。第五,当财政收入集权控制在30%以内、中央政府的转移支付程度小于37%时,更能激励地方政府减轻制造业企业的税收负担。

（3）要构建完善转移支付运行管理制度,提升两种方式共同治理模式的治理效能。虽然政府之间的激烈竞争有助于约束政府的行为（Oates,2008）,并因此提高援助资金的配置效率和技术效率,但是不规范、不透明、无很好监督的转移支付制度势必会降低援助效率（Boyne,1996；Weingast,2000；袁飞等,2008；范子英、张军,2010a；付文林、沈坤荣,2012；李永友、沈玉平,2009、2010）。因此,构造一个良好的转移支付制度也是确保援助效率的重要保障。

参考文献

[1] Acemoglu, D., S. Johnson, J. Robinson & Y. Thaicharoen. Institutional Causes, Macroeconomic Symptoms: Volatility, CrisesandGrowth[J]. Journal of Monetary Economics, 2003,50(1): 49–123.

[2] Akai, N. & M. Sakata. Fiscal Decentralization Contributes to Economic Growth: Evidence from State–Level Cross–Section Data for the United States[J]. Journal of Urban Economics, 2002,52(1): 93–108.

[3] Arellano, M. & S. Bond. Some Tests of Specification for Panel Data: Monte Carlo Evidence and an Application to Employment Equations[J]. The Review of Economic Studies, 1991, 58(2): 277–297.

[4] Arrow, K. J. & M. Kurz. Optimal Growth with Irreversible Investment in a Ramsey Model[J]. Econometrica, 1970, 38(2): 331–344.

[5] Asatryan, Z., and L. P. Feld. Revisiting the Link between Growthand Federalism: A Bayesian Model Model Averaging Approach[J]. Journal of Comparative Economics, 2014, 11(11): 699–705.

[6] Blanchard, O. & A. Shleifer. Federalism with and without Political Centralization: China versus Russia[J]. IMF Staff Papers, 2001,48(1): 171–179.

[7] Boadway, R. & J. Tremblay. Reassessment of the Tiebout Model[J]. Journal of Public Economics, 2011, 96(11–12): 1063–1078.

[8] Bonet, J. Fiscal Decentralization and Regional Income Disparities: Evidence from the Colombian Experience[J]. The Annalsof Regional Science, 2006,

40(3):661–676.

[9] Boyne, G. A. Competition and Local Government: A Public Choice Perspective[J]. Urban Studies, 1996, 33(4–5): 703–721.

[10] Brennan, G. & J. Buchanan. The Power to Tax: Analytical Foundations of a Fiscal Constitution[M]. Cambridge:Cambridge University Press, 1980.

[11] Cai, H. & D. Treisman. Does Competition for Capital Discipline Governments? Decentralization, Globalization, and Public Policy[J]. AmericanEconomic Review, 2005,95(3): 817–830.

[12] Careaga, M.& B. R. Weingast. Fiscal Federalism,Good Governance, and Economic Growth in Mexico. In Search of Prosperity: Analytic Narratives on Economic Growth[M].Princeton: Princeton University Press, 2002.

[13] Chen, B. & Y. Yao. The Cursed Virtue: Government Infrastructural Investment and Household Consumption in Chinese Provinces[J]. Oxford Bulletin of Economics and Statistics, 2011,73(6): 856–877.

[14] Chen, Chien–Hsun. Fiscal Decentralization, Collusion and Government Size in China's Transitional Economy[J]. Applied EconomicsLetters, 2004, 11(11): 699–705.

[15] Chen, Y., H. B. Li & L. A. Zhou. Relative Performance Evaluation and the Turnover of Provincial Leadersin China[J]. Economics Letters, 2005, 88(3):421–425.

[16] Coen–PiraniD & M. Wooley. Fiscal Centralization: Theory and Evidence from the Great Depression[J]. American Economic Journal: Economic Policy, 2018,10(2): 39–61.

[17] Davoodi, H. R. & D. Grigorian. Tax Potential vs. Tax Effort: A Cross–Country Analysis of Armenia's Stubbornly Low Tax Collection. IMFWorking Paper, 2007（7）: 106.

[18] Derashid, C., and H. Zhang. Effective Tax Rates and the Industrial Policy Hypothesis: Evidence fromMalaysia[J]. Journal of International Accounting, Auditing and Taxation, 2003, 12(1): 45–62.

[19] Devarajan,S.,V. Swaroop & H. Zou. The Composition of Public Expenditure and

Economic Growth[J]. Journal of Monetary Economics, 1996,37(2):314–344.

[20] Driscoll, J. C. & A. C. Kraay. Consistent Covariance Matrix Estimation with Spatially Dependent Panel Data[J]. Review of Economics and Statistics, 1998, 80(4): 549–560.

[21] Ebel, R. D. & S. Yilmaz. On the Measurement and Impact of Fiscal Decentralization. World Bank, Policy Research Working Paper, 2002 : 2809–3002.

[22] Eyraud, L. & L. Lusinyan. Vertical Fiscal Imbalances and Fiscal Performance in Advanced Economies[J]. Journal of Monetary Economics, 2013, 60(5): 571–587.

[23] Fang, H. S., Y. X. Bao, and J. Zhang. Asymmetric ReformBonus: The Impact of VAT Pilot Expansion on China's Corporate Total Tax Burden[J]. China Economic Review, 2017,46(Supplement): 17–34.

[24] Feltenstein, A. & S. Iwata. Decentralization and Macroeconomic Performance in China: Regional Autonomy hasIts Costs[J]. Journal of Development Economics, 2005,76(2): 481–501.

[25] Glaeser, E. L. & R. E. Saks. Corruption in America[J]. Journal of Public Economics,2006, 90(6–7): 1053–1072.

[26] Goodspeed, T. J. Bailouts in a Federation[J]. International tax and Public Finance, 2002, 9(4): 409–421.

[27] Gramlich, Edward. State and Local Governments and Their Budget Constraint[J]. International Economic Review, 1969, 10(2): 163–182.

[28] Gupta, S. & K. Newberry. Determinants of the Variability in Corporate Effective Tax Rate: Evidence from Longitudinal Data[J]. Journal ofAccounting and Public Policy, 1997,16(1): 1–34.

[29] Hauptmeier, S., F. Mittermaier & J. Rincke. FiscalCompetitionover Taxes and Public Inputs[J]. Regional Science and Urban Economics, 2012,42(3): 407–419.

[30] Hepp, R. & J.von Hagen. Interstate Risk Sharing in Germany:1970–2006[J]. Oxford Economic Papers, 2013, 65(1): 1 – 24.

[31] Huang, B. H. & K. Chen. AreIntergovernmentalTransfers inChina Equaling? [J]. China Economic Review, 2012, 23(3): 534–551.

[32] Inman, R. P. The Flypaper Effect. NBER Working Paper, 2008, No.14579.

[33] Jia, J., Y. Liu, J. Martinez–Vazquez & K. W. Zhang. Vertical Fiscal Imbalance and Local Fiscal Indiscipline: Empirical Evidence from China[J]. European Journal of Political Economy, 2021(68): 101992.

[34] Jin, H., Y. Qian & B. R. Weingast. Regional Decentralization and Fiscal Incentives: Federalism, Chinese Style[J]. Journal of Public Economic, 2005, 89(9–10): 1719–1742.

[35] Kim, K. A. & P. Limpaphayom. Taxesand FirmSize in Pacific–Basin Emerging Economies[J]. Journal of International Accounting, Auditing and Taxation, 1998, 7(1): 47–63.

[36] Kyriacou, A. P. & O. Roca–Sagales. Fiscal Decentralization and Government Quality in the OECD[J]. Economics Letters, 2011, 111(3): 191–193.

[37] Lerman, R. I. & S. Yitzhaki. Income Inequality Effects by Income Source: A New Approach and Applications to the United States[J]. The Review of Economics and Statistics, 1985, 67(1): 151–156.

[38] Lessmann, C. Fiscal Decentralization and Regional Disparity: Evidence from Cross–Section and Panel Data[J]. Environmentand Planning A: Economy and Space, 2009, 41(10): 2455–2473.

[39] Leuthold, J. H. Tax Shares in Developing Economies: A PanelStudy[J]. Journal of Development Economics, 1991, 35(1): 173–185.

[40] Li H. & L. A. Zhou. Political Turnover and Economic Performance: The Incentive Role of Personnel Control in China[J]. Journal of Public Economics, 2005, 89(9–10): 1743–1762.

[41] Lin,Y. F. & Z. Q. Liu. Fiscal Decentralization and EconomicGrowth in China[J]. Economic Development and Cultural Change, 2000,49 (1):1–21.

[42] Logan, R. R. Fiscal Illusion and the Grantor Government[J]. Journal of Political Economy, 1986, 94(6): 1304–1318.

[43] Mackiewicz M . The Cyclical Behaviour of Fiscal Surpluses in The OECD

Countries - A Panel Study[J]. Working Papers, 2006.

[44] Mauro, P. Corruption and the Composition of Government Expenditure[J]. Journal of Public Economics, 1998, 69(2): 263–279.

[45] Mélitz J, Zumer F. Interregional and international risk–sharing and lessons for EMU[C]. Carnegie–Rochester Conference Series on Public Policy. North–Holland, 1999, 51: 149–188.

[46] Oates, W. E. Fiscal Federalism[M]. NewYork: Harcourt Brace Jovanovich,1972.

[47] Oates, W.E. Searching for Leviathan: An Empirical Study[J]. American Economic Review, 1985,75(4): 748–757.

[48] Oates, W. E. Federalismand Government Finance[M]//Modern Public Finance. Cambridge: Harvard University Press, 1994:126–151.

[49] Oates, W. E. An Essay on Fiscal Federalism[J]. Journal of Economic Literature, 1999, 37(3): 1120–1149.

[50] Oates, W. E. OntheEvolution of Fiscal Federalism: Theory and Institutions[J]. National Tax Journal, 2008, 61(2): 313–334.

[51] Qian, Y. & G. Roland. Federalismand the Soft Budget Constraint[J]. American Economic Review, 1998, 88(5): 1143–1162.

[52] Qian, Y. & B. R.Weingast. Federalism as a CommitmenttoReserving Market Incentives[J]. Journal of Economic Perspectives, 1997, 11(4): 8392.

[53] Rodden, J. The Dilemma of Fiscal Federalism: Grants and Fisca lPerformance around the World[J]. American Journal of Political Science, 2002,46(3):670–687.

[54] Rodden, J. Reviving Leviathan: Fiscal Federalism and the Growth of Government[J] International Organization, 2003, 57(4): 695–729.

[55] Rodden, J. Comparative Federalism and Decentralization: On Meaning and Measurement[J]. Comparative Politics, 2004, 36(4): 481–500.

[56] Sharma, C. K. Beyond Gapsand Imbalances: Re - structuring the Debate on Intergovernmental Fiscal Relations[J]. Public Administration, 2012, 90(1): 99–128.

[57] Spooner, G. M. Effective Tax RatesfromFinancial Statements[J]. National Tax Journal, 1986, 39(3): 293–306.

[58] Stegarescu, D. Public Sector Decentralization: Measurement Concepts and

Recent International Trends[J]. Fiscal Studies, 2005, 26(3): 301–333.

[59] Su, F. B., R. Tao, X. Lu & M. Li. 'LocalOfficials' Incentives and China's Economic Growth: Tournament Thesis Reexamined and Alternative Explanatory Framework[J]. China & World Economy, 2012,20(4): 1–18.

[60] Tybout, J. R. Manufacturing Firmsin Developing Countries: How Well do They Do, and Why?[J]. Journal of Economic literature, 2000, 38(1): 11–44.

[61] Watts, R. L. & J. L. Zimmerman. PositiveAccountingTheory[M]. Engiewood Cliffs: Prentice–Hall,1986.

[62] Weingast, B. R. The Economic Role of Political Institutions: Market–Preserving Federalism and Economic Development[J]. Journal of Law, Economics, & Organization, 1995,11(1): 1–31.

[63] Wallis, J. J. & W. E. Oates. Does Economic Sclerosis Set in with Age? An Empirical Study of the Olson Hypothesis[J]. Kyklos, 1988,41(3): 397–417.

[64] Zhang, J. Zhu Rongji Might Be Right: Understanding the Mechanism of Fast Economic Development in China[J]. The World Economy, 2012, 35(12): 1712–1732.

[65] Zhang, T. & H. Zou. Fiscal Decentralization, Public Spending, and Economic Growth in China[J]. Journal of Public Economics, 1998,67(2): 221–240.

[66] Zhuravskaya, E. V. Incentives to Provide Local Public Goods: Fiscal Federalism, Russian Style[J] Journal of Public Economics, 2000,76(3): 337–369.

[67] 白重恩, 钱震杰. 谁在挤占居民的收入——中国国民收入分配格局分析[J]. 中国社会科学, 2009（5）.

[68] 曹广忠, 袁飞, 陶然. 土地财政, 产业结构演变与税收超常规增长——中国"税收增长之谜"的一个分析视角[J]. 中国工业经济, 2007（12）.

[69] 曹俊文, 罗良清. 转移支付的财政均等化效果实证分析[J]. 统计研究, 2006（1）.

[70] 陈刚, 李树. 官员交流, 任期与反腐败[J]. 世界经济, 2012（2）.

[71] 陈桂棣, 春桃. 中国农民调查[M]. 北京: 人民文学出版社, 2004.

[72] 陈抗, ArL, Hillman, 顾清扬. 财政收入集权与地方政府行为变化——

从"援助之手"到"攫取之手"[J].经济学（季刊），2002（4）.

[73] 陈硕.税制改革，地方财政自主权与公共品供给[J].经济学（季刊），
2010（4）.

[74] 陈硕，高琳.央地关系：财政分权度量及作用机制再评估[J].管理世界，
2012（6）.

[75] 陈钊，王旸."营改增"是否促进了分工：来自中国上市公司的证据[J].
管理世界，2016（3）.

[76] 陈志勇，陈莉莉.财税体制变迁，"土地财政"与经济增长[J].财贸经济，
2011（12）.

[77] 程文浩，卢大鹏.中国财政供养的规模及影响变量——基于十年机构改
革的经验[J].中国社会科学，2010（2）.

[78] 崔兴芳，樊勇，吕冰洋.税收征管效率提高测算及对税收增长的影响[J].
税务研究，2006（4）.

[79] 樊勇.财政分权度的衡量方法研究——兼议中国财政分权水平[J].当代
财经，2006（10）.

[80] 范子英，田彬彬.税收竞争，税收执法与企业避税[J].经济研究，2013（9）.

[81] 范子英，张军.财政分权与中国经济增长的效率——基于非期望产出模
型的分析[J].管理世界，2009（7）.

[82] 范子英，张军.粘纸效应：对地方政府规模膨胀的一种解释[J].中国工业
经济，2010（12）.

[83] 范子英，张军.财政分权，转移支付与国内市场整合[J].经济研究，
2010（3）.

[84] 范子英，张军.中国如何在平衡中牺牲了效率：转移支付的视角[J].世界
经济，2010（11）.

[85] 范子英.土地财政的根源：财政压力还是投资冲动[J].中国工业经济，
2015（6）.

[86] 方红生，张军.财政收入集权的激励效应再评估："攫取之手"还是"援
助之手"？[J].管理世界，2014（2）.

[87] 方红生，张军."攫取之手"、"援助之手"与中国税收超 GDP 增长[J].经
济研究，2013（3）.

[88] 方红生，张军.中国地方政府竞争，预算软约束与扩张偏向的财政行为[J].经济研究，2009（12）.

[89] 方文全.财政分权的中国模式与OECD模式：分税制是财政收入集权吗？[J].当代经济科学，2012（9）.

[90] 伏润民，常斌，缪小林.我国省对县（市）一般性转移支付的绩效评价——基于DEA二次相对效应模型的研究[J].经济研究，2008（11）.

[91] 付文林，沈坤荣.均等化转移支付与地方财政支出结构[J].经济研究，2012（5）.

[92] 付文林，赵永辉.财政转移支付与地方征税行为[J].财政研究，2016（6）.

[93] 傅勇，张晏.中国式分权与财政支出结构偏向：为增长而竞争的代价[J].管理世界，2007（3）.

[94] 傅勇.财政分权，政府治理与非经济性公共物品供给[J].经济研究，2010（8）.

[95] 高培勇.中国税收持续高速增长之谜[J].经济研究，2006（12）.

[96] 高培勇.将一张财税体制改革蓝图绘到底[N].光明日报，2017-12-12（15）.

[97] 高培勇.新时代中国财税体制改革的理论逻辑[J].财政研究，2018（11）.

[98] 高培勇，汪德华.本轮财税体制改革进程评估：2013，112016，10（上）[J].财贸经济，2016（11）.

[99] 高培勇，杨志勇.中国财政政策报告2013/2014：将全面深化财税体制改革落到实处[M].北京：中国财政经济出版社，2014.

[100] 龚锋，卢洪友.公共支出结构，偏好匹配与财政分权[J].管理世界，2009（1）.

[101] 宫汝凯.分税制改革与中国城镇房价水平——基于省级面板的经验证据[J].金融研究，2012（8）.

[102] 郭庆旺.有关税收公平收入分配的几个深层次问题[J].财贸经济，2012（8）.

[103] 郭庆旺，贾俊雪.政府公共资本投资的长期经济增长效应[J].经济研究，2006（7）.

[104] 郭庆旺，贾俊雪.财政分权，政府组织结构与地方政府支出规模[J].经济研究，2010（11）.

[105] 郭庆旺，贾俊雪，高立. 中央财政转移支付与地区经济增长 [J]. 世界经济，2009（12）.

[106] 郭庆旺，吕冰洋，张德勇. 财政支出结构与经济增长 [J]. 经济理论与经济管理，2003（11）.

[107] 郭新强，胡永刚. 中国财政支出与财政支出结构偏向的就业效应 [J]. 经济研究，2012（2）.

[108] 胡祖铨，黄夏岚，刘怡. 中央对地方转移支付与地方征税努力——来自中国财政实践的证据 [J]. 经济学（季刊），2013（3）.

[109] 黄佩华，迪帕克. 中国：国家发展与地方财政 [M]. 北京：中信出版社，2003.

[110] 吉黎，毛程，林志威. 转移支付，税收努力与企业避税——基于中国工业企业的实证研究 [J]. 中央财经大学学报，2015（3）.

[111] 贾俊雪，郭庆旺. 政府间财政收支责任安排的地区经济增长效应 [J]. 经济研究，2008（6）.

[112] 贾俊雪，郭庆旺. 财政支出类型，财政政策作用机理与最优财政货币政策规则 [J]. 世界经济，2012（11）.

[113] 贾俊雪，郭庆旺，宁静. 财政分权、政府治理结构与县级财政解困 [J]. 管理世界，2011（1）.

[114] 贾康. 全面深化财税体制改革之路：分税制的攻坚克难 [M]. 北京：人民出版社，2015.

[115] 贾康，刘尚希，吴晓娟，史兴旺. 怎样看待税收的增长和减税的主张——从另一个角度的理论分析与思考 [J]. 管理世界，2002（7）.

[116] 贾晓俊，岳希明. 我国均衡性转移支付资金分配机制研究 [J]. 经济研究，2012（1）.

[117] 贾晓俊，岳希明. 我国不同形式转移支付财力均等化效应研究 [J]. 经济理论与经济管理，2015（1）.

[118] 李冬妍. 制度外政府收支：内外之辨与预算管理 [J]. 财贸经济，2011（6）.

[119] 李萍，许宏才，李承. 财政体制简明图解 [M]. 北京：中国财政经济出版社，2010.

[120] 李婉. 财政分权与地方政府支出结构偏向——基于中国省级面板数据的

研究 [J]. 上海财经大学学报，2007（9）.

[121] 李学文，卢新海，张蔚文. 地方政府与预算外收入：中国经济增长模式问题 [J]. 世界经济，2012（8）.

[122] 李永友. 转移支付与地方政府间财政竞争 [J]. 中国社会科学，2015（10）.

[123] 李永友，沈坤荣. 辖区间竞争、策略性财政政策与 FDI 增长绩效的区域特征 [J]. 经济研究，2008（5）.

[124] 李永友，沈玉平. 转移支付与地方财政收支决策——基于省级面板数据的实证研究，经济研究，2009（11）.

[125] 李永友，沈玉平. 财政收入垂直分配关系及其均衡增长效应 [J]. 中国社会科学，2010（6）.

[126] 李永友，张子楠. 转移支付提高了政府社会性公共品供给激励吗？[J]. 经济研究，2017（1）.

[127] 林毅夫，刘志强. 中国的财政分权与经济增长 [J]. 北京大学学报（哲学社会科学版），2000（4）.

[128] 刘骏，刘峰. 财政集权、政府控制与企业税负——来自中国的证据 [J]. 会计研究，2014（1）.

[129] 刘亮. 中国地区间财力差异的度量及分解 [J]. 经济体制改革，2006（2）.

[130] 刘溶沧，焦国华. 地区间财政能力差异与转移支付制度创新 [J]. 财贸经济，2002（6）.

[131] 刘行，叶康涛. 金融发展、产权与企业税负 [J]. 管理世界，2014（3）.

[132] 刘勇政，贾俊雪，丁思莹. 地方财政治理：授人以鱼还是授人以渔——基于省直管县财政体制改革的研究 [J]. 中国社会科学，2019（7）.

[133] 卢洪友，袁光平，陈思霞，卢盛峰. 土地财政根源："竞争冲动"还是"无奈之举"?——来自中国地市的经验证据 [J]. 经济社会体制比较，2011（1）.

[134] 陆铭，陈钊. 城市化、城市倾向的经济政策与城乡收入差距 [J]. 经济研究，2004（6）.

[135] 罗长远，张军. 劳动收入占比下降的经济学解释——基于中国省级面板数据的分析 [J]. 管理世界，2009（5）.

[136] 罗丹，陈洁. 县乡财政的困境与出路——关于 9 县（市）20 余个乡镇的

实证分析 [J]. 管理世界，2009（3）.

[137] 吕冰洋，郭庆旺. 中国税收高速增长的源泉：税收能力和税收努力框架下的解释 [J]. 中国社会科学，2011（2）.

[138] 吕冰洋，马光荣，毛捷. 分税与税率：从政府到企业 [J]. 经济研究，2016（7）.

[139] 吕冰洋，毛捷，马光荣. 分税与转移支付结构：专项转移支付为什么越来越多？[J]. 管理世界，2018（4）.

[140] 吕冰洋，台航. 从财政包干到分税制：发挥两个积极性 [J]. 财贸经济，2018（10）.

[141] 马光荣，张凯强，吕冰洋. 分税与地方财政支出结构 [J]. 金融研究，2019（8）.

[142] 平新乔，白洁. 中国财政分权与地方公共品的供给 [J]. 财贸经济，2016（2）.

[143] 乔宝云. 增长与均等的取舍——中国财政分权政策研究 [M]. 北京：人民出版社，2002.

[144] 乔宝云，范剑勇，冯兴元. 中国的财政分权与小学义务教育 [J]. 中国社会科学，2005（6）.

[145] 乔宝云，范剑勇，彭骥鸣. 政府间转移支付与地方财政努力 [J]. 管理世界，2006（3）.

[146] 秦强. 中国财政分权度测量方法的实证分析 [J]. 社会科学家，2010（3）.

[147] 单豪杰，沈坤荣. 制度与增长：理论解释及中国的经验 [J]. 南开经济研究，2007（5）.

[148] 沈坤荣，付文林. 中国的财政分权制度与地区经济增长 [J]. 管理世界，2005（1）.

[149] 沈坤荣，付文林. 税收竞争、地区博弈及其增长绩效 [J]. 经济研究，2006（6）.

[150] 司政，龚六堂. 财政分权与非国有制经济部门的发展 [J]. 金融研究，2010（5）.

[151] 孙秀林，周飞舟. 土地财政与分税制：一个实证解释 [J]. 中国社会科学，2013（4）.

[152] 汤林闽. 中国土地出让金收支状况：2007—2014 年 [J]. 财经智库，2016（1）.

[153] 汤玉刚，苑程浩. 不完全税权、政府竞争与税收增长 [J]. 经济学（季刊）2010（1）.

[154] 汤玉刚. 财政竞争、土地要素资本化与经济改革——以国企改制过程为例 [J]. 财贸经济，2011（4）.

[155] 陶然，刘明兴. 中国城乡收入差距，地方政府开支及财政自主 [J]. 世界经济文汇，2007（2）.

[156] 陶然，陆曦，苏福兵，汪晖. 地区竞争格局演变下的中国转轨：财政激励和发展模式反思 [J]. 经济研究，2009（7）.

[157] 陶然，苏福兵，陆曦，朱昱铭. 经济增长能够带来晋升吗？——对晋升锦标竞赛理论的逻辑挑战与省级实证重估 [J]. 管理世界，2010（12）.

[158] 陶然，袁飞，曹广忠. 区域竞争，土地出让与地方财政效应 [J]. 世界经济，2007（10）.

[159] 童锦治，苏国灿，魏志华. "营改增"、企业议价能力与企业实际流转税税负——基于中国上市公司的实证研究 [J]. 财贸经济，2015（11）.

[160] 王剑锋. 中央集权型税收高增长路径：理论与实证分析 [J]. 管理世界，2008（7）.

[161] 王克强，胡海生，刘红梅. 中国地方土地财政收入增长影响因素实证研究 [J]. 财经研究，2012（4）.

[162] 王瑞民，陶然. 中国财政转移支付的均等化效应：基于县级数据的评估 [J]. 世界经济，2017（12）.

[163] 王绍光. 中国财政转移支付的政治逻辑 [J]. 战略与管理，2002（3）.

[164] 王韬，沈伟. 中印财政分权的经济增长效应研究 [J]. 财贸经济，2009（1）.

[165] 王天宇，彭晓博. 社会保障对生育意愿的影响：来自新型农村合作医疗的证据 [J]. 经济研究，2015（2）.

[166] 王文剑. 中国的财政分权与地方政府规模及其结构——基于经验的假说与解释 [J]. 世界经济文汇，2010（5）.

[167] 王文剑，覃成林. 地方政府行为与财政分权增长效应的地区性差异——基于经验分析的判断，假说及检验 [J]. 管理世界，2008（1）.

[168] 王有强，卢大鹏，周绍杰.地方政府财政行为：地方财力与地方发展[J].中国行政管理，2009（2）.

[169] 魏福成，胡洪曙.转移支付对地方政府行为的影响研究[J].华中师范大学学报（人文社会科学版），2015（6）.

[170] 吴敬琏，刘吉瑞.竞争性市场与价格改革[J].浙江学刊，1988（5）.

[171] 吴强，李楠.我国财政转移支付及税收返还变动对区际财力均等化影响的实证分析[J].财政研究，2016（3）.

[172] 吴群，李永乐.财政分权、地方政府竞争与土地财政[J].财贸经济，2010（7）.

[173] 谢贞发，张玮.中国财政分权与经济增长——个荟萃回归分析[J].经济学（季刊），2015（2）.

[174] 谢贞发.中国式分税制的税收增长之谜[J].中国工业经济，2016（5）.

[175] 徐永胜，乔宝云.财政分权度的衡量：理论及中国1985—2007年的经验分析[J].经济研究，2012（10）.

[176] 杨之刚.中国分税财政体制：问题成因和改革建议[J].财贸经济，2004（10）.

[177] 尹恒，朱虹.中国县级地区财力缺口与转移支付的均等性[J].管理世界，2009（4）.

[178] 尹恒，朱虹.县级财政生产型支出偏向研究[J].中国社会科学,2011（1）.

[179] 殷德生.最优财政分权与经济增长[J].世界经济，2004（11）.

[180] 袁飞，陶然，徐志刚，刘明兴.财政收入集权过程中的转移支付和财政供养人口规模膨胀[J].经济研究，2008（5）.

[181] 张恒龙，陈宪.财政竞争对地方公共支出结构的影响——以中国的招商引资竞争为例[J].经济社会体制比较，2006（6）.

[182] 张军，高远，傅勇，张弘.中国为什么拥有了良好的基础设施？[J].经济研究2007（3）.

[183] 张军.分权与增长：中国的故事[J].经济学（季刊），2007（1）.

[184] 张军.理解中国经济快速发展的机制：朱镕基可能是对的[J].比较，2012（6）.

[185] 张敏，叶慧芬，童丽静.财政分权、企业税负与税收政策有效性[J].经济

学动态，2015（1）.

[186] 张曙霄，戴永安.异质性、财政分权与城市经济增长——基于面板分位数回归模型的研究[J].金融研究，2012（1）.

[187] 张晏，龚六堂.分税制改革、财政分权与中国经济增长[J].经济学（季刊），2005（4）.

[188] 赵志耘，郭庆旺.论中国财政分权程度[J].涉外税务，2005（11）.

[189] 赵志耘，吕冰洋.政府生产性支出对产出—资本比的影响——基于中国经验的研究[J].经济研究，2005（11）.

[190] 周彬，杜两省."土地财政"与房地产价格上涨：理论分析和实证研究[J].财贸经济，2010（8）.

[191] 周飞舟.分税制十年：制度及其影响[J].中国社会科学，2006（6）.

[192] 周飞舟.大兴土木：土地财政与地方政府行为[J].经济社会体制比较，2010（3）.

[193] 周黎安.晋升博弈中政府官员的激励与合作——兼论我国地方保护主义和重复问题长期存在的原因[J].经济研究，2004（6）.

[194] 周黎安.中国地方官员的晋升锦标赛模式研究[J].经济研究，2007（7）.

[195] 周黎安.行政发包制[J].社会，2014（6）.

[196] 周黎安，刘冲，厉行.税收努力、征税机构与税收增长之谜[J].经济学（季刊），2012（1）.

[197] 周黎安，陶婧.政府规模、市场化与地区腐败：基于省级面板数据的研究[J].经济研究，2009（1）.

[198] 周业安，章泉.财政分权、经济增长和波动[J].管理世界，2008（3）.

[199] 朱长存，胡家勇.分税制后我国财政分权度的衡量及其对经济增长的影响[J].当代经济管理，2017（4）.

[200] 朱青.从国际比较视角看我国的分税制改革[J].财贸经济，2010（3）.

[201] 朱镕基.朱镕基讲话实录[M].北京：人民出版社，2011.

[202] 左翔，殷醒民.土地一级市场垄断与地方公共品供给[J].经济学（季刊），2013（1）.

[203] 左翔，殷醒民，潘孝挺.财政收入集权增加了基层政府公共服务支出吗？以河南省减免农业税为例[J].经济学（季刊），2011（4）.

后　记

　　本书是我主持的国家社会科学基金重点项目的研究成果，首次对分税制改革的持久质疑进行了正面回应，证伪了中国中央财政收入集权过高说，提出了新兴财政收入集权理论，全面评估了财政收入集权的激励效应。本书得以顺利完成，我要首先感谢我的导师张军教授，我们合作完成了本书的第3章、第4章和第6章，其中第3章首次证伪了中国中央财政收入集权过高说，研究成果曾在清华大学、复旦大学、厦门大学、中国人民大学、浙江大学、浙江财经大学、安徽财经大学做过报告，受到与会学者的好评。最终成果发表在国际著名SSCI期刊 *The World Economy* 上，而第4章和第6章则分别发表在《管理世界》和《经济研究》两大国内权威期刊上。这两章首次拓展了新财政收入集权理论，为新兴财政收入集权理论的提出奠定了重要基础，在学术界产生了广泛的影响。

　　其次要感谢我在福州大学经济与管理学院工作的博士生帅雯君及在浙江大学攻读博士学位的俞琳慧，她们对第3章也做出了重要贡献，帅雯君还对第2章做出了重要贡献。与此同时，我也要一并感谢我的博士生鲁玮骏，我们合作完成了第9章，首次将新兴财政收入集权理论拓展到省级以下，并对其进行了实证检验。

　　最后要感谢我在国家税务总局台州市税务局工作的学生曾佳敏、浙江大学学生郑宇婕及在天健会计师事务所工作的学生袁辉艳，她们在我的指导下分别撰写了第5章、第7章和第8章，为深入推进对财政收入集权的激励效应进行更全面的评估工作做出了重要贡献。

除对合作者表示感谢外，我还要感谢浙江大学经济学院历届领导和各位同事对我的关心和照顾，《经济研究》编辑部、《管理世界》编辑部、*The World Economy* 编辑部等对我们研究工作给予的支持和鼓励，国家社科规划办、浙江大学财税大数据与政策研究中心的慷慨资助，鲁玮骏、赵乐新、许铭雪等博士生所做的出色的科研助理工作，以及浙江大学出版社杨茜编辑为本书出版所做的卓有成效的工作。

最后，我要特别感谢我的家人，我深知，没有他们的大力支持，也就没有这本书的顺利出版。

方红生

2021 年 10 月 1 日

于浙江大学紫金港校区西区经济学院 305 室

图书在版编目（CIP）数据

财政收入集权的激励效应再评估：基于新兴财政收
入集权理论的视角 / 方红生等著. — 杭州：浙江大学
出版社，2022.5
ISBN 978-7-308-22451-2

Ⅰ．①财… Ⅱ．①方… Ⅲ．①财政集中制—研究—中
国 Ⅳ．①F812.9

中国版本图书馆CIP数据核字（2022）第051302号

财政收入集权的激励效应再评估：基于新兴财政收入集权理论的视角

方红生　等著

责任编辑	杨　茜	
责任校对	许艺涛	
封面设计	周　灵	
出版发行	浙江大学出版社	
	（杭州市天目山路148号　　邮政编码　310007）	
	（网址：http://www.zjupress.com）	
排　版	杭州林智广告有限公司	
印　刷	广东虎彩云印刷有限公司绍兴分公司	
开　本	710mm×1000mm　1/16	
印　张	15.5	
字　数	234千	
版 印 次	2022年5月第1版　2022年5月第1次印刷	
书　号	ISBN 978-7-308-22451-2	
定　价	68.00元	